KB271972

네이티브 발음으로 유창하게 말하는

일본어회화사전

Mp3
Free Download
www.e-yesbook.co.kr

일본어회화사전

네이티브 발음으로 유창하게 말하는

일본어회화사전

네이티브 발음으로 유창하게 말하는

일본어회화사전

개정판

예스북

네이티브 발음으로 유창하게 말하는

일본어회화사전

초판　1쇄 발행　2009년 10월 16일
개정판 1쇄 발행　2026년 03월 25일

지은이 | 이현정
펴낸이 | 이규인
편　집 | 김규영
디자인 | 김선희

펴 낸 곳 | 예스북
출판등록 | 2005년 3월 21일 제320-2005-25호
주　　소 | 서울시 영등포구 문래북로116 9층 903호
　　　　　（문래동3가 트리플렉스）
전　　화 | (02) 337-3054
팩　　스 | (02) 326-3218
E-mail | changbook1@hanmail.net
홈페이지 | www.e-yesbook.co.kr

ISBN 979-11-24376-03-4　(13730)

정가 18,000원

*잘못된 책은 바꾸어 드립니다.

외국어를 공부하시는 많은 분들이 오랫동안 외국어를 공부했더라도 실제로 외국인을 만나면 대화하는데 막막함을 느낄 것이다. 그래서 이런 어려움을 해결하기 위해 바로바로 사용할 수 있는 쉬운 문장들을 구성하였다.

이 책은 이런 분들에게 필요해요!

일본인과 직접 대화해야 하는 분, 일본어 기초단계를 지나 회화를 본격적으로 공부하기를 원하는 분, 오랫동안 일본어를 공부했지만 여전히 일본인과 대화하는데 자신이 없는 분들을 위해 만들어졌다.

구체적인 상황을 설정하고 그 상황에서 사용하는 일본어 예문을 제시함으로써,
한국식 일본어가 아닌 일본인들이 직접 실생활에서 사용하고 살아있는 일본어를 통째로 외워서, 상황에 맞추어 바로 사용할 수 있도록 했다.

또한 일본인 발음을 직접 들을 수 있게 오디오 · MP3겸용 CD를 제공함으로써, 눈으로만이 아니라 귀로도 익히고 따라 할 수 있게 하였다.

게다가 이 책에 수록되어 있는 일본어 예문들은 학생, 직장인, 주부, 일반인등 누구나가 사용해도 가능한 일본어이며, 일본인과 대화하는데 큰 어려움이 없을 거라는 걸 믿어 의심치 않는다.
여러분들의 건투를 빕니다.

이 현 정

이책의 구성

대분류 – Part

Part

Part1~Part5 로
기본표현, 일상생활,
시설이용, 사회생활,
해외생활로 나누어져 있다.

중분류 – Unit

Unit

다양한 상황들을 설정하고,
그 상황에서 사용되는 중요 예문들을 보여줌으로써,
상황별로 알기 쉽게 학습하도록 했다.

소분류

각 상황에서 자주
사용되는 표현 예문들을
수록해서, 학습자들이
예문을 통째로 암기해서
즉석에서 활용할 수
있도록 했다.

이 식당에서 특히
잘하는 요리가 뭡니까?

① このレストランで、特にお勧めの料理は何ですか。

② 코노 레스토랑데, 토쿠니 오스스메노 료-리와 난데스까

③ A : このレストランで、特にお勧めの料理は何ですか。
이 식당에서 특히 잘하는 요리가 뭡니까?

B : このレストランは、カレーライスがお勧めの料理です。
이 레스토랑은 카레라이스가 잘하는 요리입니다.

④ ♠ お勧(すす)めの料理(りょうり) : 권장할 만한 요리, 특히 잘하는 요리

① **예문 :** 통째로 암기해서 바로 사용할 수 있는 예문을 넣었고, 오디오 · MP3겸용 CD를 제공함으로써 원어민 발음을 들을 수 있도록 했다.

② **대화 :** 대화문을 통해 각 예문이 사용되는 구체적인 장면을 알기 쉽게 이해하도록 했다.

③ **독음 :** 누구나 쉽게 발음해 볼 수 있도록 한글로 독음을 표시했다.

④ **보충설명 :** 예문 및 대화문과 관련이 있는 보충설명을 제공함으로써, 학습자들의 이해를 도왔다.

∷ Words

기침	咳(せき) 세키
재채기	くしゃみ 쿠샤미
열	熱(ねつ) 네쯔
한기	寒気(さむ け) 사무케
두통	頭痛(ず つう) 즈쯔-
치통	歯痛(し つう) 시쯔-
위통	胃痛(い つう) 이쯔-
현기증	目(め)まい 메마이
감기	風邪(かぜ) 카제
소화불량	消化不良(しょうか よ りょう) 쇼-카후료-
설사	下痢(げ り) 게리
변비	便秘(べん ぴ) 벤삐
뱃멀미	船酔(ふな よ)い 후나요이
비행기멀미	飛行機酔(ひ こう き よ)い 히코-키요이
출혈	出血(しゅっ けつ) 슛케쯔
타박상	打撲傷(だ ぼく しょう) 다보쿠쇼-
화상	火傷(やけど) 야케도
골절	骨折(こっ せつ) 콧세쯔
종기	腫瘍(しゅ よう) 슈요-
경련, 쥐가 나다	しびれる 시비레루

● Words
Unit별 중요단어들을 정리해서
보여줌으로써, 학습할 수 있도록 했다.

Contents

Part 1

基本表現
기본표현

Part 4
社会生活
사회생활

발음과 한글독음 표기에 관하여

일본어와 한국어는 근본적으로 다른 언어이기 때문에 사실 일본어 발음을 정확하게 한글로 옮기는 것은 쉬운 일이 아니다. 그래서 이 책에서는 초보자들을 위한 기본 발음에 충실하되 가능한 한 원어민의 발음에 가깝게 표기하려고 노력했다. 특히 이하의 발음「ん과 촉음「っ은 뒤에 오는 글자에 따라서 발음이 달라지는 우리말의 받침과 같은 역할을 하는 중요발음이므로 꼭 알아두도록 하자.

1. 발음(撥音)-「ん」

「ん」는 단어의 첫머리에는 오지 않고 우리말의 받침 [ㄴ, ㅁ, ㅇ]와 같은 역할을 한다.
뒤에 오는 글자에 따라서 발음이 달라진다.

① 「さ、ざ、た、だ、な、ら」행 앞에서는 [n(ㄴ)]으로 발음된다
    べんり [benri 벤리] 편리
    おんど [ondo 온도] 온도
    いんしょう [insho- 인쇼-] 인상
    れんらく [renrak 렌라크] 연락
    てんじかい [tenjikai 텐지카이] 전시회

② 「ま、ば、ぱ」행 앞에서는 [m(ㅁ)] 으로 발음된다.
    とんぼ [tombo 톰보] 잠자리
    こんぶ [kombu 콤부] 다시마
    あかんぼう [akambo- 아캄보-] 갓난아기
    さんま [samma 삼마] 꽁치
    あんま [amma 암마] 안마

③ 「か、が」행 앞에서는 [ŋ(ㅇ)] 으로 발음된다
    りんご [riŋgo 링고] 사과
    ほんき [hoŋki 홍키] 진심
    にんき [niŋki 닝키] 인기
    えんげき [eŋgeki 엥게키] 연극
    でんき [deŋki 뎅키] 전기

④ 「は、や、わ」행과 모음앞 단어의 맨끝에서는 [N(ㄴ과 ㅇ의 중간발음)]으로 발음된다
    ほん[hoN] 책
    ふんいき [fuNiki] 분위기
    ほんや [hoNya] 책방
    てんいん [teNiN] 점원
    としょかん [toshokaN] 도서관

2. 촉음(促音)-「っ」

「っ」는 우리말의 받침 [ㅋ, ㅅ, ㅌ, ㅍ]과 같은 역할을 한다.
뒤에 오는 글자에 따라서 발음이 달라진다.

① 「か」행 앞에서는 [k(ㅋ)]로 발음된다.

　　がっこう [gakko- 각코-] 학교

　　がっき [gakki 각키] 악기

　　にっき [nikki 닉키] 일기

　　けっか [kekka 켁카] 결과

　　こっか [kokka 콕카] 국가

② 「さ」행 앞에서는 [s(ㅅ)]로 발음된다.

　　けっせき [kesseki 켓세키] 결석

　　れっしゃ [ressha 렛샤] 열차

　　さっそく [sassoku 삿소쿠] 즉시

　　ざっし [zassi 잣시] 잡지

　　じっせん [zissen 짓센] 실천

③ 「た」행 앞에서는 [t(ㅌ)]로 발음된다.

　　きって [kitte 킽테] 우표

　　きっと [kitto 킽토] 꼭, 반드시

　　じったい [zittai 짇타이] 실태

　　なっとく [nattoku 낟토쿠] 납득

　　ねったい [nettai 넫타이] 열대

④ 「ぱ」행 앞에서는 [p(ㅍ)]로 발음된다.

　　きっぷ [kippu 킵프] 표

　　はっぴょう [happyo- 핲뽀-] 발표

　　はっぴゃく [happyaku 핲뺘크] 8백

　　しっぱい [sippai 싶빠이] 실패

　　しっぽ [sippo 싶뽀] 꼬리

　　しっぴつ [sippitsu 싶삐쯔] 집필

Part 1

基本表現

기본표현

안녕하십니까.(아침)	**おはようございます。** 오하요-고자이마스
안녕.(아침)	**おはよう。** 오하요- ♠ 가족 및 친구간의 가벼운 인사표현이다.
안녕하십니까.(점심)	**こんにちは。** 콘니찌와
안녕하십니까.(저녁)	**こんばんは。** 콘방와
안녕히 주무세요.	**お休みなさい。** 오야스미나사이
잘 자.	**お休み。** 오야스미 ♠ 가족 및 친구간의 가벼운 인사표현이다.
잘 지내십니까?	**お元気ですか。** 오겡키데스까 A: お元気ですか。 잘 지내시죠? B: はい。お陰様で、元気です。 예, 덕분에 잘 지냅니다.
잘 지내?	**元気？** 겡키
어떻게 지내십니까?	**どうお過ごしですか。** 도-오스고시데스까 A: どうお過ごしですか。 어떻게 지내십니까? B: お陰様で、元気に過ごしています。 덕분에 잘 지내고 있습니다.

덕분에 잘 지냅니다.	**お陰様で、元気です。** 오카게사마데, 겡키데스

그저 그렇습니다.

まあまあです。
마-마-데스

♠ 좋지도 나쁘지도 않다는 표현이다.

그럭저럭

まあまあ。
마-마-

♠ まあまあです. 의 간단한 표현이다.

지금은 좋아요.

今のところ調子が良いです。
이마노토코로 쬬-시가 이이데스

♠ 「良(よ)いです。」이지만 발음할 때는 「いいです。」라고 발음하는 게 일반적이다.

늘 마찬가지죠.

変わりありません。
카와리아리마셍

A: どのようにお過ごしですか。 어떻게 지내십니까?
B: 変わりありません。 늘 마찬가지죠.

별일 없어

変わりない。
카와리나이

어디 가세요?

どこへお出かけですか。
도꼬에 오데카케데스까

여긴 웬일이세요?

ここには、どのようなご用でしょうか。
코코니와, 도노요-나 고요-데쇼-까

A: ここには、どのようなご用でしょうか。 여긴 웬일이세요?
B: 友人を待っている所です。 친구를 기다리고 있는 중입니다.

날씨가 좋네요.

いい天気ですね。
이이텡키데스네

오랜만입니다.

お久しぶりです。
오히사시브리데스

♠ = ご無沙汰しています。

오랜만이야.

久しぶり。
히사시브리

오랫동안
뵙지 못했습니다.

長い間、ご無沙汰しています。
나가이아이다, 고브사타시테이마스

꽤 오랜만에 다시 만나
뵙게 되는군요.

久しぶりに、再びお会いできましたね。
히사시브리니, 후타타비 오아이데키마시타네

얼굴 잊어버리겠어요.

お顔を忘れてしまいます。
오카오오 와스레테 시마이마스

몇 년 만이죠?

何年ぶりでしょうか。
난넨브리데쇼－까
　　A: 何年ぶりでしょうか。　몇 년 만이죠?
　　B: 三年ぶりです。　3년 만입니다.

시간 참 빠르네요.

時間って、本当に速いですね。
지칸뗏, 혼토－니 하야이데스네

뵙고 싶었어요.

お会いしたかったです。
오아이시타깟따데스

다시 만나게 되어 기뻐요.

再び、お会いでき、うれしいです。
후타타비, 오아이데키, 우레시이데스

가족분들은
잘 지내세요?

ご家族の皆様は、お元気ですか。
고카조크노 미나사마와, 오겡키데스까

우연히 만나게 되어
반가워요.

偶然にお会いでき、うれしいです。
구-젠니 오아이데키, 우레시이데스

여기서 당신을 볼 줄은
기대도 못했어요.

ここで、あなたに会えるとは思ってもなかったです。
코코데, 아나타니 아에르또와 오못테모나깟따데스

하나도 변하지
않으셨네요.

ちっとも変わっていませんね。
짓또모 카왓테 이마셍네

너 참 많이 변했다.

あなた、本当に変わったね。
아나타, 혼토-니 카왓따네

요즘 일은 어떠세요?

最近、お仕事はいかがですか。
사이킨, 오시고또와 이카가데스까

A: 最近、お仕事はいかがですか。　요즘 일은 어떠세요?
B: 全てがうまく行っています。　모든게 잘 되고 있습니다.

무엇 때문에
그렇게 바빴어요?

なぜ そんなに忙しかったのですか。
나제, 손나니 이소가시캇따노데스까

A: なぜ、そんなに忙しかったのですか。
　　무엇 때문에 그렇게 바빴어요?
B: 仕事がとても忙しかったのです。
　　일이 아주 바빴어요.

사업은 잘 되요?

ビジネスは、うまく行っていますか。
비지네스와, 우마크 잇테이마스까

새로 하는 일은 어때요?

新しいお仕事はいかがですか。
아타라시이 오시고또와 이카가데스까

A: 新しいお仕事はいかがですか。
　　새로 하는 일은 어때요?
B: まあまあです。
　　그저 그렇습니다.

| 만나서 반갑습니다. | お会いでき、うれしいです。
오아이데키, 우레시이데스 |

처음 뵙겠습니다.

初めまして。
하지메마시테

저는 이입니다.

私は、李です。
와타시와, 리데스

♠ 처음 만난 사람에게 자기를 소개할 때는 성만 말하는 경우가 많다.

저는 한국인입니다.

私は、韓国人です。
와타시와, 캉코크진데스

저는 회사원입니다.

私は、会社員です。
와타시와, 카이샤인데스

만나뵙게 되어
영광입니다.

お会いでき、光栄です。
오아이데키, 코-에이데스

만나뵙기를
고대해 왔습니다.

お目にかかれるのを楽しみにしておりました。
오메니카카레르노오 타노시미니시테 오리마시타

당신에 대해서는
타나까씨로부터 평소
자주 듣고 있습니다.

あなたの事は、田中さんから、日頃、よく伺っております。
아나타노코또와, 타나까상까라, 히고로, 요크 우카갓테 오리마스

늘 만나뵙고
싶었습니다.

ずっとお会いしたいと思っていました。
줏또 오아이시타이또 오못테 이마시타

오래전부터
뵙고 싶었습니다.

ずっと前から、お会いしたかったです。
줏또 마에까라, 오아이시타캇따데스

전에 만난 적이
있는것 같은데요.

以前、お会いした事があると思います。
이젠, 오아이시타코또가 아르또 오모이마스

전에 어디선가 당신을
본 기억이 나는데요.

以前、どこかで、あなたにお会いした覚えがあります。
이젠, 도꼬카데, 아나타니 오아이시타오보에가 아리마스

성함만 알고
있었습니다.

お名前だけ知っていました。
오나마에다께 싯테 이마시타

당신 이름이
귀에 익네요.

聞き覚えのあるお名前です。
키키오보에노아르 오나마에데스

성함이 뭐라고 하셨죠?

お名前は何とおっしゃいましたか。
오나마에와 난또 옷샤이마시타까

저를 타로우라고
불러주세요.

私の事を、太郎と呼んで下さい。
와타시노코또오, 타로우또 욘데 크다사이

당신을 어떻게
부를까요?

あなたを何と呼べば良いでしょうか。
아나타오 난또 요베바 이이데쇼―까

A: あなたを何と呼べば良いでしょうか。 당신을 어떻게 부를까요?
B: 私の事は、三田と呼んで下さい。 저는 미타라고 불러 주세요.

야마모토씨로부터
늘 당신에 대해
듣고 있었습니다.

山本さんから、いつも、あなたの事を伺っておりました。
야마모또상까라, 이쯔모, 아나타노코또오 우카갓테 오리마시타

야마구찌씨가
당신에 대해
자주 말씀하셨습니다.

山口さんが、あなたの事をよく話しておりました。
야마구찌상가, 아나타노코또오 요크 하나시테 오리마시타

니시씨가 당신에 대해서
많이 이야기 했습니다.

西さんがあなたについて、よく話していました。
니시상가 아나타니쯔이테, 요크 하나시테 이마시타

제 소개를 하겠습니다.

私の事を紹介させて頂きます。
와타시노코또오 쇼-카이사세테 이타다키마스

저는 야마모토입니다.

私は、山本です。
와타시와, 야마모또데스

저는 A사의
타나까라고 합니다.

私は、A社の田中と申します。
와타시와, 에이샤노 타나까또 모우시마스

어디에서 오셨나요?

どこから、いらっしゃったのですか。
도꼬까라, 이랏샷따노데스까

A: どこから、いらっしゃったのですか。 어디에서 오셨나요?
B: 名古屋から参りました。 나고야에서 왔습니다.

한국에 무슨 일로
오셨나요?

韓国には、どのようなご用で、いらっしゃったのですか。
캉코크니와, 도노요-나 고요-데, 이랏샷따노데스까

이쪽은 제 친구인
타나까씨입니다.

こちらは、私の友達の田中さんです。
코찌라와, 와타시노 토모다찌노 타나까상데스

♠ こちら는 '이쪽' 이라는 방향을 나타내는 뜻이지만, 사람을 소개할 때는 '이분' 의 뜻으로, この方(かた)(이분)보다도 더 자연스런 표현이 된다.

제 친구를 소개해
드렸으면 하는데요.

私の友達をご紹介したいと思います。
와타시노 토모다찌오 고쇼-카이시타이또 오모이마스

하마다씨를 당신에게
소개해도 되겠습니까?

濱田さんをあなたにご紹介してもよろしいでしょうか。
하마다상오 아나타니 고쇼-카이시테모 요로시이데쇼-까

제 동료를
소개드리겠습니다.

私の仲間をご紹介申し上げます。
와타시노 나까마오 고쇼-카이모우시아게마스

A: 私の仲間をご紹介申し上げます。
제 동료를 소개드리겠습니다.
B: はい、お願いします。
네, 부탁합니다.

미노베씨에게 저를 소개 시켜주실 수 있습니까?

美濃部さんに、私の事を紹介して頂いてもよろしいでしょうか。
미노베상니, 와타시노코또오 쇼−카이시테이타다이테모 요로시이데쇼−까

타나까씨의 소개로 왔습니다.

田中さんのご紹介で参りました。
타나까상노 고쇼−카이데 마이리마시타

야마모토씨, 하마다씨를 소개하고 싶군요.

山本さん、濱田さんをご紹介したいと思います。
야마모토상, 하마다상오 고쇼−카이시타이또 오모이마스

부장님이신 야마모토씨를 소개하겠습니다.

部長の山本さんをご紹介致します。
부쪼−노 야마모토상오 고쇼−카이이타시마스

타나까씨, 이분은 하마다씨입니다.

田中さん、こちらは、濱田さんです。
타나까상, 코찌라와, 하마다상데스

불어할 줄 아는 분, 좀 소개해 주십시오.

フランス語のできる方をご紹介頂けますか。
후란스고노데키루카따오 고쇼−카이이타다케마스까

모토즈씨를 보면, 당신은 금방 좋아할 거예요.

本図さんにお会いすれば、あなたは、すぐ、好きになる と思います。
모토즈상니 오아이스레바, 아나타와, 스그, 스키니나루또 오모이마스

니시씨, 어디 출신입니까?

西さん　どこのご出身ですか。
니시상, 도꼬노 고슛신데스까

A: 西さん、どこのご出身ですか。　니시씨, 어디 출신입니까?
B: 私は、日本の福岡出身です。　저는 일본의 후쿠오카 출신입니다.

저는 동경출신입니다.

私は、東京出身です。
와타시와, 토−쿄−슛신데스

A: 田中さんは、大阪出身ですか。　타나까씨는 오오사카 출신입니까?
B: いいえ、私は、東京出身です。　아니오, 저는 동경출신입니다.

잘가.	**さようなら。** 사요-나라 ♠ 헤어질 때 사용하는 가장 일반적인 인사이다.
또 봐요.	**それじゃ、またね。** 소레쟈, 마따네
내일 봐요.	**では、また、あした。** 데와, 마따 아시타 ♠ 거의 매일 만나는 사이에서는 「さようなら」보다 「また、あした」라는 표현을 더 많이 쓴다.
다음주에 봬요.	**では、また来週。** 데와, 마따 라이슈-
월요일에 만나요.	**では、また月曜日に。** 데와, 마따 게쯔요-비니
조만간 또 봅시다.	**近々、また、お会いしましょう。** 찌카지카, 마따, 오아이시마쇼-
좋은 하루 되세요.	**良い一日でありますように。** 요이이찌니찌데아리마스요-니
좋은 주말 보내세요.	**良い週末をお過ごしください。** 요이슈-마쯔오 오스고시크다사이
좋은 여행 되세요.	**良い旅行でありますように。** 요이료코-데아리마스요-니
즐거운 휴일 보내세요.	**楽しい休日を。** 타노시이 큐-지쯔오
몸조심 하세요.	**お体に気をつけて下さい。** 오카라다니 키오 쯔케테 크다사이
부인께 안부 전해주세요.	**奥様に宜しくお伝え下さい。** 옥사마니 요로시크 오쯔타에 크다사이

당신 부모님께
안부 전해 주세요.

あなたのご両親に、宜しくお伝え下さい。
아나타노 고료-신니, 요로시쿠 오쯔타에 크다사이

이제 가봐야 해요.

そろそろ行かないと。
소로소로 이카나이또

급하신가 봐요.

お急ぎのようですね。
오이소기노요-데스네

나 간다.

私、行くよ。
와타시, 이크요

이제 가야겠어요.

もう行かなければなりません。
모우 이카나케레바 나리마셍

A: もう行かなければなりません。 이제 가야겠어요.
B: 残念ですね。 아쉽네요.

가셔야 된다니 아쉽네요.

行かなければならないなんて、残念です。
이카나케레바 나라나이난테, 잔넨데스

A: 行かなければならないなんて、残念です。
가셔야 된다니 아쉽네요.
B: 私もそうです。
저도 그렇습니다.

조만간 한번 들릴께요.

近々、一度寄ります。
찌카지카, 이찌도 요리마스

다녀오겠습니다.

行って来ます。
잇테키마스

= 行(い)って参(まい)ります。 더 정중한 표현이다

다녀오세요.

行っていらっしゃい。
잇테이랏샤이

♠ 실제 대화에서는 중간에 い를 빼는 경향이 있다. 따라서 「行(い)ってらっしゃい。」라고도 한다.

날짜 (日付)

오늘	今日(きょう) 쿄-, 今日(こん にち) 콘니찌
내일	明日(あす) 아스, 明日(あした) 아시타
어제	昨日(きのう) 키노-, 昨日(さく じつ) 사크지쯔
오전	午前(ご ぜん) 고젠
정오	正午(しょう ご) 쇼-고
오후	午後(ご ご) 고고
저녁	夕方(ゆう がた) 유-가따
밤	夜(よる) 요루
오늘 아침	今朝(けさ) 케사
오늘밤	今夜(こん や) 코야
새벽	明(あ)け方(がた) 아케가따
아침	朝昼(あさ) 아사
낮	昼(ひる) 히르
밤중	夜中(よ なか) 요나까
한밤중	真夜中(ま よ なか) 마요나까
하루종일	一日中(いち にち じゅう) 이찌니찌쥬-
반나절	半日(はん にち) 한니찌
심야	深夜(しん や) 신야
1시	一時(いち じ) 이찌지
한 시간	一時間(いち じ かん) 이찌지칸

주 (曜日)

일요일	日曜日 (にち ようび) 니찌요-비
월요일	月曜日 (げつ ようび) 게쯔요-비
화요일	火曜日 (か ようび) 카요-비
수요일	水曜日 (すい ようび) 스이요-비
목요일	木曜日 (もく ようび) 모크요-비
금요일	金曜日 (きん ようび) 킨요-비
토요일	土曜日 (ど ようび) 도요-비

월 (月)

1월	一月 (いち がつ) 이찌가쯔
2월	二月 (に がつ) 니가쯔
3월	三月 (さん がつ) 산가쯔
4월	四月 (し がつ) 시가쯔
5월	五月 (ご がつ) 고가쯔
6월	六月 (ろく がつ) 로크가쯔
7월	七月 (しち がつ) 시찌가쯔
8월	八月 (はち がつ) 하찌가쯔
9월	九月 (く がつ) 크가쯔
10월	十月 (じゅう がつ) 쥬-가쯔
11월	十一月 (じゅう いち がつ) 쥬-이찌가쯔
12월	十二月 (じゅう に がつ) 쥬-니가쯔

| 고맙습니다. | ありがとうございます。
아리가토–고자이마스 |

| 고마워. | ありがとう。
아리가토– |

♠ 편하고 가까운 사이에서 쓸 수 있는 표현이다.

| 정말 고맙습니다. | 本当にありがとうございます。
혼토–니 아리가토–고자이마스 |

| 모든 것에 감사드립니다. | 全てに感謝申し上げます。
스베테니 칸샤모우시아게마스 |

| 큰 도움이 되었습니다. | 大変役に立ちました。
타이헹 야크니 타찌마시타 |

| 어쨌든 고맙습니다. | とにかく、ありがとうございます。
토니카크, 아리가토–고자이마스 |

| 도와주셔서 감사합니다. | 助けて頂き、ありがとうございます。
타스케테 이타다키, 아리가토–고자이마스 |

| 칭찬해 주셔서
고맙습니다. | ほめて頂き、ありがとうございます。
호메테 이타다키, 아리가토–고자이마스 |

| 호의를 베풀어주신 데
대해 감사드립니다. | ご好意に感謝申し上げます。
고코–이니 칸샤모우시아게마스 |

| 감사합니다. | 感謝致します。
칸샤이타시마스 |

| 정말 친절하시네요. | 本当にご親切ですね。
혼토–니 고신세쯔데스네 |

야마모또씨의 친절에 감사드립니다.

山本さんのご親切に感謝申し上げます。
야마모또상노 고신세쯔니 칸샤모우시아게마스

당신께 매우 감사하고 있습니다.

あなたに大変感謝申し上げております。
아나타니 타이헹 칸샤모우시아게테 오리마스

어떻게 보답할 수 있을까요?

どのように感謝すれば、良いでしょうか。
도노요ー니 칸샤스레바, 이이데쇼ー까

뭐라고 감사를 드려야 할지 모르겠네요.

何と感謝すれば良いのか、分かりません。
난또 칸샤스레바 이이노까, 와카리마셍

수고하셨습니다.

お疲れ様でした。
오쯔카레사마데시타

신세 많이 졌습니다.

大変お世話になりました。
타이헹 오세와니 나리마시타
A: 大変お世話になりました。 신세 많이 졌습니다.
B: こちらこそ、お世話になりました。 저야말로 신세 많이 졌습니다.

그동안 감사했습니다.

長い間、ありがとうございました。
나가이아이다, 아리가토ー고자이마시타
A: 長い間、ありがとうございました。 그동안 감사했습니다.
B: どういたしまして。 천만예요.

잘 먹겠습니다.

いただきます。
이타다키마스

잘 먹었습니다.

ごちそうさまでした。
고찌소ー사마데시타

오늘 즐거웠습니다.

今日、楽しかったです。
쿄ー, 타노시캇따데스

미안합니다.

すみません。
스미마셍

♠ 「すみません」은 사과의 표현외에 무언가를 물어볼 때에도 많이 쓰인다.

대단히 죄송합니다.

誠に申し訳ございません。
마코또니 모우시와케고자이마셍
= **誠に申し訳ありません。**

사과드립니다.

お詫び申し上げます。
오와비모우시아게마스

늦어서 죄송합니다.

遅れて申し訳ありません。
오크레테 모우시와케아리마셍

기다리게 해서
죄송합니다.

お待ち頂き、申し訳ありません。
오마찌이타다키, 모우시와케아리마셍

방해해서 죄송합니다.

お邪魔して申し訳ありません。
오쟈마시테 모우시와케아리마셍

방해가 되지 않았으면
좋겠습니다만.

お邪魔にならなければ良いのですが。
오쟈마니나라나케레바 요이노데스가

번거롭게 해서
죄송합니다.

お手数をお掛けし、申し訳ありません。
오테스−오 오카케시, 모우시와케아리마셍

폐를 끼쳐서 죄송합니다.

ご迷惑をお掛けし、申し訳ありません。
고메이와크오 오카케시, 모우시와케아리마셍

A: ご迷惑をお掛けし、申し訳ありません。
폐를 끼쳐서 죄송합니다.

B: 大丈夫です。あまりお気にされないで下さい。
괜찮습니다. 그다지 신경쓰지 마세요.

고의로 그런 것은 아니예요. 우연이예요.	**故意ではありません。偶然です。** 코이데와아리마셍. 구-젠데스
용서해 주세요.	**お許し下さい。** 오유르시 크다사이
미안합니다. 제가 요일을 혼동했어요.	**すみません。私が曜日を間違えました。** 스미마셍. 와타시가 요-비오 마찌가에마시타
제가 실수를 했습니다.	**私がミスをしました。** 와타시가 미스오 시마시타
걱정하지 마세요.	**ご心配要りません。** 고심빠이이리마셍
실례했습니다.	**失礼致しました。** 시쯔레이이타시마시타
신경쓰지 마세요.	**お気にされないで下さい。** 오키니 사레나이데 크다사이
전혀 상관없습니다.	**全く構いません。** 맛타크 카마이마셍
정말로 유감으로 생각합니다.	**誠に遺憾に存じます。** 마코또니 이칸니 존지마스
죄송합니다.	**ごめんなさい。** 고멘나사이

♠ 「ごめんなさい」는 본래 구어조의 말이다. 「すみません」은 그것보다도 공식적이고 어디에서나 사용할 수 있다. 특히 친한 사람에 대해서 이외에는 보통은 「すみません」이 무난하다.

정말 잘했어.

よくやったね。
요크 얏타네

멋지네요.

素敵（すてき）ですね。
스테키데스네

당신 이번엔
정말 잘했어요.

あなた、今回（こんかい）、本当（ほんとう）によくやりました。
아나타, 콘카이, 혼토-니 요크 야리마시타

아주 재미있어요.

とても面白（おもしろ）いです。
토테모 오모시로이데스

굉장할 것 같아요.

すごそうです。
스고소-데스

당신 아주
인상적이네요.

あなた、とても印象的（いんしょうてき）です。
아나타, 토테모 인쇼-테키데스

정말 보기 좋아요.

本当（ほんとう）に格好（かっこう）いいです。
혼토-니 캇꼬-이이데스

그 드레스 참
근사하네요.

そのドレス、本当（ほんとう）に素敵（すてき）ですね。
소노도레스, 혼토-니 스테키데스네

당신과 잘 어울려요.

あなたにお似合（にあ）いですね。
아나타니 오니아이데스네

그 옷은 당신한테
잘 어울립니다.

その服（ふく）はあなたによく似合（にあ）います。
소노후크와 아나타니 요크 니아이마스

하마다씨는 정말로
성실하군요.

濱田（はまだ）さんは、本当（ほんとう）にまじめですね。
하마다상와, 혼토-니 마지메데스네

새로 산 옷이 잘
어울립니다.

新しく買った服がよくお似合いです。
아타라시크 캇따 후크가 요크 오니아이데스

A: 新しく買った服がよくお似合いです。
새로 산 옷이 잘 어울립니다.

B: ありがとうございます。
고맙습니다.

파란색이 당신한테
아주 잘 어울리네요.

青色があなたによく似合います。
아오이로가 아나타니 요크 니아이마스

무엇이든 당신에게는
잘 어울립니다.

あなたには、何でも良く似合います。
아나타니와, 난데모 요크 니아이마스

A: あなたには、何でも良く似合います。
무엇이든 당신에게는 잘 어울립니다.

B: ほめて頂きまして、ありがとうございます。
칭찬해 주셔서 고맙습니다.

아주 젊어 보여요.

とても若く見えますね。
토테모 와카크 미에마스네

일본어를 잘 하시네요.

日本語がペラペラですね。
니혼고가 뻬라뻬라데스네

A: 日本語がペラペラですね。日本に留学されたのですか。
일본어를 잘 하시네요. 일본에 유학하셨나요?

B: いいえ。大学で日本文学を専攻しました。
아니요, 대학에서 일본문학을 전공했습니다.

오다씨는 머리 회전이
잘 되군요.

織田さんは、頭の回転がいいです。
오다상와, 아타마노 카이텐가 이이데스

A: 織田さんは、頭の回転がいいです。
오다씨는 머리 회전이 잘 되군요.

B: いいえ、とんでもないです。
아니요, 당치도 않습니다.

축하합니다.

おめでとうございます。
오메데토-고자이마스

生일 축하합니다.

お誕生日、おめでとうございます。
오탄죠-비, 오메데토-고자이마스

성공을 축하드립니다.

ご成功、おめでとうございます。
고세-코-, 오메데토-고자이마스

졸업을 축하합니다.

ご卒業、おめでとうございます。
고소쯔교-, 오메데토-고자이마스

승진을 축하합니다.

ご昇進、おめでとうございます。
고쇼-신, 오메데토-고자이마스

출산을 축하합니다.

ご出産、おめでとうございます。
고슛산, 오메데토-고자이마스

합격을 축하합니다.

合格、おめでとうございます。
고-카크, 오메데토-고자이마스

A: 合格、おめでとうございます。 합격을 축하합니다.

B: ありがとうございます。 고맙습니다.

결혼을 축하합니다.

ご結婚、おめでとうございます。
고켓콘, 오메데토-고자이마스

행복하시길 빌어요.

お幸せでありますように。
오시아와세데아리마스요-니.

행복하시길
진심으로 빕니다.

お幸せでありますように、心からお祈り申し上げます。
오시아와세데아리마스요-니, 코코로까라 오이노리 모우시아게마스

| 당신의 스무번째 생일을 축하드립니다. | あなたの二十歳のお誕生日、おめでとうございます。
아나타노 하타찌노 오탄죠-비, 오메데토-고자이마스 |

좀 이르긴 하지만 축하해요.

ちょっと早いのですが、おめでとうございます。
쫏토 하야이노데스가, 오메데토-고자이마스

축하의 의미로 술이라도 한잔 합시다.

お祝いに、お酒でも一杯飲みましょう。
오이와이니, 오사케데모 잇빠이 노미마쇼-

건배!

乾杯！
칸빠이

A: 我々の友情のために、乾杯！ 우리의 우정을 위해 건배！
B: 乾杯！ 건배！

당신의 미래를 위하여!

あなたの未来のために!
아나타노 미라이노 타메니

우리의 건강을 위하여!

我々の健康のために!
와레와레노 켄코-노 타메니

당신의 행복을 위해 건배합시다.

あなたの幸せのために、乾杯しましょう。
아나타노 시아와세노타메니, 칸빠이시마쇼-

우리의 우정을 위해 건배합시다.

我々の友情のために、乾杯しましょう。
와레와레노 유-죠-노타메니, 칸빠이시마쇼-

만수무강하십시오.

長生きして下さい。
나가이키시테 크다사이

새해 복많이 받으세요.

新年明けまして、おめでとうございます。
신넨아케마시테, 오메데토-고자이마스

기운 내!(힘내!)

元気出して。
겡키 다시테

행운을 빕니다.

幸運をお祈り申し上げます。
코–운오 오이노리 모우시아게마스

포기하지 마!

あきらめないで。
아키라메나이데

최선을 다해!

最善を尽くして。
사이젠오 쯔크시테

염려하지 마세요.

ご心配要りません。
고심빠이이리마셍

자신을 믿으세요!

自分自身を信じて下さい。
지분지신오 신지테 크다사이

당신은 할 수 있어요!

あなたは、できます！
아나타와, 데키마스

당신 잘하고 있어요.

あなたは、よくやっています。
아나타와, 요크 얏테 이마스

조금만 용기를
내면 되요.

もうちょっと勇気を出して下さい。
모우 쫏토 유–키오 다시테 크다사이

빨리 해결되길
바랍니다.

早く解決できますよう、お祈り申し上げます。
하야크 카이케쯔데키마스요–, 오이노리 모우시아게마스

다 잘될 거에요.

全て、うまく行くと思います。
스베테 우마크 이크또 오모이마스

A: 全て、うまく行くと思います。 다 잘될 거에요.
B: 私も、そのように思っています。 저도 그렇게 생각하고 있습니다.

그 말을 들으니
유감스럽습니다.

その話を聞いて、残念です。
소노하나시오 키이테, 잔넨데스

A: 私、試験に落ちました。 저, 시험에 떨어졌습니다.
B: その話を聞いて、残念です。 그 말을 들으니 유감스럽습니다.

애석하군요.

残念です。
잔넨데스

슬퍼하지 마세요.

悲しまないで下さい。
카나시마나이데 크다사이

긍정적으로 생각해요.

前向きに考えて下さい。
마에므키니 캉가에테 크다사이

삼가조의를 표합니다.

お悔やみ申し上げます。
오크야미 모우시아게마스

너무 지나치게
생각하지 말아요.

あまり考えすぎないように。
아마리 캉가에스기나이요-니

♠「すぎる」는 동사의 연용형을 받아서 "(수준이나 정도가) 넘다" 또는 "너무~하다"는 의미로 사용된다.

마음으로부터 명복을
빌겠습니다.

心からご冥福をお祈り申し上げます。
코코로까라 고메이흐크오 오이노리모우시아게마스

실망하지 마세요.

がっかりしないで下さい。
갓카리시나이데 크다사이

다시 하면 되요.

また、やり直せばいいのです。
마따, 야리나오세바 이이노데스

♠「直(なお)す」는 동사연용형에 붙어서 "다시~하다" 라는 뜻이다.

울지 말아요.

泣かないで。
나카나이데

• 일본어회화사전

기념(記念) · 축하(お祝い)

생일	誕生日(たんじょうび) 탄죠-비
졸업	卒業(そつぎょう) 소쯔교-
승진	昇進(しょうしん) 쇼-신
합격	合格(ごうかく) 고-카크
결혼	結婚(けっこん) 켓콘
결혼기념일	結婚記念日(けっこんきねんび) 켓콘키넨비
설날	正月(しょうがつ) 쇼-가쯔
어린이날	子供(こども)の日(ひ) 코도모노히
어머니날	母(はは)の日(ひ) 하하노히
아버지날	父(ちち)の日(ひ) 찌찌노히
성인의 날	成人(せいじん)の日(ひ) 세이진노히
독립기념일	独立記念日(どくりつきねんび) 도크리쯔키넨비
크리스마스	クリスマス 크리스마스
추석	お盆(ぼん) 오봉
체육의 날	体育(たいいく)の日(ひ) 타이이크노히
추분	秋分(しゅうぶん) 슈-븐
춘분	春分(しゅんぶん) 슌븐
경로일	敬老(けいろう)の日(ひ) 케-로-노히

날짜 （日付）

1일	一日	(ついたち)	쯔이타찌
2일	二日	(ふつか)	후쯔카
3일	三日	(みっか)	밋카
4일	四日	(よっか)	욧카
5일	五日	(いつか)	이쯔카
6일	六日	(むいか)	무이카
7일	七日	(なのか)	나노카
8일	八日	(ようか)	요-카
9일	九日	(ここのか)	코코노카
10일	十日	(とおか)	토오카
14일	十四日	(じゅう よっか)	쥬-욧카
20일	二十日	(はつか)	하쯔카
24일	二十四日	(に じゅう よっか)	니쥬-욧카
며칠	何日	(なん にち)	난니찌

♠ 날짜를 읽을 때에는 日(にち) 를 붙여서 읽는 것과, 고유숫자로 읽는 것이 있다. 1일부터 10일, 20일은 고유숫자로 읽으며, 14일, 24일도 읽는 방법이 독특하므로 주의해야 한다.

지금 바쁘세요?	今、お忙しいですか。 이마, 오이소가시이데스까
오오타니씨는 결혼했나요?	大谷さんは、結婚していますか。 오오타니상와, 켓콘시테 이마스까
그 옷은 아름다웠습니까?	その服は、きれいだったのですか。 소노 후크와, 키레이닷따노데스까
오다씨는 야구를 할 수 있습니까?	織田さんは、野球ができますか。 오다상와, 야큐-가 데키마스까
컴퓨터를 가지고 있나요?	パソコンをお持ちですか。 파소콘오 오모찌데스까
하마다씨는 음악을 좋아합니까?	濱田さんは、音楽が好きですか。 하마다상와, 온가크가 스키데스까
타나까씨는 어제 하마다씨를 만났습니까?	田中さんは、昨日、濱田さんに会いましたか。 타나까상와, 키노-, 하마다상니 아이마시타까
당신은 우유를 좋아합니까?	あなたは牛乳が好きですか。 아나타와 규-뉴-가 스키데스까
당신은 우유를 좋아하지 않습니까?	あなたは牛乳がお好きではないのですか。 아나타와 규-뉴-가 오스키데와나이노데스까
형제는 있습니까?	ご兄弟は、いらっしゃいますか。 고쿄-다이와, 이랏샤이마스까

A: ご兄弟は、いらっしゃいますか。 형제는 있습니까?

B: はい、弟が一人います。 네, 남동생이 한 명 있습니다.

어디에 사세요?

どこにお住まいですか。
도꼬니 오스마이데스까

나이가 어떻게 되세요?

おいくつですか。
오이크쯔데스까

♠ 나이를 물을 때 쓰는 표현이다. 우리말의 '연세가 어떻게 되세요?' 혹은 '나이가 어떻게 되세요?' 등에 해당하는 말로, 앞에 「失礼(しつ れい)ですが、実礼합니다만,」를 붙이면 더욱 정중한 표현이다.

역은 어디에 있습니까?

駅はどこにありますか。
에키와 도코니 아리마스까

좋아하는 음식은 무엇입니까?

好きな食べ物は、何ですか。
스키나 타베모노와, 난데스까

A : 好きな食べ物は、何ですか。 좋아하는 음식은 무엇입니까?
B : 私は、韓国料理が好きです。 저는 한국요리를 좋아합니다.

당신이 좋아하는 노래는 무엇입니까?

あなたの好きな歌は何ですか。
아나타노 스키나 우타와 난데스까

지하철역은 어떻게 가면 되나요?

地下鉄の駅は、どのように行けばいいでしょうか。
찌카테츠노 에키와, 도노요-니 이케바 이이데쇼-까

A : 地下鉄の駅は、どのように行けばいいでしょうか。
지하철역은 어떻게 가면 되나요?
B : ここからまっすぐ、歩いて10分くらいです。
여기에서 곧장 걸어서 10분정도입니다.

회사는 어디에 있습니까?

会社はどこにありますか。
카이샤와 도꼬니 아리마스까

이 근처에 식당이 있습니까?

この辺りにレストランは、ありますか。
코노 아타리니 레스토랑와, 아리마스까

| 네, 그렇습니다. | **はい、そうです。** |
| | 하이, 소-데스 |

A: あなたは、アメリカ人ですか。　당신은 미국인입니까?

B: はい、そうです。　네, 그렇습니다.

| 예. | **はい。** |
| | 하이 |

| 물론이죠. | **もちろんです。** |
| | 모찌론데스 |

A: 私と一緒に行きますか。　저와 함께 가겠습니까?

B: もちろんです。　물론이죠.

| 물론. | **もちろん。** |
| | 모찌론 |

| 그러지요. | **そうします。** |
| | 소-시마스 |

| 과연. | **なるほど。/　さすが。** |
| | 나루호도 / 사스가 |

| 나도 그래요. | **私もそうです。** |
| | 와타시모 소-데스 |

| 맞아요. | **その通りです。** |
| | 소노 토오리데스 |

| 좋아요. | **良いですよ。** |
| | 이이데스요 |

♠ 「良(よ)いです。」이지만 발음할 때는 「いいです。」라고 발음하는 게 일반적이다.

| 저도 좋습니다. | **私も良いです。** |
| | 와타시모 이이데스 |

♠ 「良(よ)いです。」이지만 발음할 때는 「いいです。」라고 발음하는 게 일반적이다.

틀림없어요.

間違いありません。

마찌가이 아리마셍

그럴거라고 생각합니다.

そうだろうと思います。

소우다로-또 오모이마스

알겠습니다.

分かりました。

와카리마시타

A: タクシーを呼んで下さい。　택시를 불러주세요.

B: 分かりました。　알겠습니다.

동감입니다.

同感です。

도-칸데스

말씀하신 대로입니다.

おっしゃる通りです。

옷샤르토오리데스

저도 그러기를 바랍니다.

私も、そのように願っています。

와타시모, 소노요-니 네갓테 이마스

A: 今月、日本へ出張できたらいいですね。
　이번 달에 일본에 출장갈 수 있으면 좋겠네요.

B: 私も、そのように願っています。
　저도 그러기를 바랍니다.

보증합니다.

保証します。

호쇼-시마스

찬성입니다.

賛成です。

산세-데스

A: 田中さんの意見に賛成ですか、反成ですか。
　타나까씨의 의견에 찬성입니까? 반대입니까?

B: 私は、賛成です。
　저는 찬성입니다.

| 아니요,
그렇지 않습니다. | **いいえ、そうではありません。**
이이에, 소우데와아리마셍

A: 田中さんは、弁護士ですね。
타나까상은 변호사죠?

B: いいえ、そうではありません。学校の先生です。
아니요, 그렇지 않습니다. 학교 선생님입니다. |

| 모르겠습니다. | **分かりません。**
와카리마셍 |

| 아니요, 그렇게
생각하지 않아요. | **いいえ、そうは思いません。**
이이에, 소우와오모이마셍 |

| 저는 다릅니다. | **私は違います。**
와타시와 찌가이마스 |

| 잘 모르겠어요. | **よく分かりません。**
요크 와카리마셍 |

| 그게 그렇게
간단치가 않습니다. | **それがそう簡単ではありません。**
소레가 소우 칸딴데와 아리마셍 |

| 그건 무리입니다. | **それは無理です。**
소레와 무리데스

A: 明日まで終えなければなりません。
내일까지 끝내야 합니다.

B: それは無理です。
그건 무리입니다. |

| 그다지 좋지 않습니다. | **あまり良くありません。**
아마리 요크 아리마셍 |

| 기억이 나지 않습니다. | **覚えてないです。**
오보에테 나이데스 |

내가 아는 바가 아닙니다.

私の知らない所です。
와타시노 시라나이 토코로데스

그만 두는게 좋을 것 같아요.

止めた方が良いと思います。
야메따호-가 이이또 오모이마스

네가 틀렸어.

あなたが間違っているよ。
아나타가 마찌갓테 이르요

이젠 틀렸어요.

もうだめです。
모우 다메데스

    A: もうだめです。　이젠 틀렸어요.
    B: 運が悪かったのです。　운이 나빴어요.

나는 그렇게는 생각하지 않습니다.

私はそうは思いません。
와타시와 소우와 오모이마셍

설마.

まさか。
마사까

당치도 않아요.

とんでもないです。
톤데도나이데스

그것은 안됩니다.

それはいけません。
소레와 이케마셍

찬성할 수 없습니다.

賛成できません。
산세-데키마셍

금시초문입니다.

初耳です。
하쯔미미데스

    A: 来月、田中さんが結婚すると聞いています。
        다음달에 타나까씨가 결혼한다고 들었습니다.
    B: 初耳です。　금시초문입니다.

뭐데?	何？ 나니
정말?	本当に？ 혼토-니
농담하지 마.	冗談は止めて。 죠-단와 야메테
알겠어.	了解。 료-카이
그러세요?	そうですか。 소우데스까
듣고 있어.	聞いている。 키이테이루
그래서?	それで？ 소레데

A: 昨日、彼女が 私に 会いに 来ました。　어제 그녀가 나를 만나러 왔습니다.
B: それで？　그래서?

그러게 말이야.	それはそうだよ。 소레와 소우다요
아, 그래요?	あ、そうですか？ 아, 소우데스까
계속 하세요.	続けて下さい。 쯔즈케테 크다사이
그래요.	そうです。 소우데스

물론입니다.

もちろんです。
모찌론데스

말씀하신 대로입니다.

おっしゃる通りです。
옷샤르 토우리데스

♠ 비슷한 표현으로「その通(とお)りです。」가 있다.

그거 잘됐네.

それはよかった。
소레와 요캇따

A: 母の体調がよくなって来ています。
엄마 건강이 좋아지고 있습니다.

B: それはよかった。
그거 잘됐네.

그것은 정말입니까?

それは、本当ですか。
소레와, 혼토-데스까

A: 山本さんのご子息は、大学入学試験に落ちたそうです。
야마모또씨의 자제는 대학입학시험에 떨어졌다고 합니다.

B: それは、本当ですか。
그것은 정말입니까?

아마 그렇겠지요.

たぶん、そうでしょうね。
타븐, 소-데쇼-네

그건 당연합니다.

それは、当たり前です。
소레와, 아타리마에데스

그래서 결국 어떻게
되었어요?

それで、結局どうなりましたか。
소레데, 켓쿄크 도-나리마시타까

A: それで、結局どうなりましたか。
그래서 결국 어떻게 되었어요?

B: 幸いに、面接に合格しました。
다행히 면접에 합격했어요.

다시 한번 말씀해 주시겠어요?	もう一度、お話し頂けますか。 모우 이찌도, 오하나시 이타다케마스까
뭐라고 하셨어요?	何とおっしゃいましたか。 난또 옷샤이마시타까
다시 한번 말씀해 주세요.	もう一度、おっしゃって下さい。 모우이찌도, 옷샷테 크다사이
잘못 들었습니다.	聞き間違えました。 키키마찌가에마시타

무슨 말씀이신지
잘 모르겠습니다.

何とおっしゃっているのか、よく分かりません。
난도 옷샷테 이르노까, 요크 와카리마셍

A: 私の言っている事が分かりますか。
　　제가 말하는 것을 이해하겠어요?

B: 何とおっしゃっているのか、よく分かりません。
　　무슨 말씀이신지 잘 모르겠습니다.

저는 영어를 조금밖에 못합니다.	私は、少ししか英語ができません。 와타시와, 스코시시까 에이고가 데키마셍
좀더 큰소리로 말씀해 주시겠어요?	もう少し大きい声で、お話し頂けますか。 모우 스코시 오오키이 코에데, 오하나시 이타다케마스까
여긴 너무 시끄럽네요.	ここは、あまりにも、うるさいです。 코코와, 아마리니모 우르사이데스
좀더 천천히 말씀해 주시겠어요?	もう少しゆっくりお話し頂けますか。 모우 스코시 윳크리 오하나시 이타다케마스까
좀더 간단히 말씀해 주세요.	もう少し簡単にお話し下さい。 모우 스코시 칸딴니 오하나시 크다사이

| 무엇에 대해
얘기하시는 거예요? | 何について、おっしゃっていますか。
나니니 쯔이테, 옷샷테 이마스까 |

| 요점을 말씀하십시오. | ポイントをお話し下さい。
포인토오 오하나시 크다사이 |

| 좀더 똑똑하게
말씀해 주시겠어요? | もう少し、はっきりお話し頂けますか。
모우 스코시, 핫키리 오하나시 이타다케마스까 |

| 좀더 자세히 말씀해
주시겠어요? | もう少し、詳しくお話し頂けますか。
모우 스코시, 크와시크 오하나시 이타다케마스까 |

| 그 말이 무슨 뜻이죠? | それは、何の意味でしょうか。
소레와, 난노이미데쇼―까 |

| 다른 말로 설명해
주시겠어요? | 他の言葉で、ご説明頂けますか。
호카노 코또바데, 고세쯔메이 이타다케마스까 |

| 다시 한번 설명해
주시겠어요? | もう一度、ご説明頂けますか。
모우 이찌도, 고세쯔메이 이타다케마스까 |

| 방금 "타나까씨"
라고 말했나요? | 先程、"田中さん"とおっしゃいましたか。
사키호도, "타나까상"또 옷샤이마시타까

A: 先程、"田中さん"とおっしゃいましたか。
방금 "타나까씨"라고 말했나요?
B: いいえ、中田と言いました。
아니요, 나까타라고 말했습니다. |

| 철자가 어떻게 되지요? | スペルはどうなりますか。
스페르와 도우 나리마스까 |

| 여기에 좀 써 주십시오. | ちょっと、ここに書いて下さい。
쫏토, 코코니 카이테 크다사이 |

네, 그래요.	はい、そうです。	하이, 소우데스
응.	はい。	하이
물론이지.	もちろんです。	모찌론데스
나도 그래.	私(わたし)もそうです。	와타시모 소우데스
틀림없어.	間違(まちが)いない。	마찌가이나이
그렇고 말고.	それはそうです。	소레와 소우데스
아마 그럴거야.	たぶん、そうだろう。	타븐, 소우다로―
그러기를 바랍니다.	そう願(ねが)います。	소우 네가이마스
괜찮습니다.	大丈夫(だいじょうぶ)です。	다이죠―브데스
그저그렇습니다.	まあまあです。	마―마―데스

대명사(代名詞)

이것	これ	코레	저기	あそこ	아소코
그것	それ	소레	어디	どこ	도꼬
저것	あれ	아레	이쪽	こちら	코찌라
어느 것	どれ	도레	그쪽	そちら	소찌라
여기	ここ	코코	저쪽	あちら	아찌라
거기	そこ	소코	어느쪽	どちら	도찌라

아니요, 천만에요.
いいえ、どう致(いた)しまして。
이이에, 도우 이타시마시테

어서 들어오세요.
どうぞ、お入(はい)り下(くだ)さい。
도우조, 오하이리 크다사이

어서 앉으세요.
どうぞ、お掛(か)けになって下(くだ)さい。
도우조, 오카케니 낫테 크다사이

먼저 실례하겠습니다.
お先(さき)に失礼(しっ れい)します。
오사키니, 시쯔레이 시마스

다녀오세요.
行(い)っていらっしゃい。 잇테 이랏샤이

다녀오겠습니다.
行(い)って参(まい)ります。 잇테 마이리마스

다녀왔습니다.
ただいま。 타다이마

다녀오셨어요.
お帰(かえ)りなさい。 오카에리나사이

축하합니다.
おめでとうございます。
오메데토-고자이마스

수고하셨습니다.
お疲(つか)れ様(さま)でした。 오쯔카레사마데시타

폐를 끼쳤습니다.
ご迷惑(めい わく)をお掛(か)け致(いた)しました。
고메이와크오 오카케이타시마시타

어쩔 수 없습니다.
仕方(し かた)がないです。 시카따가나이데스

이제 됐습니다.
もう結構(けっ こう)です。 / もういいです。
모우 켓코-데스 / 모우 이이데스

이것 참 뜻밖이군요!

これは、本当に意外ですね。
코레와, 혼토-니 이가이데스네

멋지네요.

格好いいですね。
캇코-이이데스네

굉장하군요.

すごいですね。
스고이데스네

믿을 수가 없어.

信じられない。
신지라레나이

♠ 놀라움이나 믿어지지 않을 때 쓰는 표현이다.

농담하시는 건 아니겠죠?

冗談ではないですね。
죠-단데와나이데스네

놀랐잖아.

びっくりした。
빗쿠리시타

♠ 예를들면 누가 등 뒤에서 깜짝 놀라게 했을 때의 표현이다.

그럴 리가 없어요.

そのような訳がない。
소노요-나 와케가 나이

정말 절 놀라게 하시네요.

本当に私を驚かせますね。
혼토-니 와타시오 오도로카세마스네

그것은 금시초문인데요.

それは、初耳です。
소레와, 하쯔미미데스

정말 놀랐습니다.

本当に驚きました。
혼토-니 오도로키마시타

♠ 「驚(おどろ)く」는 "놀라다"라는 뜻이다.

충격적이예요.

しょうげきてき
衝撃的です。
쇼-게키테키데스

정말 당황스럽네요.

ほんとう　　と まど
本当に戸惑います。
혼토-니 토마도이마스

그 말을 듣고서
너무 놀랐습니다.

はなし　き　　　　ほんとう　おどろ
その話を聞いて、本当に驚きました。
소노 하나시오 키이테, 혼토-니 오도로키마시타

그 사고에 충격을
받았습니다.

じ こ　　しょうげき　う
その事故に衝撃を受けました。
소노 지코니 쇼-게키오 우케마시타

무슨 말을 해야 할지
모르겠습니다.

なに　い　　　　よ　　　　　　　　　わ
何を言ったら良いのか　よく分かりません。
나니오 잇타라 요이노까, 요크 와카리마셍

생각지도 못했습니다.

おも
思ってもなかったのです。
오못테도 나캇타노데스

설마.

まさか。
마사까

きむら　　　やま もと　　　けっこん
A: 木村さんと山本さんが結婚します。
키무라씨와 야마모또씨가 결혼합니다.

B: まさか。 설마

♠ 놀람과 의구심을 함께 표현한다.

생각할 수 없어.

かんが
考えられない。
캉가에라레나이

전혀 예상밖이었어요.

い がい
まったく意外でした。
맛타크 이가이데시타

た なか　　　しょうしん
A: 田中さんが昇進するなんて。 타나까씨가 승진하다니.
わたし　　　　　　　　　い がい
B: 私も、まったく意外でした。 저도 전혀 예상밖이었어요.

행복해요.

しあわ
幸せです。
시아와세데스

너무 행복해요.

ほんとう　しあわ
本当に幸せです。
혼토-니 시아와세데스

그것은 기뻐군요.

それは、うれしいです。
소레와, 우레시이데스

からだ　かいふく　き
A: 体が回復して来ています。　몸이 회복되고 있습니다.

B: それは、うれしいです。　그것은(그 말을 들으니) 기뻐군요.

매우 흥분돼요.

こうふん
とても興奮しています。
토테모 코-훈시테 이마스

いま　　　き ぶん
A: 今、ご気分はいかがですか。　지금 기분이 어떠세요?

こうふん
B: とても興奮しています。　매우 흥분돼요.

기분이 너무 좋아.

き ぶん
とても気分がいい。
토테모 키분가 이이

구름위에 뜬 기분이에요.

くも　　うえ　　　　　　　　　き ぶん
雲の上にいるような気分です。
크모노 우에니 이르요-나 키분데스

눈물이 나올 정도로 기쁘다.

なみだ で
涙の出るほど、うれしい。
나미다노 데루호도, 우레시이

꿈꾸는 듯한 기분이에요.

ゆめ　み　　　　　　　　　　き ぶん
夢を見ているような気分です。
유메오 미테 이르요-나 키분데스

졸업을 하게 되어 무척 기뻐요.

そつぎょう　　　こと　　で き
卒業する事が出来て、とてもうれしいです。
소쯔교-스루코또가 데키테, 토테모 우레시이데스

당신 행복해 보여요.

しあわ　　　　み
あなたは、幸せに見えます。
아나타와, 시아와세니 미에마스

좋은 시간 보내세요.

良い時間をお過ごし下さい。
요이 지칸오 오스고시 크다사이

재미있는
영화를 봤어요.

面白い映画を見ました。
오모시로이 에-가오 미마시타

즐거운 시간 보내세요.

楽しい時間をお過ごし下さい。
타노시이 지칸오 오스고시 크다사이

정말 즐거웠어요.

本当に楽しかったです。
혼토-니 타노시캇따데스

A: 旅行は楽しかったですか。　여행은 즐거웠습니까?
B: はい。本当に楽しかったです。　네, 정말 즐거웠어요.

이렇게 기쁜 일은 없다.

こんなに嬉しい事はない。
콘나니 우레시이 코또와 나이

A: こんなに嬉しい事はない。　이렇게 기쁜 일은 없다.
B: 私も嬉しいです。　저도 기쁩니다.

운이 좋았습니다.

運が良かったのです。
운가 요캇따노데스

A: 昇進試験に合格したと聞きました。　승진시험에 합격했다고 들었습니다.
B: 運が良かったのです。ありがとうございます。
　운이 좋았습니다. 고마워요.

저는 지금 최고의
기분입니다.

私は今、最高の気分です。
와타시와 이마, 사이코-노 키븐데스

A: 私は今、最高の気分です。　저는 지금 최고의 기분입니다.
B: 何かいい事でもあったのですか。　뭔가 좋은 일이라도 있었나요?

기뻐서 기분이 들떠
있습니다.

嬉しくて気分がウキウキしています。
우레시크테 키븐가 우키우키시테 이마스

슬퍼요.

悲しいです。
카나시이데스

그거 슬프군요.

それは、悲しいですね。
소레와, 카나시이데스네

정말 슬픈 일이군요.

本当に悲しい出来事です。
혼토-니 카나시이 데키고또데스

너무 마음이 아파요.

あまりにも心が痛いです。
아마리니모 코코로가 이타이데스

가슴이 미어지는 것 같아.

胸が裂けそうだよ。
무네가 사케소우다요

울고 싶어.

泣きたい。
나키타이

슬퍼서 울고 싶은 심정이에요.

悲しくて泣きたい気持ちです。
카나시쿠테 나키타이 키모찌데스

♠ 「〜하고 싶다」라고 표현할 때는 동사의 연용형에 「たい」를 붙인다.

당신 몸 상태가 안 좋은 것 같이 보여요.

あなた、体調が良くないように見えます。
아나타, 타이쬬-가 요크 나이 요-니 미에마스

A: あなた、体調が良くないように見えます。
당신 몸 상태가 안 좋은 것 같이 보여요.

B: 風邪気味です。 감기증상이 있어요.

기분이 좋지 않아요.

気分が良くないです。
키분가 요크나이데스

너무 우울해요.

あまりにも憂うつです。
아마리니모 유-우쯔데스

절망감이 들어요.

<ruby>絶<rt>ぜつ</rt></ruby><ruby>望<rt>ぼう</rt></ruby><ruby>感<rt>かん</rt></ruby>を<ruby>感<rt>かん</rt></ruby>じます。
제쯔보-칸오 칸지마스

조금 슬픕니다.

<ruby>少<rt>すこ</rt></ruby>し<ruby>悲<rt>かな</rt></ruby>しいです。
스코시 카나시이데스

비참한 기분이에요.

<ruby>惨<rt>みじ</rt></ruby>めな<ruby>気<rt>き</rt></ruby><ruby>分<rt>ぶん</rt></ruby>です。
미지메나 키분데스

A: <ruby>惨<rt>みじ</rt></ruby>めな<ruby>気<rt>き</rt></ruby><ruby>分<rt>ぶん</rt></ruby>です。 비참한 기분이에요.
B: <ruby>元<rt>げん</rt></ruby><ruby>気<rt>き</rt></ruby><ruby>出<rt>だ</rt></ruby>して。 기운 내.

오늘은 왠지 우울해요.

<ruby>今<rt>きょう</rt></ruby><ruby>日<rt></rt></ruby>は、<ruby>何<rt>なん</rt></ruby>だか<ruby>憂<rt>ゆう</rt></ruby>うつです。
쿄-와, 난다까 유-우쯔데스

A: <ruby>今<rt>きょう</rt></ruby><ruby>日<rt></rt></ruby>は、<ruby>何<rt>なん</rt></ruby>だか<ruby>憂<rt>ゆう</rt></ruby>うつです。 오늘은 왠지 우울해요.
B: <ruby>何<rt>なに</rt></ruby>かあったのですか。 무슨 일이 있었어요?

왜 어두운 얼굴을 하고 있어요?

なぜ、<ruby>暗<rt>くら</rt></ruby>い<ruby>顔<rt>かお</rt></ruby>をしていますか。
나제, 크라이 카오오 시테 이마스까

A: なぜ、<ruby>暗<rt>くら</rt></ruby>い<ruby>顔<rt>かお</rt></ruby>をしていますか。 왜 어두운 얼굴을 하고 있어요?
B: <ruby>昨<rt>きの</rt></ruby><ruby>日<rt>う</rt></ruby>、<ruby>彼<rt>かの</rt></ruby><ruby>女<rt>じょ</rt></ruby>と<ruby>別<rt>わか</rt></ruby>れました。 어제 그녀와 헤어졌습니다.

비는 나를 우울하게 해요.

<ruby>雨<rt>あめ</rt></ruby>は<ruby>私<rt>わたし</rt></ruby>を<ruby>憂<rt>ゆう</rt></ruby>うつにします。
아메와 와타시오 유-우쯔니 시마스

오늘은 왠지 우울해요.

<ruby>今<rt>きょう</rt></ruby><ruby>日<rt></rt></ruby>は、<ruby>何<rt>なん</rt></ruby>だか<ruby>憂<rt>ゆう</rt></ruby>うつです。
쿄-와, 난다까 유-우쯔데스

아무것도 하고 싶지 않아요.

<ruby>何<rt>なに</rt></ruby>もしたくありません。
나니모 시타크 아리마셍

얼굴이 슬퍼보여요.

<ruby>悲<rt>かな</rt></ruby>しい<ruby>顔<rt>かお</rt></ruby>をしていますね。
카나시이 카오오 시테 이마스네

당신한테는 실망했어요.
あなたには、がっかりしました。
아나타니와, 갓카리시마시타

너무 화가 난다.
あまりにも腹が立つ。
아마리니도 하라가 타쯔

당신은 저를
몹시 화나게 합니다.
あなたは私をとても怒らせています。
아나타와 와타시오 토테모 오코라세테 이마스

당신한테 화가나요.
あなたに腹が立ちます。
아나타니 하라가 타찌마스

타나까씨는 나를
실망시켰어요.
田中さんは、私を、がっかりさせました。
타나까상와, 와타시오, 갓카리사세마시타

A: 田中さんは、私を、がっかりさせました。
타나까씨는 나를 실망시켰어요.

B: あなたのお気持ちは、よく分かります。
당신 기분을 충분히 이해해요.

뻔뻔하군요.
図々しいです。
즈-즈-시에데스

당신을 이길 수는 없군.
あなたには、かなわない。
아나타니와, 카나와나이

창피해요!
恥ずかしいです。
하즈카시이데스

제가 한 행동이
부끄러워요.
私の行動が恥ずかしいです。
와타시노 코-도-가 하즈카시이데스

지금 농담할 기분이
아니에요.
今、冗談を言っている場合じゃない。
이마, 죠-단오 잇테 이루 바아이쟈나이

이제 제발 그만둬!	もう止(や)めて。 모우 야메테
이것은 몹시 불쾌해.	これは、とても不愉快(ふ ゆ かい)だ。 코레와, 토테모 후유카이다
어쩔 수 없다.	どうしようもない。 도-시요-모나이
배신당한 기분입니다.	裏切(うら ぎ)られた気分(き ぶん)です。 우라기라레타 키븐데스
이제 그만 둬. 적당히 해.	いい加減(か げん)にしなさい。 이이카겐니 시나사이 ♠ 부모가 자식에게 자주 쓰는 표현
이제 끝이다.	もうだめだ。 모우 다메다
절망적입니다.	絶望的(ぜつぼうてき)です。 제쯔보-테키데스 A: 商談(しょうだん)の進行状況(しん こうじょうきょう)は、どうなっていますか。 상담의 진행상황은 어떻게 되고 있습니까? B: 絶望的(ぜつ ぼう てき)です。 절망적입니다.
손쓸 방법이 없습니다.	手(て)の打(う)ち様(よう)がないのです。 테노우찌요-가 나이노데스 A: 他(ほか)に方法(ほう ほう)はありませんか。 다른 방법은 없습니까? B: 今(いま)は、手(て)の打(う)ち様(よう)がないのです。 지금은 손쓸 방법이 없습니다.
노력이 모두 헛되었어	努力(ど りょく)が全(すべ)て無駄(む だ)になったよ。 도료크가 스베테 므다니 낫따요

너무 긴장해요.

すごく緊張しています。
스고크 킨쬬-시테 이마스

너무 기가 막혀서
말이 안 나와요.

あまりにもあきれて言葉も出ません。
아마리니모 아키레테 코토바모 데마셍

긴장하지 말아요.

緊張しないで下さい。
킨쬬-시나이데 크다사이

긴장된 분위기에요.

緊張した雰囲気です。
킨쬬-시타 훈이키데스

걱정 말아요.

ご心配要りません。
고심빠이 이리마셍

내일 걱정은
내일해도 되잖아요.

明日の事は、明日考えても良いと思います。
아시타노 코또와, 아시타 캉가에테모 요이또 오모이마스

A: 明日、雨が降ったら、どうしよう。
내일 비가 오면 어떡하지?

B: 明日の事は、明日考えても良いと思います。
내일 걱정은 내일해도 되잖아요.

당신 때문에 걱정되어
죽을 뻔 했어요.

あなたの事が、心配で仕方がありませんでした。
아나타노 코또가, 심빠이데 시카따가아리마셍데시타

그건 걱정할 일이
아닙니다.

それは、心配する事ではありません。
소레와, 심빠이스루 코또데와 아리마셍

걱정한다고 될 일이
아닙니다.

心配して、終わる問題ではありません。
심빠이시테, 오와르 몬다이데와 아리마셍

♠ 「心配(しんぱい)する」는 "걱정하다"라는 뜻이다.

| 무슨 걱정 있습니까? | 何か心配事でもございますか。
나니까 심빠이고토데모 고자이미스까 |

| 걱정한다고 문제가
해결되는 건 아닙니다. | 心配したからと言って、問題が解決される訳ではありません。
심빠이시타까라또 잇테, 몬다이가 카이케쯔사레르 와케데와 아리마셍 |

| 걱정이 많은가봐요. | 心配事が多いようですね。
심빠이고또가 오오이요-데스네 |

A: 心配事が多いようですね。 걱정이 많은가봐요.

B: はい。 心配事で、頭がいっぱいです。 예, 걱정으로 머리가 꽉 차 있어요.

| 어떻게 하면 좋을까? | どうしたらいいだろうか。
도-시타라 이이다로우까 |

♠ 걱정할 때 쓰는 표현이다.

| 무섭다. | 怖い。
코와이 |

| 어쩐지 으스스하다. | 何だか、ものすごく恐ろしい。
난다까, 모노스고크 오소로시이 |

♠ 어두운 밤길을 가거나 깊은 산중에 있을 때 주로 쓰는 표현이다.

| 매우 불안합니다. | とても不安です。
토테모 후안데스 |

| 걱정입니다. | 心配です。
심빠이데스 |

| 가슴이 두근두근합니다. | 胸がドキドキします。
므네가 도키도키시마스 |

A: 胸がドキドキします。 가슴이 두근두근합니다.

B: 何かあったのですか。 무슨 일이 있었나요?

감정상태 (感情)

기쁘다	嬉(うれ)しい	우레시이
즐겁다	楽(たの)しい	타노시이
재미있다	面白(おも しろ)い	오모시로이
시시하다	つまらない	쯔마라나이
기분이 좋다	気分(き ぶん)がいい。	키분가 이이
기분이 나쁘다	気分(き ぶん)が悪(わる)い。	키분가 와르이
이상하다	おかしい	오카시이
행복하다	幸(しあわ)せだ。	시아와세다
흥분하다	興奮(こう ふん)する。	코-훈스루
감동하다	感動(かん どう)する。	칸도-스루
그저 그렇다	まあまあだ。	마-마-다
사랑하다	愛(あい)する	아이스루
좋아하다	好(す)きだ	스키다
싫어하다	嫌(きら)いだ	키라이다
불쾌하다	不愉快(ふ ゆ かい)だ	후유카이다
질투하다	嫉妬(しっ と)する	싯또스루
	焼餅(やき もち)を焼(や)く	야키모찌오 야크

만족하다	満足(まん ぞく)する	만조크스루
유감이다	残念(ざん ねん)だ	잔넨다
슬프다	悲(かな)しい	카나시이
난처하다	困(こま)る	코마루
적적하다	寂(さび)しい	사비시이
부끄럽다	恥(は)ずかしい	하즈카시이
걱정하다	心配(しん ぱい)する	심빠이스루
당황하다	戸惑(と まど)う	토마도우
증오하다	憎(にく)む	니크므
원망하다	恨(うら)む	우라므
가엾다	可哀(かわい)そうだ	카와이소-다
참다	我慢(が まん)する	가만스르
답답하다	息苦(いき ぐる)しい	이키그르시이
놀라다	驚(おどろ)く	오도로크
화나다	腹(はら)が立(た)つ	하라가 타쯔
분하다	悔(くや)しい	크야시이
겁나다	恐(おそ)ろしい	오소로시이
실망하다	がっかりする	갓카리스루

부탁합니다.	お願いします。 오네가이시마스 ＝お願い申し上げます。 더 정중한 표현이다.
예약계 부탁합니다.	予約係をお願いします。 요야크가카리오 오네가이시마스
부탁 좀 할게요.	ちょっとお願いがあるのですが。 쫏토 오네가이가 아르노데스가
부탁이 있는데요.	お願いがあります。 오네가이가 아리마스
한잔 더 채워 주시겠어요?	もう一杯、頂けますか。 모우 잇빠이, 이타다케마스까
좀 서둘러 주시겠어요?	もう少し急いで頂けますか。 모우 스코시 이소이데 이타다케마스까
목소리를 좀 낮춰 주시겠어요?	もう少し声を低くして頂けますか。 모우 스코시 코에오 히크크 시테 이타다케마스까
텔레비전을 꺼주시면 고맙겠습니다.	テレビを消して頂ければ、ありがたいです。 테레비오 케시테 이타다케레바, 아리가타이데스
라디오 소리 더 크게 좀 해 주시겠어요?	ラジオの音を、もう少し大きくして頂けますか。 라지오노 오토오, 모우 스코시 오오키크 시테 이타다케마스까
머리 조금만 숙여 주시겠어요?	頭をもう少し下げて頂けますか。 아타마오 모우 스코시 사게데 이타다케마스까
제발 힘 좀 빌려 주세요.	どうかお力を貸して下さい。 도-까 오찌카라오 카시테 크다사이

제 업무를 대신 맡아
주시겠어요?

私の仕事を、代わりにやって頂けますか。
와타시노 시고토오, 카와리니 얏테 이타다케마스까

A: 私の仕事を、代わりにやって頂けますか。
제 업무를 대신 맡아 주시겠어요?

B: 申し訳ありませんが、今は無理です。
죄송합니다만, 지금은 무리예요.

저희 집까지 좀
태워다 주시겠어요?

私の家まで、乗せて頂けますか。
와타시노 이에마데, 노세테 이타다케마스까

볼펜 좀 빌려
주시겠어요?

ちょっと、ボールペンを貸してくれますか。
쫏토, 보-르펜오 카시테 크레마스까

질문 하나 해도
될까요?

一つ、質問してもよろしいでしょうか。
히토쯔, 시쯔몬시테모 요로시이데쇼-까

전화 좀 사용해도
될까요?

ちょっと電話を使ってもよろしいでしょうか。
쫏토 뎅와오 쯔캇테모 요로시이데쇼-까

창문을 열어도 될까요?

窓を開けてもよろしいでしょうか。
마도오 아케테모 요로시이데쇼-까

A: 窓を開けてもよろしいでしょうか。 창문을 열어도 될까요?
B: もちろんです。 물론입니다.

담배를 피워도
괜찮을까요?

タバコを吸ってもよろしいでしょうか。
타바꼬오 슷테모 요로시이데쇼-까

미안하지만,
같이 가 주실 수
있겠습니까?

すみませんが、一緒に行って頂けますか。
스미마셍가, 잇쇼니 잇테 이타다케마스까

A: すみませんが、一緒に行って頂けますか。
미안하지만, 같이 가 주실 수 있겠습니까?

B: はい、分かりました。
네, 알겠습니다.

좀 도와주세요.	ちょっと手伝って下さい。 쫏토 테쯔닷테 크다사이

도와주실 수 있습니까?

助けて頂けますか。
타스케테 이타다케마스까

A: 助けて頂けますか。　도와주실 수 있습니까?

B: もちろんです。　물론입니다

누가 좀
도와주시겠어요?

だれかちょっと手伝って下さいませんか。
다레카 쫏토 테쯔닷테 크다사이마셍까

여기 좀 도와주세요.

ここ、ちょっと、手伝って下さい。
코코, 쫏토, 테쯔닷테 크다사이

무엇을 도와 드릴까요?

何を手伝いましょうか。
나니오 테쯔다이마쇼―까

A: 何を手伝いましょうか。
　무엇을 도와 드릴까요?

B: スーツケースを移動して頂けますか。
　여행가방을 옮겨 주실 수 있으세요?

좀 도와드릴까요?

少しお手伝いしましょうか。
스코시 오테쯔다이 시마쇼―까

제가 도와 드릴까요?

私がお手伝いしましょうか。
와타시가 오테쯔다이 시마쇼―까

어떻게 도와드릴까요?

どのように手伝いましょうか。
도노요―니 테쯔다이마쇼―까

이것 옮기는 것 좀
도와주실래요?

これ、動かすのを、ちょっと、手伝って頂けますか。
코레, 우고카스노오, 쫏토, 테쯔닷테 이타다케마스까

| 저 책, 좀 저에게
가져다 주세요. | あの本を、ちょっと私に持って来て下さい。
아노 혼오, 쫏토 와타시니 못테 키테 크다사이 |

| 설거지 좀
도와주시겠어요? | 皿洗いを、ちょっと、手伝ってくれますか。
사라아라이오, 쫏토, 테쯔닷테 크레마스까 |

| 이 문제를 해결하는데
도와주시겠어요? | この問題を解決する為に手伝って頂けますか。
코노 몬다이오 카이케쯔스루타메니 테쯔닷테 이타다케마스까 |

| 그 분께 말씀을 해
주시면 감사하겠습니다. | その方に、お話し頂ければ、ありがたいです。
소노 카따니, 오하나시 이타다케레바, 아리가타이데스 |

| 돈 좀 빌려주시겠어요? | お金を、少し、お貸し頂けますか。
오카네오, 스코시, 오카시 이타다케마스까 |

A: お金を、少し、お貸し頂けますか。　돈 좀 빌려주시겠어요?

B: いくら必要ですか。　얼마나 필요한데요?

| 당신이 도와주시면
좋겠어요. | あなたに助けて頂きたいのです。
아나타니 타스케테 이타다키타이노데스 |

A: あなたに助けて頂きたいのです。　당신이 도와주시면 좋겠어요.

B: はい、何なりとおっしゃって下さい。　네, 무엇이든지 말씀해 주세요.

| 이 짐 옮기는 것 좀
도와주시겠어요? | この荷物を運びたいのですが、手伝って頂けますか。
코노 니모쯔오 하코비타이노데스가, 테쯔닷테 이타다케마스까 |

A: この荷物を運びたいのですが、手伝って頂けますか。
　이 짐 옮기는 것 좀 도와주시겠어요?

B: はい、分かりました。
　네, 알겠어요.

| 롯데호텔에 가는 방법을
알려주시겠어요? | ロッテホテルに行く方法を教えて頂けますか。
롯테호테르니 이크호-호-오 오시에테 이타다케마스까 |

이것 좀 드세요?

これ、ちょっと、召し上がって下さい。
코레, 쫏토, 메시아갓테 크다사이

한잔 하시겠습니까?

一杯、いかがでしょうか。
잇빠이, 이카가데쇼-까

밥 먹기 전 한잔 어때?

ご飯を食べる前に、一杯、どう。
고항오 타베르 마에니, 잇빠이, 도-

퇴근 후에 한잔 할까요?

退社後に、一杯どうですか。
타이샤고니, 잇빠이 도-데스까

A: 退社後に、一杯どうですか。
　　퇴근 후에 한잔 할까요?

B: すみませんが、他の約束があります。
　　죄송합니다만, 다른 약속이 있어요.

한잔 더 드시겠어요?

もう一杯飲みますか。
모우 잇빠이 노미마스까

간단하게 뭐 좀 먹을까?

簡単に、ちょっと食べようか。
칸딴니, 쫏 또 타베요-까

산책하지 않을래요?

散歩しませんか。
산뽀시마셍까

A: 散歩しませんか。　산책하지 않을래요?
B: いい考えです。　좋은 생각이에요.

영화보러 가는게 어때?

映画を見に行かない?
에이가오 미니 이카나이

드라이브 하는 것이 어때?

ドライブに行かない?
도라이브니 이카나이

수영하러
가는 게 어때?

水泳に行かない？

스이에이니 이카나이

조찬을 겸해 만나는
것은 어떨까요?

朝食を兼ね、お会いするのはどうですか。

쬬-쇼크오 카네, 오아이스루노와 도-데스까

이 구두 어때요?

この靴、いかがですか。

코노 크쯔, 이카가데스까

　A: この靴、いかがですか。　이 구두 어때요?

　B: いいですね。　좋군요.

이것은 어떠신가요?

これは、いかがですか。

코레와, 이카가데스까

잠깐 쉬지 그래요?

一腹するのはどうですか。

잇쁘크스루노와 도-데스까

택시를 타고
가는 것이 어때요?

タクシーに乗って行くのは、どうですか。

타크시-니 놋테 이크노와, 도-데스까

　A: タクシーに乗って行くのは、どうですか。
　　　택시를 타고 가는 것이 어때요?
　B: 私は、バスの方がいいです。
　　　저는 버스가 좋아요.

오늘은 이 정도로 하죠.

今日は、このくらいにしましょう。

쿄-와, 코노 크라이니 시마쇼-

다음주 토요일까지
제출해 주십시오.

来週の土曜日までに、ご提出下さい。

라이슈-노 도요-비마데니, 고테이슈쯔 크다사이

이렇게 하면 어떨까요?

こうしたら、どうですか。

코-시타라, 도-데스까

천천히 하세요.
천천히 쉬세요.

ごゆっくりされて下さい。
고윳쿠리 사레테 쿠다사이

적당히 하세요.

適当にして下さい。
테키토-니 시테 쿠다사이

배운대로 하세요.

習った通りにして下さい。
나랏따 도오리니 시테 쿠다사이

A: このように変えたいのですが。
　　이렇게 바꾸고 싶습니다만.
B: 習った通りにして下さい。
　　배운대로 하세요.

당신이 느끼는 대로
이야기 하세요.

あなたが感じている通りに、話して下さい。
아나타가 칸지테 이루 토오리니, 하나시테 쿠다사이

이왕 할 거면
빨리 하세요.

どうせ、やるのなら、早くやって下さい。
도-세, 야르노나라, 하야크 얏테 쿠다사이

매일 조금씩이라도
더 많이 하세요.

毎日少しずつでも、もっとたくさん、やって下さい。
마이니찌 스코시즈쯔데모, 못토 타크상, 얏테 쿠다사이

머리 조심하세요.

頭に気をつけて下さい。
아타마니 키오 쯔케테 쿠다사이

들어가지 마시오.

入らないで下さい。
하이라나이데 쿠다사이

주의하시오.

ご注意下さい。
고쮸-이 쿠다사이

계단조심하세요.

階段にご注意下さい。
카이단니 고쮸-이 쿠다사이

얘기를 좀 정리해서 하세요.	内容を少しまとめて、話してください。 나이요-오 스코시 마토메테, 하나시테 쿠다사이

용건만 간단히 하세요.
用件だけ簡単に話して下さい。
요-켄다께 칸딴니 하나시테 쿠다사이

소리를 좀 낮춰주세요.
お声を低くして下さい。
오코에오 히크크 시테 쿠다사이

어서 일이나 하세요.
早く仕事をして下さい。
하야크 시고또오 시테 쿠다사이

다시는 그런 일이 없도록 하세요.
二度とそんな事のないようにして下さい。
니도또 손나 코또노 나이요-니 시테 쿠다사이

A: 二度とそんな事のないようにして下さい。
다시는 그런 일이 없도록 하세요.

B: はい。そうします。約束します。
네, 그렇게 하겠어요. 약속할께요.

잊으신 물건이 없도록 하세요.
忘れ物のないようにして下さい。
와스레모노노 나이요-니 시테 쿠다사이

핸드폰을 진동으로 해 주세요.
携帯をバイブにして下さい。
케-타이오 바이브니 시테 쿠다사이

건강에 좋은 것을 먹고, 규칙적으로 운동을 하세요.
健康に良い物を食べ、規則正しく運動をして下さい。
켄코-니 요이모노오 타베, 키소크 타다시크 운도-오 시테 쿠다사이

A: 健康に良い物を食べ、規則正しく運動をして下さい。
건강에 좋은 것을 먹고 규칙적으로 운동을 하세요.

B: はい。分かりました。 예, 알겠어요.

서두를 필요는 없습니다.
あわてる必要はありません。
아와테르 히쯔요-와 아리마셍

일상생활(日常生活)

일어나다	起(お)きる 오키르
세수하다	顔(かお)を洗(あら)う 카오오 아라우
이닦다	歯(は)を磨(みが)く 하오 미가크
밥을 먹다	ご飯(はん)を食(た)べる 고항오 타베르
물을 마시다	水(みず)を飲(の)む 미즈오 노므
화장실에 가다	トイレに行(い)く 토이레니 이크
화장을 하다	化粧(け しょう)をする 케쇼-오 스르
꿈을 꾸다	夢(ゆめ)を見(み)る 유메오 미르
자다	寝(ね)る 네르
샤워를 하다	シャワーをする 샤와-오 스르
출근하다	出社(しゅっ しゃ)する 슛샤스르
바쁘다	忙(いそが)しい 이소가시이
일하다	働(はたら)く 하타라크
놀다	遊(あそ)ぶ 아소브
돌아오다	帰(かえ)る 카에르
한가하다	暇(ひま)だ 히마다

감각표현(感覚)

걱정되다	気(き)になる 키니나르
고민하다	悩(なや)む 나야므
기억하다	覚(おぼ)える 오보에르
(사소한 데까지) 생각이 잘 미치다	気(き)が利(き)く 키가 키크
생각이 잘 미치지 못하다	気(き)が利(き)かない 키가 키카나이
신경을 쓰다	気(き)を使(つか)う 키오 쯔카우
미치다	狂(くる)う 크루우
믿다	信(しん)じる 신지르
반성하다	反省(はん せい)する 한세이스르
생각하다	考(かんが)える 캉가에르
의논하다	相談(そう だん)する 소-단스르
의심하다	疑(うたが)う 우타가우
잊다	忘(わす)れる 와스레르
결정하다	決(き)める 키메르
조심하다	気(き)をつける 키오 쯔케르
오해하다	誤解(ご かい)する 고카이스르

몇 시입니까?	なんじ 何時ですか。 난지데스까
지금 몇 시죠?	いま　なんじ 今、何時ですか。 이마, 난지데스까
6시입니다.	ろくじ 六時です。 로크지네스
5시 반입니다.	ご　じ　はん 五時半です。 고지한데스
2시 35분입니다.	に じ さんじゅうごふん 2時35分です。 니지 산쥬-고훈데스
5시 15분전이에요.	ご じ じゅうごふんまえ 5時15分前です。 고지 쥬-고훈마에데스
7시 15분이에요.	しちじじゅうごふん 7時15分です。 시찌지 쥬-고훈데스
9시 5분이에요.	く じ　ごふん 9時5分です。 크지 고훈데스
9시 10분전이에요.	く じ　じゅっぷんまえ 9時10分前です。 크지 즛뿐마에데스
제 시계는 5분 빠릅니다.	わたし　とけい　　　　ごふんはや 私の時計は、5分早いです。 와타시노 토케이와, 고훈 하야이데스

A: あなたの時計は、正確ですか。 당신 시계는 정확합니까?

B: 私の時計は、5分早いです。 제 시계는 5분 빠릅니다.

제 시계는
5분 느립니다.

<ruby>私<rt>わたし</rt></ruby>の<ruby>時計<rt>とけい</rt></ruby>は、5<ruby>分<rt>ごふん</rt></ruby><ruby>遅<rt>おそ</rt></ruby>いです。
와타시노 토케이와, 고훈 오소이데스

제 시계는 정확합니다.

<ruby>私<rt>わたし</rt></ruby>の<ruby>時計<rt>とけい</rt></ruby>は、<ruby>正確<rt>せいかく</rt></ruby>です。
와타시노 토케이와, 세이카크데스

LA는 시간이
어떻게 되죠?

ロスは、<ruby>何時<rt>なんじ</rt></ruby>ですか。
로스와, 난지데스까

현지시간은 몇 시죠?

<ruby>現地時間<rt>げんちじかん</rt></ruby>は、<ruby>何時<rt>なんじ</rt></ruby>ですか。
겐찌지칸와, 난지데스까

한국과는 시차가
얼마나 나지요?

<ruby>韓国<rt>かんこく</rt></ruby>とは<ruby>時差<rt>じさ</rt></ruby>がどのくらいありますか。
캉코크또와 지사가 도노크라이 아리마스까

7시간 빠릅니다.

7<ruby>時間早<rt>じかんはや</rt></ruby>いです。
시찌지칸 하야이데스

7시간 느립니다.

7<ruby>時間遅<rt>じかんおそ</rt></ruby>いです。
시찌지칸 오소이데스

오늘은 며칠이죠?

<ruby>今日<rt>きょう</rt></ruby>は、<ruby>何日<rt>なんにち</rt></ruby>ですか。
쿄-와, 난니찌데스까

A: <ruby>今日<rt>きょう</rt></ruby>は、<ruby>何日<rt>なんにち</rt></ruby>ですか。　오늘은 며칠이죠?
B: 8<ruby>月<rt>がつ</rt></ruby>25<ruby>日<rt>にち</rt></ruby>です。　8월25일입니다.

오늘은 무슨 요일이죠?

<ruby>今日<rt>きょう</rt></ruby>は、<ruby>何曜日<rt>なんようび</rt></ruby>ですか。
쿄-와, 난요-비데스까

생년월일은
언제입니까?

<ruby>生年月日<rt>せいねんがっぴ</rt></ruby>は、いつですか。
세-넨갓삐와, 이쯔데스까

오늘 날씨 어때요?

今日の天気は、どうですか。
코-노 텡키와, 도-데스까

A: 今日の天気は、どうですか。 오늘 날씨 어때요?
B: 曇りです。 흐립니다.

그곳 날씨는 어때요?

そちらの天気は、どうですか。
소찌라노 텡키와, 도-데스까

A: そちらの天気は、どうですか。 그곳 날씨는 어때요?
B: 晴れです。 맑습니다.

날씨가 참 좋아요.

天気がとてもいいです。
텡키가 토테모 이이데스

시원합니다.
/온화합니다.
/따뜻합니다.

涼しいです。/ 穏やかです。/ 暖かいです。
스즈시이데스 / 오다야카데스 / 아타타카이데스

덥습니다.
/쌀쌀합니다.
/춥습니다. /흐립니다.

暑いです。/ 肌寒いです。/ 寒いです。/ 曇りです。
아쯔이데스 / 하다사므이데스 / 사므이데스 / 크모리데스

비가 내립니다.
/무척 덥습니다.

雨が降っています。/ とても暑いです。
아메가 훗테 이마스 / 토테모 아쯔이데스

추워지고 있어요.
/굉장히 춥습니다.

寒くなっています。/ とても寒いです。
사므크 낫테 이마스 / 토테모 사므이데스

오늘은 바람이 세군요.
/흐리고 바람이 붑니다.

今日は、風が強いですね。
코-와, 카제가 쯔요이데스네

曇りで風が吹いています。
크모리데 카제가 후이테 이마스

바람이 잔잔해지고
있어요.

風が穏やかになっています。
카제가 오다야카니 낫테 이마스

날씨가 맑아오는군요.	天気が晴れて来ています。 텡키가 하레테 키테 이마스
기온이 많이 올라갔습니다.	気温がずいぶん高くなりました。 키온가 즈이븐 타카크 나리마시타
비가 올 것 같습니다.	雨が降りそうです。 아메가 후리소-데스
오늘 일기예보는 어때요?	今日の天気予報は、どうですか。 쿄-노 텡키요호-와, 도-데스까 A: 今日の天気予報は、どうですか。 오늘 일기예보는 어때요? B: 雪だそうです。 눈이 온데요.
장마가 끝났습니다.	梅雨が明けました。 쯔유가 아케마시타
오후에는 아마 개일 것 같습니다.	多分、午後は、晴れるでしょう。 타븐, 고고와, 하레르데쇼-
가장 좋아하는 계절은 언제인가요?	一番好きな季節は、いつですか。 이찌방 스키나 키세쯔와, 이쯔데스까
겨울이 가고 봄이 오고 있네요.	冬が過ぎ、春がやって来ています。 후유가 스기, 하루가 얏테 키테 이마스
너무 좋은 날씨야.	何ていい天気なんだろう。 난테 이이 텡키난다로- = いい天気だね。
태풍이 다가오고 있습니다.	台風が近づいています。 타이후-가 찌카즈이테 이마스

당신의 가족에 대해
여쭤봐도 될까요?

あなたの家族について、
おうかがいしてもよろしいでしょうか。

아나타노 카조크니 쯔이테, 오우카가이시테모 요로시이데쇼－까

가족이 몇 명이죠?

ご家族は、何人ですか。

고카조크와, 난닌데스까

A: ご家族は、何人ですか。　가족이 몇 명이죠?
B: 五人家族です。　5인 가족입니다.

부모님, 여동생,
그리고 저입니다.

両親、妹、そして、私です。

료－신, 이모－토, 소시테, 와타시데스

저희 집은
대가족입니다.

うちは大家族です。

우찌와 다이카조크데스

이것은 우리
가족사진이에요.

これは、うちの家族写真です。

코레와, 우찌노 카조크샤신데스

아들은 몇 살입니까?

息子さんは、おいくつですか。

므스코상와, 오이크쯔데스까

당신은 형제가
있습니까?

あなたは、兄弟がいますか。

아나타와, 쿄－다이가 이마스까

저는 외아들입니다.

私は、一人息子です。

와타시와, 히토리 므스코데스

당신은 몇째에요?

あなたは、何番目の子供ですか。

아나타와, 난반메노 코도모데스까

저는 막내입니다.

私は、末子です。

와타시와, 스엣코데스

저는 장남입니다.

私は長男です。
와타시와 쪼-난데스

저는 기혼입니다.
/ 저는 미혼입니다.

私は、結婚しております。
와타시와, 켓콘시테 오리마스

私は、結婚しておりません。
와타시와, 켓콘시테 오리마생

결혼하신 지 얼마나
되셨어요?

結婚してからどのくらいになりますか。
켓콘시테까라 도노쿠라이니 나리마스까

A: 結婚してからどのくらいになりますか。 결혼하신 지 얼마나 되셨어요?
B: 今年、結婚したばかりです。 올해 막 결혼했어요.

결혼한 지 3년 됐어요.

結婚してから三年になります。
켓콘시테까라 산네니 나리마스

곧 우리 아이가
태어날 겁니다.

もうすぐ我々の子供が生まれます。
모우 스그 와레와레노 코도모가 우마레마스

출산예정일이
언제입니까?

出産予定日は、いつですか。
슛산요테-비와, 이쯔데스까

타나까씨는 혼자
살고 있나요?

田中さんは、一人暮らしですか。
타나까상와, 히토리구라시데스까

A: 田中さんは、一人暮らしですか。 타나까씨는 혼자 살고 있나요?
B: いいえ、私は、両親と一緒に住んでいます。
아니요, 저는 부모님과 함께 살고 있어요.

저는 쌍둥이입니다.

私は双子です。
와타시와 흐타고데스

엄마와 나는 마치
친구같아요.

母と私は、まるで友達のようです。
하하또 와타시와, 마르데 토모다찌노요-데스

어디에 사세요?

どこにお住まいですか。
도꼬니 오스마이데스까

A: どこにお住まいですか。
어디에 사세요?

B: ソウルに住んでいます。
서울에 살고 있어요.

댁은 어디십니까?

ご自宅はどこですか。
고지타크와 도코데스까

그 곳에 사신 지
얼마나 되셨어요?

そこに住んでからどのくらい経ちますか。
소코니 슨데까라 도노크라이 타찌마스까

A: そこに住んでからどのくらい経ちますか。
그 곳에 사신 지 얼마나 되셨어요?

B: 一年になります。
1년이 되요.

저는 옆집에 살아요.

私は、隣に住んでいます。
와타시와, 토나리니 슨데 이마스

저는 2층에 살아요.

私は、２階に住んでいます。
와타시와, 니카이니 슨데 이마스

저의 집에 한번
놀러 오세요.

私の家に一度遊びに来て下さい。
와타시노 이에니 이찌도 아소비니 키테 크다사이

저는 시내에 살아요.

私は、市内に住んでいます。
와타시와, 시나이니 슨데 이마스

저는 시골에 살아요.

私は、田舎に住んでいます。
와타시와, 이나까니 슨데 이마스

저는 교외에 살아요.

私は、郊外に住んでいます。
와타시와, 코-가이니 슨데 이마스

어떤 집에 사세요?

どんな家にお住まいですか。
돈나 이에니 오스마이데스까

A: どんな家にお住まいですか。　어떤 집에 사세요?
B: 私は、マンションに住んでいます。　저는 아파트에 살아요.

저는 주택에 살아요.

私は、一戸建てに住んでいます。
와타시와, 잇코다테니 슨데 이마스

저는 이곳에서
10년째 살고 있어요.

私は、ここに10年、住んでいます。
와타시와, 코코니 쥬-넨, 슨데 이마스

저는 이 지역이
마음에 들어요.

私は、この地域が気に入っています。
와타시와, 코노 치이키가 키니잇테 이마스

다른 데로
이사하고 싶어요.

他の所へ引っ越したいです。
호카노 토코로에 힛코시타이데스

어디 출신이세요?

どちらのご出身ですか。
도찌라노 고슛신데스까

A: どちらのご出身ですか。　어디 출신이세요?
B: 韓国の釜山出身です。　한국 부산 출신이예요.

저는 동경에서
태어났습니다.

私は、東京生まれです。
와타시와, 토-쿄-우마레데스

친척 대부분이 오오사카에
살고 있습니다.

親戚のほとんどが、大阪に住んでいます。
신세키노 호톤도가, 오오사카니 슨데 이마스

저는 동경에서
나고 자랐습니다.

私は、東京で生まれ育ちました。
와타시와, 토-쿄-데 우마레소다찌마시타

♠ 育(そだ)つ : 자라다
♠ 育(そだ)てる : 키우다

숫자 (数字)

0	**ゼロ** 제로, **レイ** 레이	18	**十八**(じゅう はち) 쥬-하찌
1	**一**(いち) 이찌	19	**十九**(じゅう く、じゅう きゅう) 쥬-크, 쥬-큐-
2	**二**(に) 니		
3	**三**(さん) 산	20	**二十**(に じゅう) 니쥬-
4	**四**(よん、し) 욘, 시	30	**三十**(さん じゅう) 산쥬-
5	**五**(ご) 고	40	**四十**(よん じゅう) 욘쥬-
6	**六**(ろく) 로크	50	**五十**(ご じゅう) 고쥬-
7	**七**(なな、しち) 나나, 시찌	60	**六十**(ろく じゅう) 로크쥬-
8	**八**(はち) 하찌	70	**七十**(なな じゅう) 나나쥬-
9	**九**(く、きゅう) 크, 큐-	80	**八十**(はち じゅう) 하찌쥬-
10	**十**(とお、じゅう) 토오, 쥬-	90	**九十**(きゅう じゅう) 큐-쥬-
11	**十一**(じゅう いち) 쥬-이찌	100	**百**(ひゃく) 햐크
12	**十二**(じゅう に) 쥬-니	1000	**千**(せん) 센
13	**十三**(じゅう さん) 쥬-산	10000	**一万**(いち まん) 이찌만
14	**十四**(じゅうよん、じゅうし) 쥬-욘, 쥬-시	100000	**十万**(じゅう まん) 쥬-만
15	**十五**(じゅう ご) 쥬-고	1000000	**百万**(ひゃく まん) 햐크만
16	**十六**(じゅう ろく) 쥬-로크	1억	**一億**(いち おく) 이찌오크
17	**十七**(じゅう なな、じゅう しち) 쥬-나나, 쥬-시찌	1조	**一兆**(いっ ちょう) 잇쬬-

Part 2

日常生活

일상생활

우리 집에 오실래요?	**私の家にお越し頂けますか。** 와타시노 이에니 오코시 이타다케마스까 A: 私の家にお越し頂けますか。 우리 집에 오실래요? B: はい。すぐ、参ります。 예, 곧 가겠습니다.
저녁 식사하러 오세요.	**夕食にお越し下さい。** 유-쇼크니 오코시 크다사이
오셔서 저녁 식사할 수 있겠습니까?	**お越し頂き、一緒に夕食できますか。** 오코시이타다키, 잇쇼니 유-쇼크데키마스까
저녁을 대접하게 해 주세요.	**夕食をごちそうさせていただきます。** 유-쇼크오 고찌소-사세테 이타다키마스
이것은 제가 내겠습니다.	**これは、私がおごります。** 코레와, 와타시가 오고리마스 = 私がごちそうします。 더 정중한 표현이다.
제가 한잔 사겠습니다.	**私が一杯おごります。** 와타시가 잇빠이 오고리마스
저희 집으로 초대하고 싶습니다.	**私の家にご招待したいと思います。** 와타시노 이에니 고쇼-타이시타이또 오모이마스 A: 私の家にご招待したいと思います。 저희 집으로 초대하고 싶습니다. B: ありがとうございます。喜んで参ります。 고맙습니다. 기꺼이 가겠습니다.
파티에 초대하고 싶어.	**パーティーにご招待したい。** 파-티-니 고쇼-타이시타이
제 생일 파티에 당신을 초대하고 싶어요.	**私の誕生日パーティーに、あなたをご招待したい。** 와타시노 탄죠-비파-티-니, 아나타오 고쇼-타이시타이

당신이 와
주셨으면 합니다.

あなたにお越し頂きたいのです。
아나타니 오코시 이타다키타이노데스

함께 하시겠어요?

ご一緒しますか。
고잇쇼시마스까

파티에 갈 거지요.

パーティーに行かれますよね。
파-티-니 이카레마스요네

타나까씨와 하마다씨도
초대했어요.

田中さんと、濱田さんもご招待しました。
타나까상또, 하마다상모 고쇼-타이시마시타

생일파티에 올래요?

誕生日パーティーにお越し頂けますか。
탄죠-비파-티-니 오코시이타다케마스까

언제 저희 집으로
초대하고 싶은데요.

いつか私の家にご招待したい。
이쯔까 와타시노 이에니 고쇼-타이시타이

한 번 들러주시지
않겠어요?

一度、寄って頂けますか。
이찌도, 욧테 이타다케마스까

오늘밤에 같이 식사
하러 나가시겠습니까?

今晩、一緒に食事に出かけますか。
콘방, 잇쇼니 쇼크지니 데카케마스까

몇 시가 좋습니까?

何時が良いですか。
난지가 요이데스까 / 난지가 이이데스까

　　A: 何時が良いですか。 몇 시가 좋습니까?
　　B: いつでも良いです。 언제라도 좋습니다.

기꺼이 갈게요.

喜んで伺います。
요로콘데 우카가이마스

♠ 「伺(うかが)う」는 「訪(たず)ねる 방문하다」와 「聞(き)く 묻다」의 겸양어이다.

오늘 무슨 날이에요?

今日は、何の日ですか。
쿄-와, 난노히데스까

A: 今日は、何の日ですか。 오늘 무슨 날이에요?
B: 今日は、私たちの結婚記念日です。 오늘은 저희들의 결혼기념일입니다.

오늘이 저희 결혼
10주년입니다.

今日が、私たちの結婚十周年です。
쿄-가, 와타시타찌노 켓콘쥿슈-넨데스

A: 今日が、私たちの結婚十周年です。 오늘이 저희 결혼 10주년입니다.
B: 本当に? おめでとうございます。 정말요? 축하드립니다.

특별한 날이라는
것은 뭐예요?

特別な日とは、何ですか。
토크베쯔나 히또와, 난데스까

A: 特別な日とは、何ですか。
특별한 날이라는 것은 뭐예요?
B: 今日は、私の誕生日です。
오늘은 내 생일이예요.

내일은 내 친구
타나까씨의 생일이예요.

明日は、私の友達の、田中さんの誕生日です。
아시타와, 와타시노 토모다찌노, 타나까상노 탄죠-비데스

타나까씨를 위한
환영파티를 준비했어요.

田中さんのための歓迎パーティーを準備しました。
타나까상노 타메노 칸게-파-티-오 쥰비시마시타

크리스마스 파티를
열기로 했어요.

クリスマスパーティーを開く事にしました。
크리스마스파-티-오 히라크코토니 시마시타

파티는 언제 엽니까?

パーティーは、いつ、開きますか。
파-티-와, 이쯔, 히라키마스까

A: パーティーは、いつ、開きますか。
파티는 언제 엽니까?
B: 今週の土曜日にパーティを開く予定です。
이번주 토요일에 파티를 열 예정입니다.

몇 시에 가면
될까요?

何時に行けばよろしいでしょうか。
난지니 이케바 요로시이데쇼-까

파티는 7시에
시작되요.

パーティーは、七時に始まります。
파-티-와, 시찌지니 하지마리마스

A: パーティは、七時に始まります。
파티는 7시에 시작되요.

B: では、七時に会いましょう。
그럼 7시에 만납시다.

몇 명이나 옵니까?

何人来ますか。
난닌 키마스까

정장을 해야 합니다.

スーツを着なければ行けません。
스-츠오 키나케레바 이케마셍

편하게 입으세요.

楽な服装でいいです。
라크나 후크소-데 이이데스

A: ところで、スーツにすべきですか。
그런데 정장을 입어야 하나요?

B: いいえ、楽な服装でいいです。
아니요, 편하게 입으세요.

무엇이든 편안한
옷으로 입으세요.

何でも楽な服装でいいですよ。
난데모 라크나 후크소-데 이이데스요

A: 服は特に決まりがありますか。
옷은 특별히 규칙이 있나요?

B: 何でも楽な服装でいいですよ。
무엇이든 편안한 옷으로 입으세요.

역으로 마중 갈게요.

駅まで迎えに行きますよ。
에키마데 므카에니 이키마스요

♠ 「迎(むか)えに行(い)く」는 "마중 나가다"는 표현이다.

가고 싶어요.

行きたい。
이키타이

초대해 주셔서
감사합니다.

ご招待頂きまして、ありがとうございます。
고쇼-타이 이타다키마시테, 아리가토-고자이마스

좋아요. 갈게요.

分かりました。行きます。
와카리마시타. 이키마스

저도 끼워주세요.
갈게요.

私も入れて下さい。行きます。
와타시모 이레테 크다사이. 이키마스

물론 저도 가야죠.

もちろん、私も行きますよ。
모찌론, 와타시모 이키마스요.

재미있을 것 같군요.

面白そうですね。
오모시로소-데스네

고맙습니다.
기꺼이 그러죠.

ありがとうございます。喜んでそうしますよ。
아리가토-고자이마스. 요로콘데 소-시마스요

기꺼이 가겠습니다.

喜んで行きます。
요로콘데 이키마스

초대에 기꺼이
응하겠습니다.

ご招待に、喜んで応じます。
고쇼-타이니, 요로콘데 오-지마스

제가 뭘 좀
가져갈까요?

私が、何かちょっと持って行きましょうか。
와타시가, 나니까 쬿또 못테 이키마쇼-까

A: 私が、何かちょっと持って行きましょうか。
제가 뭘 좀 가져갈까요?

B: いいえ、何も要りません。
아니요, 아무것도 필요없어요.

안타깝게도
갈 수가 없네요.

残念ながら、行けません。
잔넨나가라, 이케마셍

다음 기회에 하죠.

次の機会にしましょう。
쓰기노 키카이니 시마쇼-

다음에 하면 어떨까요?

次にしたら、どうでしょうか。
쓰기니 시타라, 도-데쇼-까

갈 수 없을 것 같아요.

行けそうにありません。
이케소-니 아리마셍

가고는 싶지만
갈 수가 없네요.

行きたいですが、行けそうにありません。
이키타이데스가, 이케소-니 아리마셍

일요일에는
다른 예정이 있습니다.

日曜日には、他の予定があります。
니찌요-비니와, 호까노 요테이가 아리마스

다음 토요일로
할 수 있습니까?

次の土曜日にできますか。
쓰기노 도요-비니 데키마스까

미안하지만
약속이 있어서요.

すみませんが、約束があります。
스미마셍가, 야쿠소크가 아리마스

A: 一緒に行きませんか。 같이 가지 않겠어요?
B: すみませんが、約束があります。 미안하지만 약속이 있어서요.

죄송하지만
갈 수 없습니다.

申し訳ないのですが、行けません。
모우시와케나이노데스가, 이케마셍

할 일이 좀 있어서요.

ちょっと、しなければならない事があります。
쫏토 시나케레바 나라나이 코또가 아리마스

오신 것을 환영합니다.

お越し頂き、歓迎致します。
오코시 이타다키, 칸게ー이타시마스

어서 들어오세요.

さあ、お入り下さい。
사ー, 오하이리 크다사이

와 주셔서 감사합니다.

お越し頂き、感謝致します。
오코시 이타다키, 칸샤이타시마스

A: お越し頂き、感謝致します。
와 주셔서 감사합니다.

B: こちらこそ、ご招待頂きまして、ありがとうございます。
저야말로 초대해 주셔서 고맙습니다.

와 주셔서
정말 기쁩니다.

お越し頂き、本当にうれしいです。
오코시 이타다키, 혼토ー니 우레시이데스

코트는 저를 주세요.

コートは、私に下さい。
코ー토와, 와타시니 크다사이

약소하지만
받아주세요.

つまらないものですが、お受け取り下さい。
쯔마라나이모노데스가, 오우케토리 크다사이

별거 아닙니다.

大したものではございません。
타이시타 모노데와 고자이마셍

A: 大したものではございません。 별거 아닙니다.
B: 本当にありがとうございます。 정말 고맙습니다.

마음에 들었으면
좋겠습니다만.

気に入って頂ければ良いのですが。
키니 잇테 이타다케레바 요이노데스가

A: 気に入って頂ければ良いのですが。
마음에 들었으면 좋겠습니다만.

B: とても気に入っています。
매우 마음에 듭니다.

맘에 드신다니
기쁘네요.

気に入って頂き、嬉しいです。
키니 잇테 이타다키, 우레시이데스

자 어서 들어와
앉으세요.

さあ、早くお入りになり、お掛けになってください。
사ー, 하야쿠 오하이리니나리, 오카케니 낫테 크다사이

편히 하세요.

ごゆっくりして下さい。
고윳크리시테 크다사이

저녁식사 준비가
되었습니다.

夕食の準備ができました。
유ー쇼크노 쥰비가 데키마시타

A: 夕食の準備ができました。　저녁식사 준비가 되었습니다.

B: とても、おいしそうです。　매우 맛있을 것 같습니다.

마음껏 드세요.

いっぱい召し上がって下さい。
잇빠이 메시아갓테 크다사이

좀 더 드시겠어요?

もうちょっと、召し上がりますか。
모우 쫏토, 메시아가리마스까

A: もうちょっと、召し上がりますか。
　　좀 더 드시겠어요?

B: いいえ。お腹がいっぱいです。ありがとうございます。
　　아니요, 배가 불러요. 고마워요.

쿠키 좀 드세요.

クッキーをどうぞ。
쿳키ー오 도ー조

아주 맛있는
식사였습니다.

とてもおいしい食事でした。
토테모 오이시이 쇼크지데시타

A: とてもおいしい食事でした。
　　아주 맛있는 식사였습니다.

B: それは、うれしいです。
　　맛있게 드셨다니 기쁘네요.

초대하다	招(まね)く 마네크
대접하다	おごる 오고르
오다	来(く)る 크르
들르다	寄(よ)る 요르
바라다	望(のぞ)む 노조므
저녁식사	夕食(ゆう しょく) 유-쇼크
손님	お客様(きゃく さま) 오캬크사마
사람들	人々(ひと びと) 히또비또
친구	友達(とも だち) 토모다찌
함께	一緒(いっ しょ)に 잇쇼니
파티	パーティ 파-티
(특별한) ~때	~ 際(さい) ~사이
축하하다	祝(いわ)う 이와우
준비	準備(じゅん び) 쥰비
들어오세요	お入(はい)り下(くだ)さい 오하이리 크다사이
앉으세요	お掛(か)けになって下(くだ)さい。 오카케니 낫테 크다사이
환영	歓迎(かん げい) 칸게-
생일	誕生日(たん じょう び) 탄죠-비

집들이	引(ひ)っ越(こ)し祝(いわ)い	힛코시이와이
기념일	記念日(き ねん び)	키넨비
축하	お祝(いわ)い	오이와이
정식	正式(せい しき)	세-시키
정장	スーツ	스-츠
편한	楽(らく)な	라쿠나
재미있다	面白(おも しろ)い	오모시로이
기쁘다	嬉(うれ)しい	우레시이
고맙게 여기다	ありがたく思(おも)う	아리가타쿠 오모우
유감스럽다	残念(ざん ねん)だ	잔넨다
~할 수 있는	~できる	~데키루
다음번	次回(じ かい)	지카이
~하는 편이 낫다	~した方(ほう)がいい	~시타호-가 이이
이미, 벌써	既(すで)に	스데니
계획	計画(けい かく)	케이카크
이전의	以前(い ぜん)の	이젠노
약속	約束(やく そく)	야크소크
선약	先約(せん やく)	센야크

오늘 밤에 시간 있어요?	**今晩、お時間がございますか。** 콘방, 오지칸가 고자이마스까
퇴근 후에 시간 있어요?	**退社後に、お時間はありますか。** 타이샤고니, 오지칸와 아리마스까
이번 토요일에 시간 있어요?	**今度の土曜日に、お時間がございますか。** 콘도노 도요-비니, 오지칸가 고자이마스까

이번 주말에 바쁘세요?

今度の週末は、お忙しいですか。
콘도노 슈-마쯔와, 오이소가시이데스까

A: 今度の週末は、お忙しいですか。　이번 주말에 바쁘세요?
B: 特別な計画はありません。　특별한 계획은 없어요.

금요일 빼고
언제든 좋습니다.

金曜日を除けば、いつでも、いいです。
킨요-비오 노조케바, 이쯔데모, 이이데스

지금 당장 야마모또씨를
만날 수 있을까요?

今すぐ、山本さんにお会いできますか。
이마스그, 야마모또상니 오아이데키마스까

A: 今すぐ、山本さんにお会いできますか。
지금 당장 야마모또씨를 만날 수 있을까요?
B: はい。十分以内にお会いできます。
네, 10분이내에 만날 수 있어요.

언제가 편하십니까?

ご都合はいつが、よろしいでしょうか。
고쯔고-와 이쯔가, 요로시이데쇼-까

몇 시에 만날까요?

何時にお会いしましょうか。
난지니 오아이시마쇼-까

A: 何時にお会いしましょうか。
몇 시에 만날까요?
B: 夕方六時はいかがですか。
저녁 6시는 어떠세요?

5시에 가능합니까?	**五時に可能でしょうか。** 고지니 카노-데쇼-까
5시에 만납시다.	**五時にお会いしましょう。** 고지니 오아이시마쇼-
어디에서 만날까요?	**どこで、お会いしましょうか。** 도코데, 오아이시마쇼-까
제가 5시에 데리러 갈게요.	**私が五時にピックアップに行きます。** 와타시가 고지니 핏크앗프니 이키마스
타나까씨의 사무실 근처에서 만나요.	**田中さんの事務所の近くで、お会いしましょう。** 타나까상노 지므쇼노 찌카크데, 오아이시마쇼-
이번 일요일에 무슨 계획 있어요?	**今度の日曜日、何か計画がございますか。** 콘도노 니찌요-비, 나니까 케-카크가 고자이마스까
금요일이 괜찮겠습니까?	**金曜日がよろしいでしょうか。** 킨요-비가 요로시이데쇼-까

다음주 화요일에
전화해도 될까요?

来週の火曜日に、お電話してもよろしいでしょうか。
라이슈-노 카요-비니, 오뎅와시테모 요로시이데쇼-까

A: **来週の火曜日に、お電話してもよろしいでしょうか。**
다음주 화요일에 전화해도 될까요?

B: **はい。火曜日の午前中なら、いつでも、大丈夫です。**
네, 화요일 오전중이라면 언제라도 괜찮아요.

내일은 시간이 비어 있습니까?	**明日は、お時間が空いていますか。** 아시타와, 오지칸가 아이테 이마스까
그럼 오늘밤 8시에.	**では、今晩八時に。** 데와, 콘방 하찌지니

다른 날 약속하는 게
좋을 것 같군요.

別の日の約束にした方が良いかと思います。
베쯔노 히노 야쿠소쿠니 시타 호-가 요이까또 오모이마스

선약이 있습니다.

先約があります。
센야크가 아리마스

제가 지금 바쁜데,
오후는 어떠세요?

私は今、忙しいので、午後はいかがでしょうか。
와타시와 이마, 이소가시이노데, 고고와 이카가데쇼-까

A: これから、一時間くらい、お話できますか。
　　지금부터 한 시간정도 얘기할 수 있을까요?
B: 私は今、忙しいので、午後はいかがでしょうか。
　　제가 지금 바쁜데, 오후는 어떠세요?

제가 내일 전화
드릴게요.

私が、明日、お電話します。
와타시가, 아시타, 오뎅와시마스

이번 주말까지
시간이 없어요.

今週末まで時間がありません。
콘슈-마쯔마데 지칸가 아리마셍

바빠요.

忙しいです。
이소가시이데스

A: 今週の土曜日は、忙しいですか。 이번주 토요일은 바쁘세요?
B: 忙しいです。 바빠요.

다음으로 미룰 수
있을까요?

次に延ばせますか。
쯔기니 노바세마스까

A: 今週の金曜日、会食を開く予定ですが、いかがですか。
　　이번주 금요일에 회식을 열 예정입니다만 어떠세요?
B: 先約があるので、次に延ばせますか。
　　선약이 있으니 다음으로 미룰 수 있을까요?

한 시간 늦게 만납시다.

一時間遅れで、お会いしましょう。
이찌지칸 오쿠레데, 오아이시마쇼-

한 시간 빨리 만납시다.

一時間早めてお会いしましょう。
이찌지칸 하야메테 오아이시마쇼-

약속을
취소해야겠습니다.

お約束をキャンセルさせて頂かなければなりません。
오야크소크오 칸세르사세테 이타다카나케레바 나리마셍

약속을
연기해야겠습니다.

お約束を延ばして頂かねばなりません。
오야크소크오 노바시테 이타다카네바 나리마셍

갑자기 일이
생겼습니다.

急に用事ができました。
큐-니 요-지가 데키마시타

A: 何かあったのですか。
무슨 일 있어요?

B: 急に用事ができました。
갑자기 일이 생겼습니다.

다음으로 미룹시다.

次に延ばしましょう。
쯔기니 노바시마쇼-

그렇다면
내일은 어때요?

そうしたら、明日はどうですか。
소-시타라, 아시타와 도-데스까

다음주에 아마도 출장을
떠날 것 같아서요.

たぶん、来週、出張に出そうです。
타븐, 라이슈-, 슛쬬-니 데소-데스

약속시간을 변경할
수 있을까요?

お約束の時間を変更できますか。
오야크소크노 지칸오 헨코-데키마스까

약속시간을 좀
당기면 어떨까요?

お約束の時間を前倒ししたら、どうでしょうか。
오야크소크노 지칸오 마에다오시시타라, 도-데쇼-까

괜찮으시다면 약속을
조금 늦췄으면 합니다.

よろしければ、お約束の時間を、少し遅らせたいのです。
요로시케레바, 오야크소크노 지칸오, 스코시 오쿠라세타이노데스

기다리게 해서
미안합니다.

お待たせして、すみません。
오마타세시테, 스미마셍

A: お待たせして、すみません。
기다리게 해서 미안합니다.

B: いえ、私も、たった今、来た所です。
아니요, 저도 지금 막 도착했어요.

너 도대체 어디야?
빨리 와.

あなた、一体どこなの？ 早く来て。
아나타, 잇타이 도코나노? 하야쿠 키테

A: あなた、一体どこなの？ 早く来て。
너 도대체 어디야? 빨리 와.

B: すぐ、行きます。十分以内に着きます。
곧 갑니다. 10분이내에 도착합니다.

제 시간에 오셨습니까?

時間に間に合いましたか。
지칸니 마니 아이마시타까

♠「間(ま)に合(あ)う」 "제시간에 대다"의 뜻이다.

저는 제 시간에
왔습니다.

私は、時間に間に合いました。
와타시와, 지칸니 마니 아이마시타

여기에 3시 정각에
왔습니다.

三時ちょうどに、ここに来ました。
산지 쬬-도니, 코코니 키마시타

A: 何時に来られたのですか。
몇시에 왔습니까?

B: 三時ちょうどに、ここに来ました。
여기에 3시 정각에 왔습니다.

일찍 오셨군요.

早くいらっしゃいましたね。
하야쿠 이랏샤이마시타네

저는 30분전에
도착했습니다.

私は、30分前に、到着しました。
와타시와, 산쥿뿐마에니, 토-챠크시마시타

당신 또 늦으셨군요.

あなた、また、遅れましたね。
아나타, 마따, 오크레마시타네

A: あなた、また、遅れましたね。 당신 또 늦으셨군요.

B: すみません。渋滞に遭ってしまいました。
미안합니다. 교통증체가 심해서요.

왜 그렇게 늦었어요?

なぜ、そんなに遅くなったのですか。
나제, 손나니 오소크낫타노데스까

언제나 변명거리가 많군요.

いつも弁解が多いですね。
이쯔모 벤카이가 오오이데스네

시간 꼭 지키세요.

必ずお時間をお守り下さい。
카나라즈 오지칸오 오마모리 크다사이

앞으로는 제 시간에 오도록 하세요.

これからは、決まった時間に来るようにしてください。
코레카라와, 키맛따 지칸니 크르요우니 시테 크다사이

A: これからは、決まった時間に来るようにしてください。
앞으로는 제 시간에 오도록 하세요.

B: そうします。 그렇게 할께요.

기다리게 해서 죄송합니다.

お待たせして、申し訳ございません。
오마타세시테, 모우시와케고자이마셍

A: お待たせして、申し訳ございません。 기다리게 해서 죄송합니다.

B: 大丈夫です。私も、たった今、着きました。
괜찮습니다. 저도 지금 막 도착했습니다.

앞으로는 시간을 잘 지키겠습니다.

これからは、時間をちゃんと守ります。
코레까라와, 지칸오 쟌또 마모리마스

그가 나를 바람맞혔어요.

彼にふられました。
카레니 후라레마시타

♠ 「ふられる」 "바람맞다"라는 뜻이다.

시간표현 (時間の表現)

조금전에	少(すこ)し前(まえ)に	스코시마에니
요전에	先日(せん じつ)	센지쯔
곧	すぐ	스그
이번에	今度(こん ど)	콘도
슬슬	そろそろ	소로소로
지금이라도	今(いま)にでも	이마니데모
지금부터	これから	코레까라
이제 곧	もうすぐ	모우스그
바로, 즉시	早速(さっ そく)	삿소크
벌써	もう	모우
일단	一旦(いっ たん)	잇딴
아직	まだ	마다
요즘	この頃(ごろ)	코노고로
우선	一応(いち おう) 이찌오-, 先(ま)ず 마즈
한동안	しばらく	시바라크
줄곧	ずっと	줏또
혹은	あるいは	아르이와
이윽고	いよいよ	이요이요
드디어	とうとう	토-토-

그다지	あまり 아마리	
주로	主(おも)に 오모니	
확실히	はっきり 핫키리, 確実(かく じつ)に 카크지쯔니	
제법	かなり 카나리	
갑자기	急(きゅう)に 큐-니	
아무리	どんなに 돈나니	
공교롭게	あいにく 아이니크	
도대체	一体(いっ たい) 잇타이	
새삼스럽게	今更(いま さら) 이마사라	
미리	前(まえ)もって 마에못테	
오로지	専(もっぱ)ら 못빠라	
삽시간에	たちまち 타찌마찌	
오히려	返(かえ)って 카엣테	
결코	決(けっ)して 켓시테	
절대로	絶対(ぜっ たい)に 젯타이니	
모처럼	折角(せっ かく) 셋카크	
게다가	その上(うえ) 소노우에, しかも 시카모, それに 소레니	
그리고	そして 소시테	
마치	まるで 마르데	
아마	たぶん 타분	

거기가 야마모토씨 댁입니까?

そちらは、山本さんのお宅でしょうか。
소찌라와, 야마모토상노 오타크데쇼-까

A: そちらは、山本さんのお宅でしょうか。
거기가 야마모토씨 댁입니까?

B: はい、そうですが、どなた様でしょうか。
예, 그렇습니다만 누구세요?

거기가 하마다씨 사무실입니까?

そちらは、濱田さんの事務所でしょうか。
소찌라와, 하마다상노 지무쇼데쇼-까

A: そちらは、濱田さんの事務所でしょうか。
거기가 하마다씨 사무실입니까?

B: いいえ、違います。 아니요, 틀립니다.

하마다씨 있습니까?

濱田さん、いらっしゃいますか。
하마다상, 이랏샤이마스까

야마구찌씨 좀 바꿔주시겠어요?

ちょっと山口さんに替わって頂けますか。
쬿또 야마구찌상니 카왓테 이타다케마스까

야마구찌씨 부탁드립니다.

山口さんをお願いします。
야마구찌상오 오네가이시마스

여보세요.
전 타나까입니다.
이찌카와씨와 통화할 수 있을까요?

もしもし、私は、田中です。
모시모시, 와타시와, 타나까데스

市川さんとお電話できますか。
이찌카와상또 오뎅와 데키마스까

이찌카와씨와 지금 통화할 수 있을까요?

今、市川さんと電話できますか。
이마, 이찌카와상또 뎅와데키마스까

A: 今、市川さんと電話できますか。
이찌카와씨와 지금 통화할 수 있을까요?

B: はい。少々お待ち下さい。 네, 잠시 기다려 주세요.

♠ 「少々(しょう しょう) 잠시」의 「々」는 반복되는 말에 일반적으로 사용된다.
예를 들면 「色々(いろ いろ) 여러가지」, 「各々(おの おの) 가지각색」 등이 있다.

타나까씨입니까?

田中さんですか。
타나까상데스까

A: 田中さんですか。 타나까씨입니까?
B: いいえ、違います。田中さんは、今、外出しています。
아니요, 다릅니다. 타나까씨는 지금 외출중입니다.

여보세요. 오오타니니?

もしもし、大谷さんなの？
모시모시, 오오타니상나노

거기 경찰서 아닙니까?

そちら警察署ではありませんか。
소찌라 케-사쯔쇼데와 아리마셍까

야마구찌씨의 방 좀
연결해 주시겠어요?

山口さんのお部屋につないで頂けますか。
야마구찌상노 오헤야니 쯔나이데 이타다케마스까

마케팅을 담당하고
계신 분을 좀 바꿔
주시겠습니까?

マーケティングのご担当に替わって頂けますか。
마-케팅그노 고탄토-니 카왓테 이타다케마스까

A: マーケティングのご担当に替わって頂けますか。
마케팅을 담당하고 계신 분을 좀 바꿔 주시겠습니까?
B: 彼は、今、会議中です。どのようなご用でしょうか。
그는 지금 회의중입니다. 무슨 일이세요?

경리과장님과
통화하고 싶습니다.

経理課長と電話をしたいのですが、お願いします。
케-리카쬬-또 뎅와오 시타이노데스가, 오네가이시마스

수출부로 전화연결
부탁드리겠습니다.

輸出部に電話をお願いします。
유슈쯔브니 뎅와오 오네가이시마스

여보세요.
야마다씨입니까?

もしもし、山田さんですか。
모시모시, 야마다상데스까

예, 그렇습니다.
누구십니까?

はい、そうです。どなた様でしょうか。
하이, 소-데스. 도나타사마데쇼-까

내가 전화 받을 게요.	**私が電話に出ます。** 와타시가 뎅와니 데마스 ♠ "전화를 받다"라고 할 때는 「電話(でん わ)に出(で)る」를 사용한다.
전데요.	**私です。** 와타시데스
누구십니까?	**どなた様でしょうか。** 도나타사마데쇼-까 A: どなた様でしょうか。 누구십니까? B: K社の営業の田中と申します。 K사 영업의 타나까라고 합니다.
성함을 알려주시겠습니까?	**お名前を教えていただけますか。** 오나마에오 오시에테 이타다케마스까
잠시만 기다리세요.	**少々お待ち下さい。** 쇼-쇼-오마찌크다사이
AD사입니다. 무엇을 도와드릴까요?	**AD社です。どのようなご用でしょうか。** AD샤데스. 도노요-나 고요-데쇼-까
타나까씨, 전화 왔습니다.	**田中さん、電話です。** 타나까상, 뎅와데스 A: 田中さん、電話です。 타나까씨 전화 왔습니다. B: 誰からでしょうか。 누구한테서 왔어요?
누구한테서 왔어요?	**誰からですか。** 다레까라데스까
전화 좀 받아볼래요?	**電話にちょっと出て頂けますか。** 뎅와니 쫏또 데테 이타다케마스까 ♠ 「頂(いただ)く」는 「もらう」보다 정중한 표현이다.

내 방에서 받을게요.

私の部屋で、電話に出ます。

와타시노 헤야데, 뎅와니 데마스

A: D社の社長様からの電話です。　D사의 사장으로부터의 전화입니다.

B: 私の部屋で、電話に出ます。　내 방에서 받을게요.

2번 전화입니다.

2番の電話です。

니반노 뎅와데스

곧 갈게요.

すぐ、行きます。

스그, 이키마스

전화의 용건을 물어 보세요.

電話の用件を聞いてください。

뎅와노 요-켄오 키이테 크다사이

용건은 무엇입니까?

ご用件はどのようなことでしょうか。

고요-켄와 도노요-나 코또데쇼-까

A: ご用件はどのようなことでしょうか。　용건은 무엇입니까?

B: 本人に直接お話したいのですが。
본인에게 직접 얘기하고 싶습니다만.

담당자를 바꾸겠습니다.

担当者に替わります。

탄토-샤니 카와리마스

♠ "담당자를 바꾸다"라고 할 때는 「替(か)わる」라는 동사를 쓴다.
「かわる」는 뜻에 따라 몇 가지 한자를 사용하기 때문에 한자에 주의하도록 하자.

조금만 천천히 말씀해 주세요.

もう少し、ごゆっくりお話し下さい。

모우 스코시, 고윳크리 오하나시 크다사이

몇 번에 거셨나요?

何番にお掛けですか。

난반니 오카케데스까

A: 何番にお掛けですか。　몇 번에 거셨나요?

B: 3367-8033ではありませんか。　3367-8033이 아닌가요?

하마다는 통화중입니다.
濱田は、電話中です。
하마다와, 뎅와쮸-데스

기다리시겠어요?
お待ち頂けますか。
오마찌 이타다케마스까

좀 급한데요,
기다려도 될까요?
ちょっと急ぎですが、お待ちしてもよろしいでしょうか。
쫏토 이소기데스가, 오마찌시테모 요로시이데쇼-까

방금 나갔는데요.
たった今、出掛けました。
탓따이마, 데카케마시타

야마구찌는 오늘
휴가입니다.
今日、山口は休みです。
쿄-, 야마구찌와 야스미데스

A: **山口さんお願いします。** 야마구찌씨 부탁드립니다.
B: **今日、山口は休みです。** 야마구찌는 오늘 휴가입니다.

지금 부재중이신데요.
ただ今、留守にしております。
타다이마, 루스니 시테 오리마스

출장 가셨습니다.
出張に出ています。
슛쬬-니 데테 이마스

지금 회의중이십니다.
ただ今、会議中です。
타다이마, 카이기쮸-데스

케이코는 지금
집에 없습니다.
恵子は、今、家にいません。
케-코와, 이마, 이에니 이마셍

죄송합니다만,
야마구찌씨는
지금 너무 바쁩니다.
**申し訳ありませんが、ただ今、山口さんは、
手が離せません。**
모우시와케아리마셍가, 타다이마, 야마구찌상와, 테가 하나세마셍

♣ 「手(て)が離(はな)せない」 "손을 뗄 수가 없다"라고 해서 "아주 바쁘다"는 뜻이다.

| 나중에 다시 전화해 주시겠어요? | 後で、再度、お電話頂けますか。
아토데, 사이도, 오뎅와 이타다케마스까 |

| 타나까씨의 통화가 끝나려면 얼마나 기다리면 될까요? | 田中さんの電話が終わるまで、どのくらい 待てばいいでしょうか。
타나까상노 뎅와가 오와르마데, 도노크라이 마테바 이이데쇼-까 |

| 10분 후에 다시 전화해 주시겠어요? | 十分後に、再度、お電話頂けますか。
줏쁜고니, 사이도, 오뎅와 이타다케마스까 |

| 언제 돌아오세요? | いつお帰りになりますか。
이쯔 오카에리니 나리마스까 |

A: いつお帰りになりますか。 언제 돌아오세요?
B: 今日は、帰らないと思います。 오늘은 돌아오지 않을 거라고 생각해요.

| 야마모또씨는 곧 돌아올 거예요. | 山本さんは、すぐ、帰ります。
야마모또상와, 스그, 카에리마스 |

| 메시지를 전해드릴까요? | 伝言をお伝えしましょうか。
덴곤오 오쯔타에 시마쇼-까 |

A: 伝言をお伝えしましょうか。 메시지를 전해드릴까요?
B: いいえ、後で、掛け直します。ありがとうございます。
　　　아니요, 나중에 다시 걸게요. 고마워요.

| 전화드리라고 할까요? | お電話するよう、お伝えしましょうか。
오뎅와 스르요-, 오쯔타에 시마쇼-까 |

| 미안합니다만, 아직 출근하지 않았습니다. | すみませんが、まだ、出社しておりません。
스미마셍가, 마다, 슛샤시테 오리마셍 |

♠ "출근하다"라고 할 때는 「出社(しゅっ しゃ)する」라고 표현한다.

| 공교롭게도 나까다씨는 외출중입니다. | あいにく、中田さんは、外出しています。
아이니크, 나까다상와, 가이슈쯔시테 이마스 |

♠ 「あいにく」는 "공교롭게도"라는 뜻으로 유감스러운 상황에 주로 사용된다.

메시지를 부탁해도 될까요?

伝言をお願いしてもよろしいでしょうか。
덴곤오 오네가이시테모 요로시이데쇼-까

A: 伝言をお願いしてもよろしいでしょうか。
메시지를 부탁해도 될까요?

B: はい。 もちろんです。　예, 물론입니다.

하마다씨에게서 전화왔었다고 전해주시겠어요?

濱田さんから電話があった事を、お伝え頂けますか。
하마다상까라 뎅와가 앗따코토오, 오쯔타에 이타다케마스까

전화왔었다고 전해드릴게요.

電話があったとお伝えします。
뎅와가 앗따또 오쯔타에시마스

A: 電話があったとお伝えします。　전화왔었다고 전해드릴게요.

B: ありがとうございます。宜しくお願いします。
고맙습니다. 잘 부탁드리겠습니다.

메시지를 전해드릴게요.

伝言をお伝えします。
덴곤오 오쯔타에시마스

♠ 伝言(でん ごん) 전언 = メッセージ 메시지 두 단어는 전화에서는 거의 같은 뜻으로 사용된다.

다시 전화 걸겠습니다.

再度、お電話させて頂きます。
사이도, 오뎅와 사세테 이타다키마스

저한테 전화해 달라고 전해주세요.

私に電話するよう、お伝え下さい。
와타시니 뎅와스르요-, 오쯔타에 크다사이

타나까가 그쪽 전화번호를 알고 있나요?

田中は、そちらの電話番号を知っていますか。
타나까와, 소찌라노 뎅와반고-오 싯테 이마스까

A: 田中は、そちらの電話番号を知っていますか。
타나까가 그쪽 전화번호를 알고 있나요?

B: はい、知っていると思います。　네, 알고 있을거예요.

이찌카와씨가 제 전화번호를 압니다.

市川さんが、私の電話番号を知っています。
이찌카와상가, 와타시노 뎅와반고-오 싯테 이마스

| 제 전화번호를
말씀드리겠습니다. | <ruby>私<rt>わたし</rt></ruby>の<ruby>電話<rt>でん わ</rt></ruby><ruby>番号<rt>ばんごう</rt></ruby>を<ruby>申<rt>もう</rt></ruby>し<ruby>上<rt>あ</rt></ruby>げます。
와타시노 뎅와반고-오 모우시아게마스 |

| 삐 소리가 난 후에
이름을 남겨 주세요. | ピーと<ruby>鳴<rt>な</rt></ruby>りましたら、お<ruby>名前<rt>なまえ</rt></ruby>を<ruby>話<rt>はな</rt></ruby>しください。
삐-또 나리마시타라, 오나마에오 오하나시 크다사이 |

♠ 자동응답전화기에서 주로 사용되는 표현이다.

| 나한테 전화 온 것
없었나요? | <ruby>私<rt>わたし</rt></ruby>に<ruby>電話<rt>でん わ</rt></ruby>はありませんでしたか。
와타시니 뎅와와 아리마셍데시타까 |

A: <ruby>私<rt>わたし</rt></ruby>に<ruby>電話<rt>でん わ</rt></ruby>はありませんでしたか。 나한테 전화 온 것 없었나요?

B: はい、ありませんでした。 예, 없었어요.

| 두세 건의
전화가 왔었어요. | <ruby>二<rt>に</rt></ruby>、<ruby>三件<rt>さんけん</rt></ruby>の<ruby>電話<rt>でん わ</rt></ruby>がありました。
니, 산켄노 뎅와가 아리마시타 |

| 책상에 메모
올려놨어요. | <ruby>机<rt>つくえ</rt></ruby>の<ruby>上<rt>うえ</rt></ruby>に、メモを<ruby>置<rt>お</rt></ruby>きました。
쯔크에노 우에니, 메모오 오키마시타 |

| 모토즈씨가 다시
전화하겠대요. | <ruby>本図<rt>もと ず</rt></ruby>さんが<ruby>再度<rt>さい ど</rt></ruby>、<ruby>電話<rt>でん わ</rt></ruby>すると<ruby>言<rt>い</rt></ruby>っていました。
모토즈상가 사이도, 뎅와스르또 잇테 이마시타 |

| 모토즈씨는
무슨 용건으로
전화했던가요? | <ruby>本図<rt>もと ず</rt></ruby>さんは、<ruby>何<rt>なん</rt></ruby>のご<ruby>用<rt>よう</rt></ruby>で、<ruby>電話<rt>でん わ</rt></ruby>したのですか。
모토즈상와, 난노 고요-데, 뎅와시타노데스까 |

♠ 「ご用(よう)」와 「ご用件(よう けん)」은 거의 같은 뜻으로 사용할 수 있다.

| 급한 용무래요. | <ruby>急用<rt>きゅうよう</rt></ruby>だそうです。
큐-요-다소-데스 |

| 전화상으로는 그
말밖에 안 하던데요. | <ruby>電話<rt>でんわ</rt></ruby>では、それしか<ruby>言<rt>い</rt></ruby>っていませんでした。
뎅와데와, 소레시까 잇떼 이마셍데시타 |

| 여기 전화번호요. | ここに<ruby>電話<rt>でん わ</rt></ruby><ruby>番号<rt>ばんごう</rt></ruby>があります。
코코니 뎅와반고-가 아리마스 |

여기 그런 사람
없는데요.

ここには、そのような名前の方はいません。
코코니와, 소노요-나 나마에노 카타와 이마셍

A: 田村さんをお願いします。
타무라씨 부탁드리겠습니다.

B: ここには、そのような名前の方はいません。
여기 그런 사람 없는데요.

몇 번에 거셨어요?

何番にお掛けですか。
난반니 오카케데스까

거긴 몇 번이세요?

そちらは、何番ですか。
소찌라와, 난반데스까

872-1234 아닌가요?

872-1234ではありませんか。
하찌 나나 니 노 이찌 니 산 욘 데와 아리마셍까

A: 872-1234ではありませんか。
872-1234 아닌가요?

B: 違います。872-2234でございます。
틀립니다. 872-2234입니다.

전화 잘못 거셨습니다.

電話番号を間違えています。
뎅와반고-오 마찌가에테 이마스

A: 電話番号を間違えています。
전화 잘못 거셨습니다.

B: すみませんでした。
죄송했습니다.

전화번호는 맞는데
그런 사람은 없습니다.

電話番号は合っていますが、そのような人はいません。
뎅와반고-와 앗테 이마스가, 소노요-나 히토와 이마셍

A: そちらは、2235-6089ですか。すみませんが、
織田さんをお願い致します。
그쪽은 2235-6089 입니까? 죄송합니다만 오다씨 부탁드리겠습니다.

B: 電話番号は合っていますが、そのような人はいません。
전화번호는 맞는데 그런 사람은 없습니다.

미안합니다.
제가 전화를 잘못
걸었습니다.

すみません。私が掛け間違えました。
스미마셍. 와타시가 카케마찌가에마시타

♠ 「電話(でんわ)を掛(か)け間違(まちが)える」는 "전화를 잘못 걸다"라는 뜻이다.

죄송합니다만,
그 번호는
실려있지 않습니다.

すみませんが、その番号は載っていません。
스미마셍가, 소노 반고-와 놋테 이마셍

타나까의 전화번호는
두 달 전에 바뀌었어요.

田中の電話番号は、二ヶ月前に変わりました。
타나까노 뎅와반고-와, 니카게쯔마에니 카와리마시타

A: 田中の電話番号は、二ヶ月前に変わりました。
타나까의 전화번호는 두 달 전에 바뀌었어요.

B: あ、そうですか。
아, 그렇습니까.

미타라는 이름은
목록에 없는데요.

三田という名前は、リストにありません。
미타또 이우 나마에와, 리스토니 아리마셍

A: 三田さんという方の電話番号を知りたいのですが、
お教え頂けますか。
미타씨라고 하는 분의 전화번호를 알고 싶습니다만, 가르쳐 주실 수 있으신가요?

B: 三田という名前は、リストにありません。
미타라는 이름은 목록에 없는데요.

그런 이름을 가진
사람은 없는데요.

そのような名前の者は、おりません。
소노요-나 나마에노 모노와, 오리마셍

전화번호가 틀린 것
같습니다.

電話番号が間違っているようです。
뎅와반고-가 마찌갓테 이르 요-데스

A: 電話番号が間違っているようです。
전화번호가 틀린 것 같습니다.

B: 712-9557ではありませんか。
712-9557 아닙니까?

A: 違います。こちらは、712-9556です。
틀립니다. 이쪽은 712-9556입니다.

제대로 연결이 안된 것 같아요.	正しくつながってないようです。 타다시쿠 쯔나갓테 나이요-데스

연결상태가 아주 나쁘군요.	接続状態がとても悪いですね。 세쯔조크죠-타이가 토테모 와르이데스네

전화에 잡음이 많습니다.	電話に雑音が多いです。 뎅와니 자쯔온가 오오이데스

♠ 「雑音(ざつおん)が入(はい)っている」라고 해서 "잡음이 있다"라는 표현으로 사용되고 있다.

전화 감이 좀 먼데요.	ちょっと電話が遠いのです。 쬿또 뎅와가 토오이노데스

♠ "전화감이 멀다"라고 할 때는 「電話(でんわ)が遠(とお)い」라고 표현한다.

전화가 혼선입니다.	電話が混線しています。 뎅와가 콘센시테 이마스

♠ "혼선이다"라고 할 때는 「混線(こんせん)している」라고 표현한다.

전화가 계속 끊어지는군요.	電話がよく切れます。 뎅와가 요쿠 키레마스

♠ "전화가 끊어지다"라는 표현으로 「電話(でんわ)が切(き)れる」를 사용한다.

전화가 끊겼어요.	電話が切れてしまいました。 뎅와가 키레테 시마이마시타

끊었다가 다시 걸겠습니다.	切ってから掛け直します。 킷테까라 카케나오시마스

♠ 「掛(か)け直(なお)す」는 "다시 (전화를) 걸다"라는 뜻이다.

수화기를 더 가까이 대세요.	受話器を近づけて下さい。 슈와키오 찌카즈케테 크다사이

계속해서 통화중입니다.

ずっと電話中です。
즛또 뎅와쮸-데스

♠ "통화중이다"라고 할 때는 「電話中(でん わ ちゅう)です」 또는 「話中(はなし ちゅう)です」를 사용한다.

이 전화는 고장입니다.

この電話は、故障しています。
코노 뎅와와, 코쇼-시테 이마스

♠ "고장났다"라고 할 때는 「故障(こ しょう)している」라고 표현한다.

무엇이 문제입니까?

何が問題ですか。
나니가 몬다이데스까

A: 何が問題ですか。 무엇이 문제입니까?
B: 電話がつながらないのです。 전화가 연결되지 않습니다.

확인한 후에
다시 전화드리겠습니다.

確認の上、再度、お電話させて頂きます。
카크닌노 우에, 사이도, 오뎅와사세테 이타다키마스

지금 다른 전화를
받고 있습니다.

ただ今、他の電話に出ています。
타다이마, 호카노 뎅와니 데테 이마스

A: ただ今、他の電話に出ています。
  지금 다른 전화를 받고 있습니다.
B: そうでしたら、後で、掛け直します。
  그러면 나중에 다시 걸겠습니다.

지금 자리에
안계십니다.

ただ今、席を外しております。
타다이마, 세키오 하즈시테 오리마스

A: 山口さんにちょっと替わって頂けますか。
  야마구찌씨 좀 바꿔 주시겠어요?
B: ただ今、席を外しております。
  지금 자리에 안계십니다.

혼선이 되고 있는 것
같습니다.

混線しているようです。
콘센시테 이르 요-데스

수화기를 들고
동전을 넣으세요.

受話器を持って、コインを入れて下さい。

슈와키오 못테, 코인오 이레테 크다사이

장거리 전화를
걸고 싶은데요.

長距離電話を掛けたいのですが。

쬬-쿄리뎅와오 카케타이노데스가

A : 長距離電話を掛けたいのですが。　장거리 전화를 걸고 싶은데요.
B : 先に、001を押してから、次に電話番号を押して下さい。
먼저 001를 누른 후에 다음에 전화번호를 눌러 주세요.

여기에서 전화카드를
팝니까?

ここで、テレフォンカードを売っていますか。

코코데, 테레혼카-도오 웃테 이마스까

♠ "전화카드"라고 할 때는 「電話(でんわ)カード」가 아니라
「テレフォンカード」라고 하는데 주의해야 한다.

제 방에서 한국으로
직접 전화를 할 수
있습니까?

私の部屋から、直接、韓国へ電話できますか。

와타시노 헤야까라, 쵸크세쯔, 캉코크에 뎅와 데키마스까

교환은 몇 번입니까?

交換は、何番ですか。

코-칸와, 난반데스까

A : 交換は、何番ですか。　교환은 몇 번입니까?
B : 三番ダイアルです。　3번 다이얼입니다.

뉴욕의 지역번호는
몇 번입니까?

ニューヨークの地域番号は、何番でしょうか。

뉴-요-크노 찌이키방고-와, 난반데쇼-까

서울로 전화를
신청하고 싶습니다.

ソウルへ電話を申し込みたいのです。

소우르에 뎅와오 모우시코미타이노데스

A : どのようなご用ですか。　무슨 일이세요?
B : ソウルへ電話を申し込みたいのです。
서울로 전화를 신청하고 싶습니다.

일요일엔 요금이
싼가요?

日曜日は、料金が安いのですか。

니찌요-비와, 료-킹가 야스이노데스까

| 11시 이후엔 5%의
할인을 받을 수 있나요? | ^{じゅういちじ}11時^{いこう}以降は、^{ごパーセント}5%の^{わりびき}割引ですか。
쥬-이찌지 이코-와, 고파-센토노 와리비키데스까 |

| 수신자 부담으로
전화하고 싶습니다. | コレクトコールで、^{でんわ}電話したいのです。
코레크토코-르데, 뎅와시타이노데스

♠ "수신자 요금 부담 전화"는 「コレクトコール」이다. |

| 전화번호와 받는 분
성함을 말씀해
주시겠습니까? | ^{でんわばんごう}電話番号と、^{うけとりにん}受取人の^{なまえ}お名前を^{おし いただ}お教え頂けますか。
뎅와방고-또, 우케토리닌노 오나마에오 오오시에 이타다케마스까 |

| 전화를 끊고
기다려 주세요. | ^{でん わ き}電話を切って、^{ま くだ}お待ち下さい。
뎅와오 킷테, 오마찌크다사이 |

| 누구와
통화하시겠습니까? | ^{だれ}誰におつなぎしましょうか。
다레니 오쯔나기시마쇼-까

A: ^{だれ}誰におつなぎしましょうか。 누구와 통화하시겠습니까?
B: マーケティング^{たんとう}担当を^{ねが}お願いします。 마케팅 담당을 부탁합니다. |

| 연결됐습니다.
말씀하세요. | つながりました。^{はな}お話しください。
쯔나가리마시타. 오하나시 크다사이

A: つながりました。^{はな}お話しください。 연결됐습니다. 말씀하세요.
B: はい。ありがとうございます。 네. 고맙습니다. |

| 통화후에
요금을 알려주세요. | ^{でんわ あと りょうきん}電話の後、料金を^{おし くだ}お教え下さい。
뎅와노 아토, 료-킨오 오오시에 크다사이 |

| 서울과 통화 도중에
전화가 끊어졌어요. | ソウルと^{でんわ とちゅう き}電話の途中、切れました。
소우르또 뎅와노 토쮸-, 키레마시타 |

| 그대로 기다려 주세요. | そのまま、^{ま くだ}お待ち下さい。
소노마마, 오마찌 크다사이 |

하루 종일
전화했었습니다.

一日中、電話しました。
이찌니찌쥬ー, 뎅와시마시타

마침내 통화할 수
있어서 기쁩니다.

ついに電話ができ、嬉しいです。
쯔이니, 뎅와가 데키, 우레시이데스

당신 메시지 받았어요.

あなたのメッセージを受け取りました。
아나타노 멧세ー지오 우케토리마시타

지금 막 당신에게
전화하려던 중이었어요.

ただ今、あなたに電話をするところでした。
타다이마, 아나타니 뎅와오 스루 토코로데시타

A: ただ今、あなたに電話をするところでした。
　지금 막 당신에게 전화하려던 중이었어요.
B: 何かあったのですか。 무슨 일 있어요?

지금 전화해도
괜찮아요?

今電話をかけて、大丈夫ですか。
이마 뎅와오 카케테, 다이죠ー브데스까

A: 今電話をかけて、大丈夫ですか。 지금 전화해도 괜찮아요?
B: はい。大丈夫です。どうぞ。 예, 괜찮습니다. 말씀해 보세요.

이렇게 일찍
전화해서 미안해요.

こんなに早く電話して、申し訳ありません。
콘나니 하야크 뎅와시테, 모우시와케아리마셍

밤늦게 전화해서
미안해요.

夜遅く電話をして、申し訳ありません。
요루오소크 뎅와오시테, 모우시와케아리마셍

좀 더 일찍 전화해
주었더라면 좋았을
텐데.

もうちょっと早く電話してくれたら、良かったのに。
모우 쫏또 하야크 뎅와시테 크레타라, 요캇따노니

일하는데 방해해서
미안해요.

お仕事の邪魔をして、すみません。
오시고또노 쟈마오 시테, 스미마셍

♠ 「お邪魔(じゃま)します。」는 어딘가를 방문했을 때 "실례하겠습니다."라는 뜻이다.

토요일 약속 때문에
전화했어요.

土曜日の約束のため、電話しました。
도요-비노 야쿠소크노 타메, 뎅와시마시타

미안하지만,
지금 아주 바쁩니다.

すみませんが、今、とても忙しいのです。
스미마셍가, 이마, 토테모 이소가시이노데스

A: すみませんが、今、とても忙しいのです。
미안하지만, 지금 아주 바쁩니다.
B: 分かりました。後で、掛け直します。
알겠습니다. 나중에 다시 걸겠습니다.

용건만 간단히
말씀해 주세요.

用件だけ簡単にお話し下さい。
요-켄다께 칸딴니 오하나시 크다사이

바로 다시
전화 드리겠습니다.

すぐ、もう一度、お電話させて頂きます。
스그, 모-이찌도, 오뎅와 사세테 이타다키마스

10분 후에 다시
전화하겠습니다.

十分後に再度、お電話させて頂きます。
줏쁜고니 사이도, 오뎅와 사세테 이타다키마스

30분 후에 다시
전화해 주시겠어요?

三十分後にもう一度、お電話頂けますか。
산줏쁜고니 모-이찌도, 오뎅와 이타다케마스까

나중에 편하신 시간에
제가 다시 전화드리면
어떨까요?

後程、ご都合の良い時に、再度、
お電話してもよろしいでしょうか。
노찌호도, 고쯔고-노 요이 토끼니, 사이도, 오뎅와 시테모 요로시이데쇼-까

이만 전화 끊겠습니다.

これで、お電話を切らせて頂きます。
코레데, 오뎅와오 키라세테 이타다키마스

전화해줘서 고마워요.

お電話頂きまして、ありがとうございます。
오뎅와 이타다키마시테, 아리가토-고자이마스

요즘 제 주 관심사는 인터넷입니다.

この頃、私の主な関心は、インターネットです。
코노고로, 와타시노 오모나 칸신와, 인타-넷토데스

그냥 인터넷을 하고 있는 중이예요.

ただ、インターネットをしているだけです。
타다, 인타-넷토오 시테 이루 다케데스

A: 何をしていますか。 무엇을 하고 있습니까?

B: ただ、インターネットをしているだけです。
그냥 인터넷을 하고 있는 중이예요.

지금 인터넷에 접속되어 있으세요?

今、インターネットに接続していますか。
이마, 인타-넷토니 세쯔조크시테 이마스까

그 파일 지금 저한테 보내주시겠어요?

そのファイル、今、私にお送り頂けますか。
소노 화이르, 이마, 와타시니 오오크리 이타다케마스까

A: そのファイル、今、私にお送り頂けますか。
그 파일 지금 저한테 보내주시겠어요?

B: はい、分かりました。 예, 알겠습니다.

당신은 인터넷을 할 수 있습니까?

あなたは、インターネットができますか。
아나타와, 인타-넷토가 데키마스까

A: あなたは、インターネットができますか。
당신은 인터넷을 할 수 있습니까?

B: はい、もちろんです。 예, 물론입니다.

어떻게 하면 접속을 할 수 있죠?

どうすれば、接続できますか。
도-스레바, 세쯔조크 데키마스까

인터넷에 접속하는 법을 가르쳐 줄래요?

インターネットに接続する方法を教えて頂けますか。
인타-넷토니 세쯔조크스루 호-호-오 오시에테 이타다케마스까

인터넷 서비스 제공회사에 알아보셔야 해요.

インターネットのサービス提供会社にお問い合わせ頂けますか。
인타-넷토노 사-비스테-쿄-가이샤니 오토이아와세 이타다케마스까

전 인터넷을 통해 친구
들과 연결되어 있어요.

私は、インターネットを通し、友達とつながっています。
와타시와, 인타-넷토오 토오시, 토모다찌또 쓰나갓테 이마스

A: 私は、インターネットを通し、友達とつながっています。
전 인터넷을 통해 친구들과 연결되어 있어요.

B: それは、いい事ですね。 그것 잘됐군요.

우리는 때때로
인터넷에서
서로 채팅하기도 해요.

我々は、時々、インターネットを通し、
チャットをしています。
와레와레와, 토끼도끼, 인타-넷토오 토오시, 챳토오 시테 이마스

♠ 「チャット」는 인터넷 채팅을 뜻한다.

인터넷에 접속하는데
시간이 많이 걸려요.

インターネットに接続するのに、かなり、
時間がかかっています。
인타-넷토니 세쯔조크스루노니, 카나리, 지칸가 카캇테 이마스

당신 컴퓨터로 자료를
다운 받으려면
시간이 오래 걸려요.

あなたのパソコンで、資料をダウンロードするには、
かなり、時間がかかります。
아나타노 파소콘데, 시료-오 다운로-도스루니와, 카나리, 지칸가 카카리마스

고속 모뎀을 사용하지
않아서 그래요.

高速モデムを使ってないからです。
코-소크모데므오 쯔캇테 나이카라데스

인터넷 이용자의 수가
엄청나게 증가하고
있죠. 그렇지 않은가요?

インターネット利用者の数が、
非常に増えています。そうではないですか。
인타-넷토리요-샤노 카즈가, 히죠-니 후에테 이마스. 소-데와나이데스까

회사 홈페이지가
있습니까?

会社のホームページがありますか。
카이샤노 호-므페-지가 아리마스까

자세한 것은 회사
홈페이지를 보세요.

詳細は、会社のホームページをご覧下さい。
쇼-사이와, 카이샤노 호-므페-지오 고란 크다사이

전화 (電話)

공중전화	公衆電話(こう しゅう でん わ) 코-슈-뎅와
전화번호	電話番号(でん わ ばん ごう) 뎅와방고-
동전	コイン 코인
전화카드	テレフォンカード 테레혼카-도
교환	交換(こう かん) 코-칸
지역번호	地域番号(ち いき ばん ごう) 찌이키방고-
요금	料金(りょう きん) 료-킨
전화번호부	電話番号帳(でん わ ばん ごう ちょう) 뎅와방고-쬬-
혼선	混線(こん せん) 콘센
국제전화	国際電話(こく さい でん わ) 코크사이뎅와
수화기	受話器(じゅ わ き) 쥬와키
핸드폰	携帯(けい たい) 케-타이
다이얼	ダイヤル 다이야르
대표전화	代表電話(だい ひょう でん わ) 다이효-뎅와
전화가입자	電話(でん わ)加入者(か にゅう しゃ) 뎅와카뉴-샤
내선	内線(ない せん) 나이센

외선	外線(がい せん) 가이센
자동응답전화	留守番電話(る す ばん でん わ) 루스반뎅와
무선전화	無線電話(む せん でん わ) 무센뎅와
전화부스	電話(でん わ)ブース 뎅와브-스
통화	通話(つう わ) 쯔-와
시내전화	市内電話(し ない でん わ) 시나이뎅와
시외전화	市外電話(し がい でん わ) 시가이뎅와
회선	回線(かい せん) 카이센
전화걸다	電話(でん わ)を掛(か)ける 뎅와오 카케르
전화받다	電話(でん わ)に出(で)る 뎅와니 데르
전화끊다	電話(でん わ)を切(き)る 뎅와오 키르
연결하다	つなぐ 쯔나그
벨이 울리다	ベルが鳴(な)る 베르가 나르
전화감이 멀다	電話(でん わ)が遠(とお)い 뎅와가 토오이
부재중	留守中(る す ちゅう) 르스쮸-
회의중	会議中(かい ぎ ちゅう) 카이기쮸-
대화중	会話中(かい わ ちゅう) 카이와쮸-

뭐 먹고 싶어요?

何を食べたいですか。
니니오 타베타이데스까

A: 何を食べたいですか。　뭐 먹고 싶어요?

B: カレーライスが食べたいのですが。　카레라이스가 먹고 싶습니다만.

어떤 음식을
좋아하세요?

どんな食べ物がお好きですか。
돈나 타베모노가 오스키데스까

A: どんな食べ物がお好きですか。　어떤 음식을 좋아하세요?

B: 私は、辛いものなら、何でも好きです。
저는 매운 것이라면 무엇이든지 좋아합니다.

특별히 좋아하는
음식이 있나요?

特別に好きな食べ物がございますか。
토크베쯔니 스키나 타베모노가 고자이마스까

♠ "~ 를 좋아하다"라고 할 때는 「~が好(す)きです。」라고 해서 조사 「を」가 아닌 「が」를 사용한다.

뭐든지 다 잘 먹어요.

好き嫌いはありません。
스키키라이와 아리마셍

A: 好き嫌いはありますか。　싫어하고 좋아하는 것은 있습니까?

B: 好き嫌いはありません。　뭐든지 다 잘 먹어요.

저는 기름진 음식은
싫습니다.

私は、油っこいものは 、嫌いです。
와타시와, 아브랏코이모노와, 키라이데스

A: 中国料理は、お好きですか。　중국요리는 좋아하세요?

B: いいえ、私は、油っこいものは 、嫌いです。
아니요, 저는 기름진 음식은 싫어해요.

네, 매운 음식을
좋아합니다.

はい、辛い食べ物が好きです。
하이, 카라이 타베모노가 스키데스

A: 辛い食べ物はお好きですか。
매운 음식은 좋아하십니까?

B: はい、辛い食べ物が好きです。
네, 매운 음식을 좋아합니다.

이 음식은 내게는
너무 맵습니다.

この食べ物は、私には辛すぎます。

코노 타베모노와, 와타시니와 카라스기마스

A: いかがですか。お口に合いますか。 어떠세요? 입맛에 맞습니까?
B: この食べ物は、私には辛すぎます。 이 음식은 내게는 너무 맵습니다.

스테이크 어때요?

ステーキは、いかがですか。

스테-키와, 이카가데스까

A: ステーキは、いかがですか。 스테이크 어때요?
B: ステーキなら、大好きです。 스테이크라면 아주 좋아해요.

미국음식이
입에 맞습니까?

アメリカ料理がお口に合いますか。

아메리카료-리가 오쿠찌니 아이마스까

♠ 「口(くち)に合(あ)う」는 "입맛에 맞다"라는 뜻으로 자주 사용되는 표현이다.

한국요리 좋아하세요?

韓国料理は好きですか。

캉코크료-리와 스키데스까

A: 韓国料理は好きですか。 한국요리 좋아하세요?
B: はい。韓国料理なら、何でも、好きです。
예, 한국요리라면 뭐든지 좋아합니다.

한국음식을 먹어본
적이 있나요?

韓国料理を食べた事がありますか。

캉코크료-리오 타베따 코또가 아리마스까

갈비를 드셔 보셨나요?

カルビを召し上がった事がございますか。

카르비오 메시아갓따 코또가 고자이마스까

한국인들은 주식은
무엇입니까?

韓国人は、主食は何ですか。

캉코크진와, 슈쇼크와 난데스까

A: 韓国人は、主食は何ですか。
한국인들은 주식은 무엇입니까?
B: 韓国人は、主に、お米を食べています。
한국인들은 주로 밥을 먹습니다.

점심은 무엇을 먹고 싶습니까?

昼食は何を食べたいですか。
쮸-쇼크와 나니오 타베타이데스까

어떤 레스토랑에 가고 싶으세요?

どんなレストランに行きたいですか。
돈나 레스토랑니 이키타이데스까

A: どんなレストランに行きたいですか。
어떤 레스토랑에 가고 싶으세요?

B: ベトナム料理のレストランに行きたいです。
베트남 요리 레스토랑에 가고 싶습니다.

특별히 가고 싶은 식당이 있나요?

特に行きたいレストランがありますか。
토크니 이키타이 레스토랑가 아리마스까

피자 어때요?

ピザは、どうですか。
피자와, 도-데스까

피자 배달시킵시다.

ピザの出前にしましょう。
피자노 데마에니 시마쇼-

A: ピザの出前にしましょう。
피자 배달시킵시다.

B: そうしましょう。いい考えです。
그렇게 합시다. 좋은 생각입니다.

이 지방의 명물 요리를 먹고 싶어요.

この地方の名物料理が食べたいと思います。
코노 찌호-노 메이브쯔료-리가 타베타이또 오모이마스

맛있는 중국음식을 먹었으면 좋겠어요.

おいしい中国料理が食べたいと思います。
오이시이 쮸-고크료-리가 타베타이또 오모이마스

중국 음식점으로 갑시다.

中国レストランに行きましょう。
쮸-고크레스토랑니 이키마쇼-

이 근처에 중국 음식점은 없습니까?

この辺りに中国レストランはありませんか。
코노 아타리니 쮸-고크레스토랑와 아리마셍까

이 도시에 괜찮은
식당이 있습니까?

この都市に、良いレストランはありますか。
코노 토시니, 이이 레스토랑와 아리마스까

그 식당은
이 도시에서 유명해요.

そのレストランは、この都市で、有名です。
소노 레스토랑와, 코노 토시데, 유-메이데스

그곳 음식이
아주 맛있습니다.

そこの食べ物がとてもおいしいです。
소코노 타베모노가 토테모 오이시이데스

그 가게는 매우 신선한
해산물을 사용해요.

その店は、とても新鮮な海産物を使っています。
소노 미세와, 토테모 신센나 카이산브쯔오 쯔캇테 이마스

그곳은 이 지역에서
유명한 곳인가요?

そこは、この地域で有名な所ですか。
소코와, 코노 찌이키데 유-메이나 토코로데스까

가장 가까운 식당은
어디입니까?

一番、近いレストランは、どこですか。
이찌방, 찌카이 레스토랑와, 도코데스까

이곳에 한국 식당은
있습니까?

この辺りに、韓国レストランはありますか。
코노 아타리니, 캉코크레스토랑와 아리마스까

식당이 많은 곳은
어디입니까?

レストランの多い所は、どこですか。
레스토랑노 오오이 토코로와, 도코데스까

이 시간에 문을 연
가게가 있습니까?

この時間に、営業をしているレストランはありますか。
코노 지칸니, 에-교-오 시테 이르 레스토랑와 아리마스까

걸어서 갈 수
있습니까?

歩いて行けますか。
아르이테 이케마스까

적당한 가격에 맛이
괜찮은 가게가 있나요?

手頃な価格で、おいしい店はありますか。
테고로나 카카크데, 오이시이 미세와 아리마스까

♠ 「手頃(て ごろ)な価格(か かく)」는 "적당한 가격"이라는 뜻으로 자주 사용되는 표현이다.

예약이 필요한가요?

予約が必要ですか。
요야크가 히쯔요-데스까

A: 予約が必要ですか。 예약이 필요한가요?
B: いいえ。予約は必要ありません。 아니요, 예약은 필요없어요.

여기서 예약할 수 있나요?

ここで、予約できますか。
코코데, 요야크데키마스까

그 식당을 예약해 주세요.

そのレストランを予約して下さい。
소노 레스토랑오 요야크시테 크다사이

내가 예약할게요.

私が予約します。
와타시가 요야크시마스

오늘밤 예약을 하고 싶습니다만.

今晩、予約したいのですが。
콘방, 요야크시타이노데스가

A: 今晩、予約したいのですが。
오늘밤 예약을 하고 싶습니다만.
B: すみませんが、今晩は、既に、予約でいっぱいです。
죄송합니다만, 오늘밤은 이미 예약으로 꽉 차 있습니다.

일행은 몇 분이십니까?

一行は、何人ですか。
잇코-와, 난닌데스까

7시에 갈 겁니다.

七時に行く予定です。
시찌지니 이크 요테이데스

전원 같은 자리로 해 주세요.

全員、同じ席にして下さい。
젠인, 오나지세키니 시테 크다사이

흡연석으로 부탁합니다.

喫煙席でお願い致します。
키쯔엔세키데 오네가이이타시마스

금연석이 있습니까?

きんえんせき
禁煙席がありますか。
킨엔세키가 아리마스까

몇 시면
자리가 납니까?

なんじ　　　　せき　あ
何時なら、 席が空きますか。
난지나라, 세키가 아키마스까

　　なんじ　　　　せき　あ
A: 何時なら、 席が空きますか。
　　몇 시면 자리가 납니까?
　　はちじ　　　　　　　　せき　あ
B: 八時くらいでしたら、 席が空きそうです。
　　8시 정도면 자리가 날 것 같습니다.

거기에는
어떻게 갑니까?

　　　　　　　　　　　　　　い
そこへは、 どのようにして行きますか。
소코에와, 도노요-니 시테 이키마스까

복장에 규제는
있습니까?

ふくそう　　きせい
服裝に規制はありますか。
후크소-니 키세이와 아리마스까

　　ふくそう　　き せい
A: 服装に規制はありますか。　복장에 규제는 있습니까?
　　　　　　　　　　　　　き
B: はい。 スーツを着なければいけません。　네, 정장을 해야 합니다.

정장을 해야 합니까?

　　　　　　き
スーツを着なければいけないのですか。
스-쯔오 키나케레바 이케나이노데스까

넥타이를 착용해야
하나요?

　　　　　　　し
ネクタイを締めなければならないのですか。
네크타이오 시메나케레바 나라나이노데스까

미안합니다만 예약을
취소하고 싶습니다.

　　　　　　　　よやく　　と　け
すみませんが、 予約を取り消したいのです。
스미마셍가, 요야크오 토리케시타이노데스

예약을 변경할 수
있습니까?

よ やく　　へんこう
予約を変更できますか。
요야크오 헨코-데키마스까

　　よ やく　　へんこう
A: 予約を変更できますか。
　　예약을 변경할 수 있습니까?
　　　　　　　　　　　へんこう
B: はい。 いつでも、 変更できます。
　　네, 언제라도 변경가능합니다.

예약을 했습니다.

予約をしました。
요야크오 시마시타

자리 있습니까?

席がありますか。
세키가 아리마스까

A: 席がありますか。 자리 있습니까?
B: いいえ、既に、満席です。 아니요, 이미 만석입니다.

예약을 하지
않았습니다.

予約をしておりません。
요야크오 시테 오리마셍

3인용 자리 있나요?

三人用の席がありますか。
산닌요-노 세키가 아리마스까

A: 三人用の席がありますか。 3인용 자리 있나요?
B: はい。一つ、ちょうど空いています。 네, 마침 하나 비어 있습니다.

안내해 드릴 때까지
기다려 주십시오.

ご案内するまで、お待ち下さい。
고안나이스루마데, 오마찌 크다사이

다른 데로 갈까요?

違う所に行きましょうか。
찌가우 토코로니 이키마쇼-까

A: 違う所に行きましょうか。 다른 데로 갈까요?
B: いいえ。ここで、席が空くまで、待ちましょう。
아니요, 여기에서 자리가 빌 때까지 기다립시다.

바에서 기다립시다.

バーで待ちましょう。
바-데 마찌마쇼-

A: バーで待ちましょう。 바에서 기다립시다.
B: そうしましょう。 그렇게 합시다.

한잔 하면서
기다릴까요?

一杯やりながら、待ちましょうか。
잇빠이 야리나가라, 마찌마쇼-까

조용한 안쪽 자리를
부탁합니다.

静かな奥の席をお願いします。

시즈카나 오코노 세키오 오네가이시마스

A: 静かな奥の席をお願いします。　조용한 안쪽 자리를 부탁합니다.

B: はい。こちらへどうぞ。　네. 이쪽으로 오세요.

얼마나 기다려야
하나요?

どのくらい待てばいいですか。

도노크라이 마테바 이이데스까

A: どのくらい待てばいいですか。　얼마나 기다려야 하나요?

B: 一時間ぐらい掛かりそうです。　한시간 정도 걸릴 것 같습니다.

창가 자리를
부탁합니다.

窓際の席をお願いします。

마도기와노 세키오 오네가이시마스

이쪽으로 오세요.

こちらにお越し下さい。

코찌라니 오코시크다사이

흡연석으로 드릴까요,
금연석으로 드릴까요?

喫煙席にしましょうか、禁煙席にしましょうか。

키쯔엔세키니 시마쇼-까. 킨엔세키니 시마쇼-까.

A: 喫煙席にしましょうか、禁煙席にしましょうか。
흡연석으로 드릴까요, 금연석으로 드릴까요?

B: 禁煙席で、お願いします。　금연석으로 부탁드립니다.

♠ 「禁煙席(きん えん せき) 금연석」과 「喫煙席(きつ えん せき) 흡연석」으로 구분된다

바다가 보이는
테이블을 원하십니까?

海の見えるテーブルがお望みですか。

우미노 미에르 테-브르가 오노조미데스까

저기 빈 테이블로
옮겨도 되겠습니까?

そこの空いているテーブルに移ってもよろしいでしょうか。

소코노 아이테이르 테-브르니 우쯧테모 요로시이데쇼-까

A: そこの空いているテーブルに移ってもよろしいでしょうか。
저기 빈 테이블로 옮겨도 되겠습니까?

B: すみませんが、そこは、予約席です。
죄송합니다만, 거기는 예약석입니다.

지금 주문
하시겠습니까?

今、注文されますか。
이마, 쮸-몬사레마스까

A: 今、注文されますか。 지금 주문 하시겠습니까?

B: 十分ぐらい待ってくれますか。 10분정도 기다려 주시겠어요?

한국어로 된
메뉴가 있나요?

韓国語のメニューがございますか。
캉코크고노 메뉴-가 고자이마스까

A: 韓国語のメニューがございますか。 한국어로 된 메뉴가 있나요?

B: いいえ。申し訳ありませんが、
英語と日本語のメニューしかありません。
아니요. 죄송합니다만 영어와 일본어 메뉴밖에 없어요.

주문하셨습니까?

注文しましたか。
쮸-몬시마시타까

아직 결정하지
못했습니다.

まだ、決めてないのです。
마다, 키메테 나이노데스

A: もう、注文されましたか。 벌써 주문하셨습니까?

B: まだ、決めてないのです。 아직 결정하지 못했습니다.

이 식당에서 특히
잘하는 요리가 뭡니까?

このレストランで、特にお勧めの料理は何ですか。
코노 레스토랑데, 토크니 오스스메노 료-리와 난데스까

A: このレストランで、特にお勧めの料理は何ですか。
이 식당에서 특히 잘하는 요리가 뭡니까?

B: このレストランは、カレーライスがお勧めの料理です。
이 레스토랑은 카레라이스가 잘하는 요리입니다.

♠ お勧(すす)めの料理(りょうり) : 권장할 만한 요리, 특히 잘하는 요리
♠ 「得意(とく い)だ」도 "특히 잘하다"는 뜻으로 사용된다.
「私(わたし)は 数学(すう がく)が得意(とく い)です。」라고 하면 "저는 수학을 특히 잘합니
다."라는 뜻이다.

오늘은 무엇이
좋습니까?

今日は、何がいいですか。
쿄-와, 나니가 이이데스까

이것은 무슨 요리입니까?

これは、何の料理ですか。
코레와, 난노 료-리데스까

빨리 되는 것 있습니까?

早く出来上がるものは、ありますか。
하야크 데키아가르모노와, 아리마스까

A: 早く出来上がるものは、ありますか。 빨리 되는 것 있습니까?

B: ラーメンが一番早いのです。 라면이 제일 빠릅니다.

그것으로 하겠습니다.

それにします。
소레니 시마스

그 외에 주문은 있습니까?

他にご注文はありますか。
호카니 고쮸-몬와 아리마스까

A: 他にご注文はありますか。 그 외에 주문은 있습니까?

B: 他にサラダを食べたいです。 그 밖에 사라다를 먹고 싶습니다.

같은 것으로 주세요.

同じものにして下さい。
오나지모노니 시테 크다사이

스테이크는 어떻게 구워드릴까요?

ステーキはどのように焼きましょうか。
스테-키와 도노요-니 야키마쇼-까

A: ステーキはどのように焼きましょうか。
스테이크는 어떻게 구워드릴까요?

B: ウェルダンにしてください。 완전히 구워 주십시오.

디저트는 나중에 주문하겠습니다.

デザートは、後で、注文します。
데자-토와, 아토데, 쮸-몬시마스

A: デザートは、後で、注文します。 디저트는 나중에 주문하겠습니다.

B: はい、かしこまりました。 네, 알겠습니다.

빨리 좀 해 주세요.

早くやって下さい。
하야크 얏테 크다사이

이 식당 아주 좋네요.

このレストラン、いいですね。

코노 레스토랑, 이이데스네

단골이예요.

お<ruby>得意<rt>とくい</rt></ruby>さんです。

오토크이상데스

♠ 단골은 「お得意(とくい)さん」이라고 한다.

냄새 좋은데요.

<ruby>香<rt>かお</rt></ruby>りがいいですね。

카오리가 이이데스네

A: <ruby>香<rt>かお</rt></ruby>りがいいですね。
냄새 좋은데요.

B: <ruby>味<rt>あじ</rt></ruby>もよさそうです。
맛도 좋을 것 같아요.

맛은 어떻습니까?

<ruby>味<rt>あじ</rt></ruby>はどうですか。

아지와 도-데스까

A: <ruby>味<rt>あじ</rt></ruby>はどうですか。 맛은 어떻습니까?

B: <ruby>味<rt>あじ</rt></ruby>は、まあまあです。 맛은 그저그렇습니다.

스테이크는 괜찮아요?

ステーキは、<ruby>大丈夫<rt>だいじょうぶ</rt></ruby>ですか。

스테-키와, 다이죠-브데스까

이 음식 이름은 뭐예요?

この<ruby>料理<rt>りょうり</rt></ruby>の<ruby>名前<rt>なまえ</rt></ruby>は<ruby>何<rt>なん</rt></ruby>ですか。

코노 료-리노 나마에와 난데스까

A: この<ruby>料理<rt>りょうり</rt></ruby>の<ruby>名前<rt>なまえ</rt></ruby>は<ruby>何<rt>なん</rt></ruby>ですか。
이 음식 이름은 뭐예요?

B: <ruby>実<rt>じつ</rt></ruby>は、<ruby>私<rt>わたし</rt></ruby>もよく<ruby>分<rt>わ</rt></ruby>かりません。
실은 저도 몰라요.

이것은 무슨 고기입니까?

これは<ruby>何<rt>なん</rt></ruby>の<ruby>肉<rt>にく</rt></ruby>ですか。

코레와 난노 니크데스까

이 음식은 어떻게 먹는 건가요?

この<ruby>料理<rt>りょうり</rt></ruby>は、どのように<ruby>食<rt>た</rt></ruby>べるのですか。

코노 료-리와, 도노요-니 타베르노데스까

이 재료는 무엇입니까?

この材料は何ですか。

코노 자이료-와 난데스까

이거 맛 좀 볼래요?

これ、味見して見ますか。

코레, 아지미시테 미마스까

소금과 후추를
건네주시겠습니까?

塩と胡椒を渡して頂けますか。

시오또 코쇼-오 와타시테 이타다케마스까

여기요.

ちょっと、すみません。

쫏또, 스미마셍

빵을 좀 더 먹을 수
있을까요?

パンをもうちょっと食べれますか。

팡오 모우 쫏또 타베레마스까

나이프를
떨어뜨렸습니다.

ナイフを落としました。

나이후오 오토시마시타

A: ナイフを落としました。 나이프를 떨어뜨렸습니다.
B: 承知いたしました。新しいものを持って参ります。
알겠습니다. 새로운 것을 가지고 오겠습니다.

디저트를 부탁합니다.

デザートをお願いします。

데자-토오 오네가이시마스

디저트 좀
드시겠습니까?

少しデザートを召し上がりますか。

스코시 데자-토오 메시아가리마스까

A: 少しデザートを召し上がりますか。 디저트 좀 드시겠습니까?
B: いいえ。もう、お腹がいっぱいです。 아니요. 배가 부릅니다.

후식은 무엇이
있습니까?

デザートは、何がありますか。

데자-토와, 나니가 아리마스까

A: デザートは、何がありますか。 후식은 무엇이 있습니까?
B: アイスクリームだけでございます。 아이스크림만 있습니다.

우리가 주문한 음식은
어떻게 된 거죠?

我々が注文した料理は、どうなりましたか。
와레와레가 쮸-몬시타 료-리와, 도-나리마시타까

주문한 요리가 아직
오지 않았습니다.

注文した料理がまだ、来ておりません。
쮸-몬시타 료-리가 마다, 키테 오리마셍

A: 注文した料理がまだ、来ておりません。
주문한 요리가 아직 오지 않았습니다.

B: 大変申し訳ございません。すぐ、確認致します。
정말 죄송합니다. 바로 확인해 보겠습니다.

이 음식점은
너무 바쁘군요.

このレストランは騒がしい。
코노 레스토랑와 사와가시이

어느 정도 기다려야
합니까?

どのくらい待つ必要がありますか。
도노크라이 마쯔 히쯔요-가 아리마스까

A: どのくらい待つ必要がありますか。
어느 정도 기다려야 합니까?

B: 少なくとも、一時間は、待たなければいけないと思います。
적어도 한시간은 기다려야 될 것 같습니다.

벌써 30분이나
기다리고 있습니다.

もう三十分も待っております。
모우 산쥿뿐모 맛테 오리마스

주문을 확인해
주시겠어요?

ご注文をご確認頂けますか。
고쮸-몬오 고카크닌 이타다케마스까

주문을 취소하고
싶은데요.

注文を取り消したいのですが。
쮸-몬오 토리케시타이노데스가

주문을 바꿔도 될까요?

注文を変えてもよろしいでしょうか。
쮸-몬오 카에테모 요로시이데쇼-까

글라스가 조금
더러운 것 같습니다.

グラスが少し汚れているようです。

그라스가 스코시 요고레테 이르 요-데스

A: グラスが少し汚れているようです。
글라스가 조금 더러운 것 같습니다.

B: 申し訳ありません。すぐ、取り替えます。
죄송합니다. 바로 바꾸겠습니다.

♠ 「ガラス」는 "유리"를 의미하고 「グラス」는 "유리컵"을 의미한다.

이건 아주 짭니다.

これは、とても塩辛いです。

코레와, 토테모 시오카라이데스

좀 서둘러 주시겠어요?

ちょっと急いで頂けますか。

쫏 또 이소이데 이타다케마스까

이건 주문하지
않았는데요.

これは、注文していません。

코레와, 쮸-몬시테 이마셍

A: これは、注文していません。 이건 주문하지 않았는데요.

B: それは、サービスでございます。 그것은 서비스예요.

수프에 뭔가
들어 있습니다.

スープに何か入っています。

스-프니 나니까 하잇테 이마스

새것으로 바꿔 주세요.

新しいものに替えて下さい。

아타라시이 모노니 카에테 크다사이

이 스테이크는 약간
너무 구워졌습니다.

このステーキは、少し焼き過ぎのようです。

코노 스테-키와, 스코시 야키스기노요-데스

이 요리를 데워주세요.

この料理を温めて下さい。

코노 료-리오 아타타메테 크다사이

술은 어떤
종류가 있습니까?

お酒には、どんな種類がありますか。

오사케니와, 돈나 슈르이가 아리마스까

가장 좋아하는
술은 무엇입니까?

一番好きなお酒は何ですか。

이찌방 스키나 오사케와 난데스까

A: 一番好きなお酒は何ですか。　가장 좋아하는 술은 무엇입니까?

B: 私は、ビールが一番好きです。　저는 맥주를 가장 좋아합니다.

♠ "~ 을 좋아하다"라고 할 때는 「~が好(す)きです」라고 해서 조사 "が" 를 사용한다.
조사 "を"를 사용하지 않는 것에 주의하자.

무엇을 마시겠습니까?

何を飲みますか。

니니오 노미마스까

A: 何を飲みますか。　무엇을 마시겠습니까?

B: 赤ワインがいいですね。　빨간색 와인이 좋아요.

맥주 한 병 주십시오.

ビール、一本下さい。

비-르, 잇뽕 크다사이

맥주는 어느 브랜드로
하시겠습니까?

ビールは、どのブランドにしますか。

비-르와, 도노 브란도니 시마스까

A: ビールは、どのブランドにしますか。
맥주는 어느 브랜드로 하시겠습니까?

B: ギリンにします。
기린으로 하겠습니다.

생맥주 두 잔 주세요.

生ビール、二杯、下さい。

나마비-르, 니하이, 크다사이

A: 生ビール、二杯、下さい。　생맥주 두 잔 주세요.

B: はい。かしこまりました。少々、お待ち下さい
예, 알겠습니다. 잠시만 기다려 주세요.

맥주는 어떤 종류가
있나요?

ビールには、どんな種類がありますか。

비-르니와, 돈나 슈르이가 아리마스까

더 마실래요?

もっと飲みますか。

못또 노미마스까

A: もっと飲みますか。 더 마실래요?
B: もう一本、飲みましょう。 한 병 더 마셔요.

와인목록 있습니까?

ワインリスト、ございますか。

와인리스토, 고자이마스까

A: ワインリスト、ございますか。 와인목록 있습니까?
B: はい。 ここにございます。 네, 여기에 있습니다.

글라스로 주문됩니까?

グラスで、注文できますか。

그라스데, 쮸-몬 데키마스까

A: グラスで、注文できますか。 글라스로 주문됩니까?
B: はい。 もちろんです。 예, 물론입니다.

너무 많이
마신 것 같아요.

飲みすぎのようですね。

노미스기노 요-데스네

와인 한 잔 주십시오.

ワイン、一杯下さい。

와인, 잇빠이 크다사이

이 지방
특산 술입니까?

この地方、特産のお酒ですか。

코노 찌호-, 토크산노 오사케데스까

뭘 위해 건배할까요?

何の乾杯をしましょうか。

난노 칸빠이오 시마쇼-까

모두의 건강을 위하여,
건배!

皆の健康のために、乾杯。

민나노 켄코-노 타메니, 칸빠이

가기 전에 딱 한잔
더 하는 게 어때요?

行く前に、もう一杯いかがですか。

이크 마에니, 모우 잇빠이 이카가데스까

어디에서 주문합니까?

どこで注文すればいいですか。
도꼬데 쮸―몬스레바 이이데스까

새로운 메뉴 있나요?

新しいメニューがありますか。
아타라시이 메뉴-가 아리마스까

무엇이 가장 인기가 있나요?

何が一番人気がありますか。
나니가 이찌방 닌끼가 아리마스까

A: 何が一番人気がありますか。
　　무엇이 가장 인기가 있나요?

B: 醬油ラーメンが一番人気があります。
　　간장라면이 제일 인기가 있습니다.

3번 세트를 주세요.

3番セットをお願いします。
산반 셋토오 오네가이시마스

햄버거 두 개 주세요.

ハンバーガー、二つ下さい。
한바―가, 후타쯔 크다사이

A: ハンバーガー、二つ下さい。　햄버거 두 개 주세요.
B: お飲み物はよろしいですか。　마실 것은 필요없으세요?

아이스커피 있습니까?

アイスコーヒー、ありますか。
아이스코-히-, 아리마스까

리필 되나요?

おかわりできますか。
오카와리 데키마스까

여기에서 드실 건가요?
가져 가실 건가요?

ここで、召し上がりますか。お持ち帰りですか。
코코데, 메시아가리마스까. 오모찌카에리데스까

A: ここで、召し上がりますか。お持ち帰りですか。
　　여기에서 드실 건가요? 가져 가실 건가요?

B: 家に持ち帰りますので、包装して下さい。
　　집에 가지고 갈 거니까 포장해 주세요.

포장해 주세요. / 여기에서 먹을 거예요.	包装して下さい。 / ここで、食べます。 호-소-시테 크다사이 / 코코데, 타베마스
마요네즈를 바르시겠습니까?	マヨネーズをつけますか。 마요네-즈오 쯔케마스까
겨자를 발라 주세요.	からしをつけて下さい。 카라시오 쯔케테 크다사이
케첩을 주세요.	ケチャップを下さい。 케챧프오 크다사이
음료는요?	飲み物は? 노미모노와?
콜라에 얼음을 빼 주세요.	コーラに氷を入れないで下さい。 코-라니 코오리오 이레나이데 크다사이
어느 사이즈로 하시겠습니까?	どのサイズにしますか。 도노 사이즈니 시마스까

A: どのサイズにしますか。 어느 사이즈로 하시겠습니까?
B: 一番小さなサイズを下さい。 가장 작은 사이즈를 주십시오.

큰 컵으로 콜라 두 개 주세요.	大きなコップで、コーラ、二つ下さい。 오오키나 콧프데, 코-라, 후타쯔 크다사이
얼음 많이 넣어 주세요.	氷をたくさん入れて下さい。 코오리오 닥상 이레테 크다사이
그게 전부입니다.	それが全部です。 소레가 젠부데스
5분정도 걸리니, 잠시만 기다려 주세요.	五分くらい掛かりますので、もうしばらくお待ち下さい。 고훈크라이 카카리마스노네, 모우 시바라크 오마찌 크다사이

계산서 좀
가져다 주시겠어요?

かんじょう　　ねが
勘定、お願いします。
칸죠-, 오네가이시마스

합계가 얼마입니까?

ごうけい
合計で、いくらですか。
고-케이데, 이크라데스까

여기서 계산하나요?

かんじょう
ここで、勘定しますか。
코코데, 칸죠-시마스까

카드로 할인되는
서비스는 있습니까?

わりびき
カードでの割引サービスはありますか。
카-도데노 와리비키사-비스와 아리마스까

わりびき
A: カードでの割引サービスはありますか。
　　카드로 할인되는 서비스는 있습니까?
みせ
B: いいえ。こちらの店では、ございません。
　　아니요, 저희 가게에는 없습니다.

선불입니다.

まえばら
前払いです。
마에바라이데스

♠ "선불"은 「前払(まえ ばら)い」, "후불"은 「後払(あと ばら)い」이다.

이건 무슨 금액인가요?

きんがく　　　なん
この金額は何ですか。
코노 킨가크와 난데스까

계산이 틀린 것
같습니다.

けいさん　　まちが
計算が間違っているようです。
케-산가 마찌갓테 이르요-데스

けいさん　まちが
A: 計算が間違っているようです。 계산이 틀린 것 같습니다.
さいど　　かくにん
B: 再度、確認いたします。 다시 확인하겠습니다.

봉사료는
포함되어 있습니까?

りょう　こ
サービス料込みですか。
사-비스료-코미데스까

팁은 지불해야 하나요?

はら
チップは、払わなければなりませんか。
칫프와, 하라와나케레바 나리마셍까

각자 지불로 합시다.

割り勘にしましょう。
와리캉니 시마쇼-

A: 支払いはどうしましょうか。 지불은 어떻게 할까요?
B: 割り勘にしましょう。 각자 지불해요.

따로따로 지불하고
싶은데요.

別々にお支払いしたいのですが。
베쯔베쯔니 오시하라이 시타이노데스가

제 몫은 얼마입니까?

私の分は、いくらですか。
와타시노 분와, 이크라데스까

이건 제가 내겠습니다.

これは、私がお支払い致します。
코레와, 와타시가 오시하라이 이타시마스

신용카드는 받나요?

クレジットカードは使えますか。
크레짓토카-도와 쯔카에마스까

A: クレジットカードは使えますか。 신용카드는 받나요?
B: いいえ、現金のみです。 아니요, 현금만 받아요.

현금으로 하시겠어요,
카드로 하시겠어요?

現金にしますか。カードにしますか。
겐킨니 시마스까. 카-도니 시마스까

A: 現金にしますか。カードにしますか。
　　현금으로 하시겠어요. 카드로 하시겠어요?
B: カードにします。 카드로 하겠습니다.

영수증을 주세요.

レシートを下さい。
레시-토오 크다사이

♠ 영수증은 「レシート」 또는 「領収書(りょうしゅうしょ)」라고 하지만,
　현재는 「レシート」가 더 일반적으로 사용되고 있다.

거스름돈이 틀린 것
같은데요.

おつりが間違っているようですが。
오쯔리가 마찌갓테 이르요-데스가

음식	食(た)べ物(もの) 타베모노
요리	料理(りょう り) 료-리
나이프	ナイフ 나이흐
포크	フォーク 호-크
잔, 컵	コップ 콧프, カップ 캇프
후식	デザート 데자-토
음식점	レストラン 레스토랑
먹다	食(た)べる 타베르
맛	味(あじ) 아지
맛있다	おいしい 오이시이
냄새	匂(にお)い 니오이
맵다	辛(から)い 카라이
튀기다	揚(あ)げる 아게르
고기	肉(にく) 니크
야채	野菜(や さい) 야사이
음료	飲(の)み物(もの) 노미모노

쇠고기	牛肉(ぎゅう にく) 규-니크
스테이크	ステーキ 스테-키
돼지고기	豚肉(ぶた にく) 브타니크
닭고기	鶏肉(とり にく) 토리니크
빵	パン 팡
생선	魚(さかな) 사카나
연어	サーモン 사-몬, 鮭(さけ) 사케
해산물	海産物(かい さん ぶつ) 카이산브쯔
양념	調味料(ちょう み りょう) 쪼-미료-
설탕	砂糖(さ とう) 사토-
간장	醤油(しょう ゆ) 쇼-유
후추	胡椒(こ しょう) 코쇼-
소금	塩(しお) 시오
식초	酢(す) 스
케첩	ケチャップ 케챳프
겨자	からし 카라시

근처에 백화점이 있습니까?

近くにデパートがありますか。
찌카크니 데파-토가 아리마스까

♠ 백화점은 「デパート」 또는 「百貨店(ひゃっ かてん)」이라고 한다.

쇼핑센터는 어디에 있습니까?

ショッピングセンターは、どこにありますか。
숏핑그센타-와, 도꼬니 아리마스까

여기에서 멉니까?

ここから遠いですか。
코코까라 토오이데스까

A: ここから遠いですか。
여기에서 멉니까?

B: いいえ、そんなに遠くありません。歩いて十分くらいです。
아니요, 그렇게 멀지 않습니다. 걸어서 10분 정도입니다.

면세점은 있습니까?

免税店はありますか。
멘제-텡와 아리마스까

A: 免税店はありますか。 면세점은 있습니까?

B: はい、二階にあります。 네, 2층에 있습니다.

할인점은 어디에 있습니까?

割引店は、どこにありますか。
와리비키텡와, 도꼬니 아리마스까

A: 割引店は、どこにありますか。 할인점은 어디에 있습니까?

B: この辺りには、割引店はありません。 이 근처에는 할인점이 없습니다.

그 가게는 오늘 열려 있습니까?

その店は、今日、やっていますか。
소노 미세와, 쿄-, 얏테 이마스까

그 가게 개점시간은 몇 시입니까?

その店の開店時間は、何時ですか。
소노 미세노 카이텐지칸와, 난지데스까

A: その店の開店時間は、何時ですか。
그 가게 개점시간은 몇 시입니까?

B: 朝十時ちょうどに開店します。
아침 10시 정각에 개점합니다.

이 건물에 스포츠용품점이
있습니까?

この建物に、スポーツ用品店がありますか。
코노 타테모노니, 스포-츠요-힌텐가 아리마스까

문구 매장을
찾고 있습니다.

文房具屋さんを探しています。
분보-그야상오 사가시테 이마스

여성복은 몇 층입니까?

女性服は、何階ですか。
죠세이후크와, 난카이데스까

디지털제품코너는
어디입니까?

デジタル製品コーナーは、どこですか。
데지타르세-힌코-나-와, 도코데스까

서적코너는 어디입니까?

書籍コーナーは、どこですか。
쇼세키코-나-와, 도코데스까

A: 書籍コーナーは、どこですか。 서적코너는 어디입니까?
B: この階の右端にあります。 이 층의 오른쪽 끝에 있습니다.

신사복 매장은
어디입니까?

男性服のコーナーは 、どこですか。
단세-후크노 코-나-와, 도꼬데스까

이 백화점에
서점은 있습니까?

このデパートに、本屋さんはありますか。
코노 데파-토니, 혼야상와 아리마스까

몇 층에
식당가가 있습니까?

何階に食堂街がありますか。
난카이니 쇼크도-가이가 아리마스까

A: 何階に食堂街がありますか。
몇 층에 식당가가 있습니까?
B: 食堂街は、地下一階にあります。
식당가는 지하 1층에 있습니다.

에스컬레이터가
어디에 있는지
보이질 않는군요.

エスカレーターがどこにあるのか見つかりません。
에스카레-타-가 도꼬니 아르노까 미쯔카리마셍

손님, 뭔가 찾으시는게 있으세요?

お客様、何かお探しでしょうか。
오캬크사마, 나니까 오사가시데쇼-까

뭘 찾으십니까?

何をお探しですか。
나니오 오사가시데스까

A: 何をお探しですか。 뭘 찾으십니까?
B: 男性用の財布を探しています。 남성용 지갑을 찾고 있습니다.

그냥 보는 거예요.

ただ、見ているだけです。
타다, 미테이르다께데스

A: ただ、見ているだけです。 그냥 보는 거예요.
B: どうぞ、ごゆっくりご覧下さい。 그럼 천천히 보세요.

용건이 있으면 말씀해 주세요.

ご用がございましたら、声をおかけください。
고요-가 고자이마시타라, 코에오 오카케 크다사이

여기 잠깐 봐 주시겠어요?

ここ、ちょっと、見て頂けますか。
코코, 쫏토, 미테 이타다케마스까

아버지 선물을 찾고 있어요.

父へのギフトを探しています。
찌지에노 기흐토오 사가시테 이마스

A: 父へのギフトを探しています。 아버지 선물을 찾고 있어요.
B: 特にお考えのものでもございますか。 특별히 생각하고 계신 거라도 있으세요?

어떤 종류를 찾고 계신가요?

どんな種類をお探しですか。
돈나 슈르이오 오사가시데스까

A: どんな種類をお探しですか。 어떤 종류를 찾고 계신가요?
B: 女性用のサングラスを見たいのですが。
여성용 선글라스를 보고 싶습니다만.

특별히 마음에 두고 계시는 게 있으세요?

特別にお気に入りのものでもございますか。
토크베쯔니 오키니이리노 모노데모 고자이마스까

| 남성용 화장품을
보고 싶습니다. | 男性用の化粧品を見たいのです。
단세-요-노 케쇼-힌오 미타이노데스 |

어디에서 살 수
있습니까?

どこで、買えますか。
도꼬데, 카에마스까

이건 여성용인가요?

これは、女性用ですか。
코레와, 죠세-요-데스까

A: これは、女性用ですか。 이건 여성용인가요?

B: はい、そうです。 예, 그렇습니다.

아내의 선물을
찾고 있습니다.

女房のプレゼントを探しています。
뇨-보-노 프레젠토오 사가시테 이마스

어떤 종류의
액세서리가 있습니까?

どんな種類のアクセサリーがありますか。
돈나 슈르이노 아크세사리-가 아리마스까

향수 좀 보여 주세요.

香水を、ちょっと見せて下さい。
코-스이오, 쫏토 미세테 크다사이

이것과 같은 것은
있습니까?

これと同じものは、ありますか。
코레또 오나지모노와, 아리마스가

샤넬은 있습니까?

シャネルは、ありますか。
샤네르와, 아리마스까

13살짜리
여자아이에게는
뭐가 좋을까요?

十三歳の女の子には、何がいいでしょうか。
쥬-산사이노 온나노코니와, 나니가 이이데쇼-까

A: 十三歳の女の子には、何がいいでしょうか。
13살짜리 여자아이에게는 뭐가 좋을까요?

B: 時計などいかがでしょうか。
시계 등은 어떠세요?

어떤 스타일을
찾으세요?

どんなスタイルをお探しですか。
돈나 스타이르오 오사가시데스까

뭔가 찾으시는 게
있으세요?

何かお探しのものはございますか。
나니까 오사가시노 모노와 고자이마스까

A: 何かお探しのものはございますか。 뭔가 찾으시는 게 있으세요?

B: いいえ、特にありません。 아니요, 특별히 없습니다.

저것을 보여 주세요.

あれを見せて下さい。
아레오 미세테 크다사이

너무 화려하군요.

おしゃれすぎます。
오샤레스기마스

A: おしゃれすぎます。
너무 화려하군요.

B: もう少し地味な方がいいですか。
조금 더 수수한 쪽이 좋은가요?

♠ "수수하다"라고 할 때는 「地味(じ み)だ」라고 표현한다.

이것보다 수수한
것을 찾고 있습니다.

これより地味なものを探しています。
코레요리 지미나 모노오 사가시테 이마스

이것은 어떠세요?

これはいかがですか。
코레와 이카가데스까

A: これより少し安いものはないですか。
이것보다 조금 더 싼 것은 없습니까?

B: これはいかがですか。
이것은 어떠세요?

손님한테 어울릴 것
같은데요.

お客様に似合いそうです。
오캬크사마니 니아이소-데스

사이즈가 얼마죠?

サイズはどうなりますか。
사이즈와 도-나리마스까

한 번 입어 보세요.

一度、試着をして見て下さい。
이찌도, 시챠크오 시테 미테 크다사이

사이즈를
잘 모르는데요.

サイズがよく分かりません。
사이즈가 요크 와카리마셍

입어 봐도 될까요?

着てもよろしいでしょうか。
키테모 요로시이데쇼-까

이것으로 좀더 작은
사이즈 있습니까?

これで、もっと小さいサイズがありますか。
코레데, 못또 찌이사이 사이즈가 아리마스까

이 블라우스는 나한테
잘 안 어울려요.

このブラウスは、私にはあまり似合いません。
코노 브라우스와, 와타시니와 아마리 니아이마셍

A: このブラウスは、私にはあまり似合いません。
이 블라우스는 나한테 잘 안 어울려요.

B: そんなことは、ありません。よくお似合いですよ。
그렇지 않아요. 잘 어울려요.

너무 큰데요.

大き過ぎます。
오오키스기마스

다른 색상으로
보여 주세요.

他の色を見せて下さい。
호카노 이로오 미세테 크다사이

다른 디자인으로
보여 주세요.

他のデザインを見せて下さい。
호카노 데자인오 미세테 크다사이

진짜 가죽인가요?

本物の皮ですか。
혼모노노 카와데스까

A: 本物の皮ですか。 진짜 가죽인가요?

B: いいえ、イミテーションです。 아니요, 가짜예요.

좀 봐도 될까요?

ちょっと見てもよろしいでしょうか。
쫏토 미테모 요로시이데쇼―까

A: ちょっと見てもよろしいでしょうか。 좀 봐도 될까요?
B: どうぞ、ごゆっくりご覧下さい。 네, 천천히 보세요.

디지털 카메라를 보여 주세요.

デジカメを見せて下さい。
데지카메오 미세테 크다사이

노트북을 보여 주세요.

ノート型パソコンを見せて下さい。
노―토가따파소콘오 미세테 크다사이

한국산 컬러 TV 를 취급하나요?

韓国製カラーテレビを取り扱っていますか。
캉코크세이 카라―테레비오 토리아쯔캇테 이마스까

어느 나라에서 만들어진 것입니까?

どこの国で作られたものですか。
도코노 크니데 쯔크라레따모노데스까

A: どこの国で作られたものですか。
　어느 나라에서 만들어진 것입니까?
B: 中国製です。
　중국산입니다.

이것은 일본제입니까?

これは日本製ですか。
코레와 니혼세이데스까

A: これは日本製ですか。
　이것은 일본제입니까?
B: いいえ、それは、台湾製です。
　아니요, 그것은 대만산입니다.

소재는 무엇입니까?

素材は何ですか。
소자이와 난데스까

이것은 최신모델 상품인가요?

これは、最新モデルの商品ですか。
코레와, 사이신모데르노 쇼―힌데스까

이것은 인기상품입니다.

<ruby>人気<rt>にんき</rt></ruby><ruby>商品<rt>しょうひん</rt></ruby>
これは人気商品です。
코레와 닌키쇼-힌데스

품질은 괜찮습니까?

品質は、大丈夫ですか。
힌시쯔와, 다이죠-브데스까

이것은 어느 회사 제품입니까?

これは、どんな会社の製品ですか。
코레와, 돈나 카이샤노 세-힌데스까

다른 제품도 보여 주세요.

他の製品も見せて下さい。
호카노 세-힌모 미세테 크다사이

A: 他の製品も見せて下さい。 다른 제품도 보여 주세요.
B: 日本製もあるのですが、少し価格が高めです。
일본산도 있습니다만, 약간 가격이 높아요.

좀더 품질이 좋은 것을 보여 주세요.

もっと良い品質のものを見せてください。
못또 요이 힌시쯔노 모노오 미세테 크다사이

좀더 싼 것을 보여주세요.

もっと安い物を見せて下さい。
못또 야스이 모노오 미세테 크다사이

얼마까지 면세가 됩니까?

いくらまで免税になりますか。
이크라마데 멘제-니 나리마스까

이 가게에서는 면세로 살 수 있습니까?

この店では、免税で買えますか。
코노 미세데와, 멘제-데 카에마스까

A: この店では、免税で買えますか。
이 가게에서는 면세로 살 수 있습니까?
B: はい。免税でお買い求めいただけます
예, 면세로 사실 수 있습니다.

이걸 면세로 살 수 있습니까?

これを免税で買えますか。
코레오 멘제-데 카에마스까

이걸로 주세요.

これを下(くだ)さい。
코레오 크다사이

계산은 어디에서 합니까?

レジはどちらでしょうか。
레지와 도찌라데쇼―까

전부 얼마입니까?

全部(ぜんぶ)でいくらですか。
젠부데 이크라데스까

A: 全部(ぜんぶ)でいくらですか。 전부 얼마입니까?
B: 全部(ぜんぶ)で、一万円(いちまんえん)です。 전부 만엔입니다.

우리 예산에서 벗어나지 않습니다.

我々(われわれ)の予算(よさん)を超(こ)えていません。
와레와레노 요산오 코에테 이마셍

적당한 가격인 것 같군요.

手頃(てごろ)な価格(かかく)のようですね。
테고로나 카카크노 요―데스네

가격이 적당하지 않습니다.

価格(かかく)が手頃(てごろ)ではありません。
카카크가 테고로데와 아리마셍

좀 비싸군요.

ちょっと高(たか)いですね。
쫏또 타카이데스네

A: 価格(かかく)の方(ほう)はいかがですか。 가격은 어떠세요?
B: ちょっと高(たか)いですね。 좀 비싸군요.

세금이 포함된 가격입니까?

税込(ぜいこみ)の価格(かかく)ですか。
제―코미노 카카크데스까

A: 税込(ぜいこみ)の価格(かかく)ですか。 세금이 포함된 가격입니까?
B: いいえ。税金(ぜいきん)は別(べつ)です。 아니요, 세금은 별도입니다.

좀 싸게 해 주실 수 없나요?

もうちょっと安(やす)くして頂(いただ)けませんか。
모우 쫏토 야스크시테 이타다케마셍까

| 깎아주면 사겠습니다. | 値引きして頂ければ買います。
네비키시테 이타다케레바 카이마스 |

| 지금 세일 중입니까? | 今、割引中ですか。
이마, 와리비키쮸-데스까 |

할부로 살 수 있습니까?

分割払いで、買えますか。
분카쯔바라이데, 카에마스까

A: 分割払いで、買えますか。 할부로 살 수 있습니까?

B: はい。分割払いで、お買い上げいただけます。
예, 할부로 사실 수 있습니다.

♠ "할부"는 「分割払(ぶん かつ ばら)い」라고 한다.

3개월 할부로 하고 싶습니다만.

三ヶ月分割払いにしたいのですが。
산카게쯔 분카쯔바라이니 시타이노데스가

신용카드로 지불하겠습니다.

クレジットカードでお支払いします。
크레짓토카-도데 오시하라이 시마스

A: クレジットカードでお支払いします。 신용카드로 지불하겠습니다.

B: 今回は、割引ですので現金のみになります。
이번에는 할인이기 때문에 현금만 됩니다.

카드로 지불해도 되죠?

カードでお支払いしてもよろしいでしょうか。
카-도데 오시하라이시테모 요로시이데쇼-까

A: カードでお支払いしてもよろしいでしょうか。
카드로 지불해도 되죠?

B: はい。カードでもお支払いいただけます。
예, 카드로도 지불하실 수 있어요.

현금으로 지불하면 더 싸게 됩니까?

現金でお支払いすれば、もっと安くなりますか。
겐킨데 오시하라이스레바, 못또 야스크 나리마스까

세금 환불받는 방법을 알려주세요.

税金を返してもらう方法をお教え下さい。
제-킨오 카에시테 모라우 호-호-오 오오시에 크다사이

선물용으로
포장해 드릴까요?

ギフト用で包装しましょうか。
기흐토요-데 호-소-시마쇼-까

A: ギフト用で包装しましょうか。 선물용으로 포장해 드릴까요?
B: はい、お願いします。 네, 부탁드려요.

봉지를 주세요.

袋を下さい。
후크로오 크다사이

선물용으로
포장해 주세요.

ギフト用に包装して下さい。
기흐토요-니 호-소-시테 크다사이

이것들을
따로따로 싸 주십시오.

これらを別々に包んで下さい。
코레라오 베쯔베쯔니 쯔쯘데 크다사이

같이 포장해 주세요.

一緒に包装して下さい。
잇쇼니 호-소-시테 크다사이

종이백에 넣어주세요.

紙のバッグに入れて下さい。
카미노 밧그니 이레테 크다사이

이거 넣을 박스 좀
얻을 수 있을까요?

これを入れるボックスを、ちょっと頂けますか。
코레오 이레르 봇크스오, 쫏또 이타다케마스까

제 호텔까지 배달해
줄 수 있습니까?

私のホテルまで、配達して頂けますか。
와타시노 호테르마데, 하이타쯔시테 이타다케마스까

언제 배달해
주시겠습니까?

いつ配達して頂けますか。
이쯔 하이타쯔시테 이타다케마스까

내일까지 배달해
주었으면 하는데요.

明日までに配達して頂きたいのですが。
아시타마데니 하이타쯔시테 이타다키타이노데스가

한국으로 부쳐주실
수 있습니까?

韓国に送って頂けますか。
캉코크니 오쿳테 이타다케마스까

♠ "항공편"은 「航空便(こうくうびん)」, "배편"은 「船便(ふなびん)」이 된다.

별도의 요금이 듭니까?

<ruby>別<rt>べつ</rt></ruby><ruby>料<rt>りょう</rt></ruby><ruby>金<rt>きん</rt></ruby>がかかりますか。
베쯔료-킨가 카카리마스까

항공편으로 보내주세요.

<ruby>航<rt>こう</rt></ruby><ruby>空<rt>くう</rt></ruby><ruby>便<rt>びん</rt></ruby>で<ruby>送<rt>おく</rt></ruby>って<ruby>下<rt>くだ</rt></ruby>さい。
코-쿠-빈데 오쿳테 크다사이

항공편이면
얼마나 듭니까?

<ruby>航<rt>こう</rt></ruby><ruby>空<rt>くう</rt></ruby><ruby>便<rt>びん</rt></ruby>なら、いくらかかりますか。
코-쿠-빈나라 이크라 카카리마스까

이 주소로 보내주세요.

この<ruby>住<rt>じゅう</rt></ruby><ruby>所<rt>しょ</rt></ruby>に<ruby>送<rt>おく</rt></ruby>って<ruby>下<rt>くだ</rt></ruby>さい。
코노 쥬-쇼니 오쿳테 크다사이

이 메모를 첨부해서
보내주세요.

このメモをつけて、<ruby>送<rt>おく</rt></ruby>って<ruby>下<rt>くだ</rt></ruby>さい。
코노 메모오 쯔케테, 오쿳테 크다사이

구입한 게 아직
배달되지 않았습니다.

<ruby>購<rt>こう</rt></ruby><ruby>入<rt>にゅう</rt></ruby>した<ruby>物<rt>もの</rt></ruby>がまだ、<ruby>配<rt>はい</rt></ruby><ruby>達<rt>たつ</rt></ruby>されていません。
코-뉴-시타모노가 마다, 하이타쯔사레테 이마셍

구입한 물건하고
다릅니다.

<ruby>購<rt>こう</rt></ruby><ruby>入<rt>にゅう</rt></ruby>した<ruby>商<rt>しょう</rt></ruby><ruby>品<rt>ひん</rt></ruby>と<ruby>違<rt>ちが</rt></ruby>います。
코-뉴-시타 쇼-힌또 찌가이마스

배편으로 부탁합니다.

<ruby>船<rt>ふな</rt></ruby><ruby>便<rt>びん</rt></ruby>でお<ruby>願<rt>ねが</rt></ruby>いします。
후나빈데 오네가이시마스

한국까지 며칠정도
걸립니까?

<ruby>韓<rt>かん</rt></ruby><ruby>国<rt>こく</rt></ruby>まで<ruby>何<rt>なん</rt></ruby><ruby>日<rt>にち</rt></ruby>くらいかかりますか。
캉코크마데 난니찌크라이 카카리마스까

빠르면 빠를수록
좋습니다.

<ruby>早<rt>はや</rt></ruby>ければ<ruby>早<rt>はや</rt></ruby>いほど<ruby>良<rt>い</rt></ruby>いのです。
하야케레바 하야이호도 이이노데스

이것을 반품하고
싶은데요.

これを<ruby>返<rt>へん</rt></ruby><ruby>品<rt>びん</rt></ruby>したいのです。
코레오 헨삔시타이노데스

| 환불이 가능한가요? | 払い戻して頂けますか。
하라이모도시테 이타다케마스까 |

交換して頂けますか。

교환할 수 있습니까?

交換して頂けますか。
코-칸시테 이타다케마스까

A: 交換して頂けますか。 교환할 수 있습니까?
B: はい、交換できます。 네, 교환 가능합니다.

이 셔츠를 바꾸고 싶은데요.

このシャツを換えたいのです。
코노 샤츠오 카에타이노데스

얼룩이 있습니다.

染みがついています。
시미가 쯔이테 이마스

A: 染みがついています。 얼룩이 있습니다.
B: すみません。 すぐ、交換させていただきます。
죄송합니다. 바로 교환해 드리겠습니다.

치수 좀 바꿔 주세요.

ちょっと寸法を変えて下さい。
쫏또 슨뽀-오 카에테 크다사이

셔츠를 다른 것과 교환하시겠습니까?

シャツを他のものと交換されますか。
샤츠오 호카노 모노또 코-칸사레마스까

교환해 주세요.

交換して下さい。
코-칸시테 크다사이

A: 交換して下さい。
교환해 주세요.
B: はい、分かりました。 何に交換されますか。
예, 알겠습니다. 무엇으로 교환하겠습니까?

반품해 주세요.

返品して下さい。
헨삔시테 크다사이

작동되지 않습니다.

作動していません。
사도-시테 이마셍

A: どのようなトラブルでしょうか。 어떤 트러블입니까?
B: 作動していません。 작동되지 않습니다.

이것은 파손되어 있습니다.

これは、壊れています。
코레와, 코와레테 이마스

영수증 가지고 계십니까?

レシートは、お持ちですか。
레시-토와, 오모찌데스까

A: レシートは、お持ちですか。 영수증 가지고 계십니까?
B: はい、持っています。 예, 가지고 있습니다.

영수증은 갖고 있지 않습니다.

レシートは、持っていません。
레시-토와, 못테 이마셍

꽤 오래전에 사셨군요.

かなり前にお買いになったようですね。
카나리 마에니 오카이니낫따요-데스네

이 카메라를 교환할 수 있을까요?

このカメラを交換して頂けますか。
코노 카메라오 코-칸시테 이타다케마스까

A: このカメラを交換して頂けますか。 이 카메라를 교환할 수 있을까요?
B: 何か不都合がございましたか。 뭔가 문제가 있었습니까?

이건 정상으로 작동하지 않습니다.

これは、正常に作動していません。
코레와, 세-죠-니 사도-시테 이마셍

A: これは、正常に作動していません。 이건 정상으로 작동하지 않습니다.
B: ちょっと見せて頂けますか。 좀 보여주시겠습니까?

구입한 게 아직 배달되지 않았습니다.

購入したのが、まだ、届いていません。
코-뉴-시타노가, 마다, 토도이테 이마셍

상점 (商店)

백화점	デパート 데파-토
슈퍼마켓	スーパー 스-파-
편의점	コンビニ 콘비니
상점	商店(しょう てん) 쇼-텡
포장마차	屋台(や たい) 야타이
와인판매점	ワイン販売店(はん ばい てん) 와인한바이텡
야채가게	八百屋(や ぉ や) 야오야
시장	市場(いち ば) 이찌바
쌀가게	米屋(こめ や) 코메야
정육점	肉屋(にく や) 니크야
빵가게	パン屋(や) 팡야
책방	本屋(ほん や) 혼야
꽃집	花屋(はな や) 하나야
양품점	洋品店(よう · ひん · てん) 요-힌텐
구두가게	靴屋(くつ や) 크쯔야

옷	服(ふく)	후크
일본전통옷	着物(き もの)	키모노
양복	洋服(よう ふく)	요-후크
평상복	普段着(ふ だん ぎ)	후단기
나들이복	晴(は)れ着(ぎ)	하레기
제복	制服(せい ふく)	세-후크
신사복	紳士服(しん し ふく)	신시흐크
여성복	婦人服(ふ じん ふく)	후진흐크
바지	ズボン	즈봉
청바지	ジーパン	지-팡
스커트	スカート	스카-토
웃옷	上着(うわ ぎ)	우와기
셔츠	シャツ	샤츠
재킷	ジャケット	쟈켓토
코트	コート	코-토
스웨터	セーター	세-타-
와이셔츠	ワイシャツ	와이샤츠
넥타이	ネクタイ	네크타이

뭔가 취미를 가지고 있습니까?

何か趣味をお持ちですか。
나니까 슈미오 오모찌데스까

취미가 뭡니까?

趣味は何ですか。
슈미와 난데스까

A: **趣味は何ですか。** 취미가 뭡니까?
B: **映画鑑賞です。** 영화감상입니다.

어떠한 것에 관심이 있습니까?

どのようなものに関心がありますか。
도노요-나모노니 칸신가 아리마스까

요리하는 것을 좋아합니다.

料理が好きです。
료-리가 스키데스

A: **特に何がお好きですか。** 특별히 무엇을 좋아하십니까?
B: **料理が好きです。** 요리하는 것을 좋아합니다.

나는 그림 그리기를 좋아합니다.

私は絵を描くのが好きです。
와타시와 에오 카크노가 스키데스

독서가 유일한 취미입니다.

読書が唯一の趣味です。
도크쇼가 유이이쯔노 슈미데스

저는 사내 합창단에서 노래를 합니다.

私は、社内合唱団で、歌を歌います。
와타시와, 샤나이갓쇼-단데, 우타오 우타이마스

저는 책 읽는 것을 즐겨요.

私は、本を読むのを楽しんでいます。
와타시와, 혼오 요므노오 타노신데 이마스

어떤 종류의 책을 좋아합니까?

どんな種類の本が好きですか。
돈나 슈르이노 혼가 스키데스까

저는 역사소설을 좋아해요.

私は、歴史小説が好きです。
와타시와, 레키시쇼-세쯔가 스키데스

전 바둑 좋아합니다.

私は、囲碁が好きです。
와타시와, 이고가 스키데스

낚시를 즐겨합니다.

釣りが好きです。
쯔리가 스키데스

얼마나 자주 낚시를 가세요?

どのくらい頻繁に釣りに行っていますか。
도노크라이 힌빤니 쯔리니 잇테 이마스까

A: どのくらい頻繁に釣りに行っていますか。
얼마나 자주 낚시를 가세요?
B: 週に一回、釣りに行っています。
일주일에 한번 낚시하러 갑니다.

당신은 오랫동안 여행을 해 본 적이 있나요?

あなたは長期間、旅行した事がありますか。
아나타와 쬬-키칸, 료코-시타 코또가 아리마스까

A: あなたは長期間、旅行した事がありますか。
당신은 오랫동안 여행을 해 본 적이 있나요?
B: はい。ヨーロッパを一ヶ月間ぐらい旅行した事があります。
예, 유럽을 1개월간정도 여행한 적이 있여요.

우울할 때면 여행을 가고 싶습니다.

憂うつな時には、旅行に行きたいです。
유-우쯔나 토끼니와, 료코-니 이키타이데스

어떤 것에 흥미가 있습니까?

どんな事に興味をお持ちですか。
돈나 코또니 쿄-미오 오모찌데스까

A: どんな事に興味をお持ちですか。
어떤 것에 흥미가 있습니까?
B: 私は、外国語を習う事に、興味があります。
나는 외국어를 배우는 데 흥미가 있습니다.

컴퓨터에 흥미가 있습니다.

コンピューターに興味を持っています。
콘퓨-타-니 쿄-미오 못테 이마스

주말 어떻게 보냈어요?

週末は、どのように過ごされましたか。
슈―마쯔와, 도노요―니 스고사레마시타까

휴일 어떻게 보냈어요?

休日は、どのように過ごされましたか。
큐―지쯔와, 도노요―니 스고사레마시타까

A: 休日は、どのように過ごされましたか。 휴일 어떻게 보냈어요?
B: 大学の友達に会いました。 대학 때의 친구를 만났어요.

그냥 집에 있었습니다.

家にいただけです。
이에니 이따다께데스

가족들을 위해서 채소를 재배하고 있어요.

家族のために、野菜を栽培しています。
카조크노 타메니, 야사이오 사이바이시테 이마스

A: 週末には、主に、何をされていますか。
주말에는 주로 무엇을 하세요?
B: 家族のために、野菜を栽培しています。
가족들을 위해서 채소를 재배하고 있어요.

퇴근후에는 뭐하세요?

退社後には、何をしていますか。
타이샤고니와, 나니오 시테 이마스까

전 특별히 취미가 없습니다.

私は、特別に趣味がありません。
와타시와, 토크베쯔니 슈미가 아리마셍

한가할 때 나는 TV를 봅니다.

暇な時に、私は、テレビを見ます。
히마나 토끼니, 와타시와, 테레비오 미마스

A: 暇な時に、私は、テレビを見ます。 한가할 때 나는 TV를 봅니다.
B: 特にどのような番組がお好きですか。
특별히 어떠한 프로그램을 좋아하십니까?

나는 저녁식사 후에 TV를 봐요.

私は、夕食後にテレビを見ます。
와타시와, 유―쇼크고니 테레비오 미마스

어떤 TV 프로그램을
좋아하세요?

どんなテレビ番組がお好きですか。
돈나 테레비 반그미가 오스키데스까

A: どんなテレビ番組がお好きですか。
어떤 TV 프로그램을 좋아하세요?
B: 私は、大河ドラマが好きです。
저는 대하드라마를 좋아해요.

나는 TV 게임쇼를
좋아합니다.

私は、テレビゲームショーが好きです。
와타시와, 테레비게-므쇼-가 스키데스

어젯밤에 TV 채널
몇 번을 봤어요?

昨夜、テレビは何チャンネルを見ましたか。
사크야, 테레비와 난챤네르오 미마시타까

매우 재미있었어요.

とても面白かったです。
토테모 오모시로캇따데스

한가할 때는
무엇을 하십니까?

暇な時には、何をしていますか。
히마나 토끼니와, 나니오 시테 이마스까

A: 暇な時には、何をしていますか。
한가할 때는 무엇을 하십니까?
B: この頃は、仕事で疲れていますので、暇な時には、
いつも寝ています。
요즘은 일 때문에 피곤해서 한가할 때는 언제나 잡니다.

나는 온천에
자주 갑니다.

私は、温泉によく行きます。
와타시와, 온센니 요크 이키마스

골프에는
전혀 관심이 없습니다.

ゴルフには、全然関心がありません。
고르흐니와, 젠젠 칸신가 아리마셍

나는 골동품을 30년
이상 모으고 있습니다.

私は、骨董品を30年以上、集めています。
와타시와, 콧토-힌오 산쥬-넨이죠-, 아쯔메테 이마스

스포츠를 좋아하세요?

スポーツが好きですか。
스포-츠가 스키데스까

가장 좋아하는 스포츠는 무엇입니까?

一番好きなスポーツは何ですか。
이찌방 스키나 스포-츠와 난데스까

A: 一番好きなスポーツは何ですか。
가장 좋아하는 스포츠는 무엇입니까?

B: 卓球が一番好きです。 탁구를 가장 좋아합니다.

스포츠라면 뭐든지 좋아합니다.

スポーツなら、何でも好きです。
스포-츠나라, 난데모 스키데스

공을 사용하는 스포츠는 모두 좋아합니다.

ボールを使うスポーツは、何でも好きです。
보-르오 쯔카우 스포-츠와, 난데모 스키데스

나는 스포츠에 흥미가 별로 없습니다.

私は、スポーツにあまり興味がありません。
와타시와, 스포-츠니 아마리 쿄-미가 아리마셍

나는 골프를 쳐보지 않았습니다.

私は、ゴルフをやった事がありません。
와타시와, 고르흐오 얏타 코또가 아리마셍

A: ゴルフはいかがですか。 골프는 어떻습니까?
B: 私は、ゴルフをやった事がありません。
나는 골프를 쳐보지 않았습니다.

골프를 10년 넘게 치고 있습니다.

ゴルフを十年以上、やっています。
고르흐오 쥬-넨이죠-, 얏테 이마스

휴일에는 골프를 치러 갑니다.

休日は、ゴルフに行きます。
큐-지쯔와, 고르후니 이키마스

여기는 코스가 좋군요.

ここはコースがいいですね。
코코와 코-스가 이이데스네

야구관람 즐겨하세요?

野球を見るのは、お好きですか。
야큐-오 미르노와, 오스키데스까

A: 野球を見るのは、お好きですか。 야구관람 즐겨하세요?
B: はい、好きです。週末には、時々、
息子と一緒に野球を見に行きます。
네, 좋아해요. 주말에는 때때로 아들과 함께 야구를 보러 가요.

어느 팀을 응원합니까?

どんなチームを応援していますか。
돈나 치-므오 오-엔시테 이마스까

쿄진은 제가
좋아하는 팀이지요.

巨人は、私の好きなチームです。
쿄진와, 와타시노 스키나 치-므데스

다음 시합은
언제 있습니까?

次の試合は、いつ、ありますか。
쯔기노 시아이와, 이쯔, 아리마스까

지난밤 야구경기에서
누가 이겼습니까?

昨夜の野球の試合で、どっちが勝ちましたか。
사크야노 야큐-노 시아이데, 돗찌가 카찌마시타까

지금 TV 에서
야구중계를 하는
것은 없습니까?

今、テレビで、野球中継はやってないのですか。
이마, 테레비데, 야큐-쮸-케-와 얏테 나이노데스까

자이언트의 열렬한
팬입니다.

ジャイアンツの大ファンです。
쟈이안츠노 다이환데스

일주일에 한 번
테니스를 칩니다.

週に一回、テニスをやっています。
슈-니 잇카이, 테니스오 얏테 이마스

A: 運動は、全然、やってないのですか。 운동은 전혀 하지 않습니까?
B: 週に一回、テニスをやっています。 일주일에 한 번 테니스를 칩니다.

운동은 서툽니다.

運動は苦手です。
운도-와 니가테데스

전 영화감상을
좋아해요.

私は、映画鑑賞が好きです。
와타시와, 에-가칸쇼-가 스키데스

A: 私は、映画鑑賞が好きです。　전 영화감상을 좋아해요.
B: 私も映画を見るのが大好きです。
저도 영화보는 것을 아주 좋아해요.

난 영화에는
별 관심이 없습니다.

私は、映画にはそんなに関心がありません。
와타시와, 에-가니와 손나니 칸신가 아리마셍

어떤 종류의 영화를
좋아합니까?

どんな種類の映画がお好きですか。
돈나 슈르이노 에-가가 오스키데스까

내가 좋아하는
장르는 코미디입니다.

私の好きなジャンルは、コメディです。
와타시노 스키나 쟝르와, 코메디데스

전 오랫동안 인기있는
옛 영화를 좋아해요.

私は、長い間、人気のある昔の映画が好きです。
와타시와, 나가이 아이다, 닌키노 아르 므카시노 에이가가 스키데스

프랑스 영화를
좋아합니까?

フランス映画が好きですか。
후란스에-가가 스키데스까

A: フランス映画が好きですか。　프랑스 영화를 좋아합니까?
B: いいえ、フランス映画はあまり好きではありません。
　　私は、香港映画が好きです。
아니요, 프랑스 영화는 그다지 좋아하지 않습니다. 저는 홍콩영화를 좋아합니다.

최근에 영화본 적
있어요?

最近、映画を見た事がありますか。
사이킨, 에-가오 미따 코또가 아리마스까

종종 영화보러
가십니까?

時々、映画を見に行きますか。
토키도끼, 에-가오 미니 이키마스까

제일 좋아하는
배우는 누굽니까?

一番好きな俳優は誰ですか。
이찌방 스키나 하이유-와 다레데스까

지난주에 아주 재미있는
영화를 봤습니다.

先週、すごく面白い映画を見ました。

센슈-, 스고쿠 오모시로이 에-가오 미마시타

저는 음악듣는 걸
좋아합니다.

私は、音楽を聴くのが好きです。

와타시와, 온가쿠오 키크노가 스키데스

어떤 종류의 음악을
좋아하세요?

どんな種類の音楽がお好きですか。

돈나 슈르이노 온가쿠가 오스키데스까

악기를 연주할 수
있습니까?

楽器を演奏できますか。

갓키오 엔소-데키마스까

A: 楽器を演奏できますか。 악기를 연주할 수 있습니까?
B: はい。私は、バイオリンが弾けます。
　　　네, 저는 바이올린을 연주할 수 있습니다.

♠ "바이올린을 연주하다", "피아노를 치다"라고 할 때는 동사 「弾(ひ)く」를 사용한다.

　• 바이올린을 연주하다 : バイオリンを弾(ひ)く
　• 피아노를 치다 : ピアノを弾(ひ)く
　• 샤미센을 연주하다 : 三味線(しゃ み せん)を弾(ひ)く

♠ 三味線(しゃ み せん) : 일본전통악기의 하나

피아노를 치십니까?

ピアノを弾いていますか。

피아노오 히이테 이마스까

피아노가 연주하기에
가장 좋은 악기 같아요.

ピアノが弾くのに一番良い楽器のようです。

피아노가 히크노니 이찌방 요이 갓키노 요우데스

집에 있을 때는
늘 음악을 듣습니다.

家にいる時には、いつも、音楽を聴いています。

이에니 이루토끼니와, 이쯔모, 온가쿠오 키이테 이마스

어릴 적부터 음악을
무척 좋아했습니다.

幼い時から、音楽が大好きでした。

오사나이 토끼까라, 온가쿠가 다이스키데시타

타나까씨의 음악은
모두 다 좋아합니다.

田中さんの音楽は、全部大好きです。

타나까상노 온가쿠와, 젠부 다이스키데스

스포츠 （スポーツ）

야구	**野球**(や きゅう) 야큐–
축구	**サッカー** 삿카–
농구	**バスケットボール** 바스켓토보–르
배구	**バレーボール** 바레–보–르
테니스	**テニス** 테니스
배드민턴	**バドミントン** 바도민톤
골프	**ゴルフ** 고르흐
볼링	**ボーリング** 보–링그
권투	**ボクシング** 보크싱그
스키	**スキー** 스키–
탁구	**卓球**(たっ きゅう) 탓큐–
당구	**ビリヤード** 비리야–도
레슬링	**レスリング** 레스링그
스케이트	**スケート** 스케–토
수영	**水泳**(すい えい) 스이에–
검도	**剣道**(けん どう) 켄도–
낚시	**釣**(つ)**り** 쯔리
마라톤	**マラソン** 마라손

영화감상	映画鑑賞(えい が かん しょう)	에-가칸쇼-
독서	読書(どく しょ)	도크쇼
우표수집	切手収集(きって しゅう しゅう)	킷테슈-슈-
요리	料理(りょう り)	료-리
음악감상	音楽鑑賞(おん がく かん しょう)	온가크칸쇼-
피아노 연주	ピアノ演奏(えん そう)	피아노엔소-
바이올린 연주	バイオリン演奏(えん そう)	바이오린엔소-
노래부르기	歌(うた)を歌(うた)う	우타오 우타우
조깅	ジョギング	죠깅그
산책	散歩(さん ぽ)	산뽀
달리기	走(はし)る	하시르
드라이브	ドライブ	도라이브
자전거타기	自転車(じ てん しゃ)に乗(の)る	지텐샤니 노르
하이킹	ハイキング	하이킹그
등산	登山(と ざん)	토잔
채팅	チャット	챳토
컴퓨터게임	パソコンゲーム	파소콘게-므

저는 아주 건강해요.

私は、とても元気です。
와타시와, 토테모 겡키데스

A: 私は、とても元気です。 저는 아주 건강해요.

B: それは、良かった。 그건 잘됐군요.

나는 건강에 자신이 있습니다.

私は、健康に自信があります。
와타시와, 켄코-니 지신가 아리마스

오늘 기분은 어떠십니까?

今日、ご気分はいかがですか。
쿄-, 고키븐와 이카가데스까

A: 今日、ご気分はいかがですか。
오늘 기분은 어떠십니까?

B: とてもいいです。
아주 좋습니다.

기분이 어때?

気分はどう。
키븐와 도-

좀 쉴래요?

ちょっと休みますか。
쫏토 야스미마스까

오늘은 몸이 좋지 않아요.

今日は、体の調子がよくないです。
쿄-와, 카라다노 쬬-시가 요쿠 나이데스

일찍 집에 가서 쉬고 싶어.

早く家に帰って、休みたい。
하야쿠 이에니 카엣테, 야스미타이

피곤해 보이는데 무슨 일 있으세요?

疲れているようですが、何かありましたか。
쯔카레테 이르요-데스가, 나니까 아리마시타까

A: 疲れているようですが、何かありましたか。
피곤해 보이는데 무슨 일 있으세요?

B: はい、風邪気味です。
네, 감기증상이 있어요.

어제보다는 훨씬 컨디션이 좋아요.	昨日よりは、はるかに体の調子がいいです。 키노-요리와, 하르카니 카라다노 쬬-시가 이이데스 A: 昨日よりは、はるかに体の調子がいいです。 　어제보다는 훨씬 컨디션이 좋아요. B: それは、良かったですね。 그건 잘됐군요.
곧 좋아질거예요.	すぐ、よくなるでしょう。 스그, 요크나르데쇼-
어디 아프니?	どこか悪いの。 도꼬까 와르이노
몸이 나른하고 한기가 듭니다.	体がだるく、寒気がするのです。 카라다가 다르크, 사므케가 스르노데스 A: 体がだるく、寒気がするのです。 　몸이 나른하고 한기가 듭니다 B: 早く家に帰って、休んだ方がいいですね。 　빨리 집에 가서 쉬는 게 좋겠어요.
감기군요.	風邪ですね。 카제데스네
집에 가서 자는 것이 좋겠어요.	家に帰って寝た方がいいですよ。 이에니 카엣테 네타 호-가 이이데스요
일을 쉬는 것이 좋겠어요.	仕事を休んだ方がいいと思います。 시고또오 야슨다호-가 이이또 오모이마스
맛있는 것을 많이 먹고 좀 쉬는 것이 좋겠습니다.	おいしい物をたくさん食べ、ゆっくり休んだ方がいいです。 오이시이 모노오 탁상 타베, 윳크리 야슨다 호-가 이이데스
건강 소중히 하세요.	お大事に。 오다이지니

소화불량 증상이 있는 것 같아요.

消化不良の症状があるようです。
しょうか ふりょう しょうじょう

쇼-카후료-노 쇼-죠-가 아르요-데스

감기 기운이 있어요.

風邪気味です。
かぜ ぎみ

카제기미데스

당신한테 감기가 옮은 것 같아요.

あなたから風邪を移されたようです。
かぜ うつ

아나타까라 카제오 우쯔사레타 요-데스

이번 감기는 잘 떨어지지 않아요.

今回の風邪は、なかなか治らないのです。
こんかい かぜ なお

콘카이노 카제와, 나까나까 나오라나이노데스

당신은 좀 쉬어야 해요.

あなたは、ちょっと、休んだ方がいいですよ。
やす ほう

아나타와, 쫏토, 야슨다 호-가 이이데스요

좀 누워있는게 어때요?

ちょっと横になったらどうですか。
よこ

쫏토 요코니 낫따라 도-데스까

♠ 「横(よこ)になる」는 "눕다"라는 뜻이다.

몸을 따뜻하게 해요.

お体を温めて下さい。
からだ あたた くだ

오카라다오 아타타메테 크다사이

약은 먹었어요?

薬は飲みましたか。
くすり の

크스리와 노미마시타까

♠ "약을 먹다"라고 할 때는 「飲(の)む 마시다」라는 동사를 사용해서 「薬(くすり)を飲(の)む」라고 한다.

약을 먹으세요.

薬を飲んで下さい。
くすり の くだ

크스리오 논데 크다사이

의사한테 가 봤나요?

お医者さんに見てもらいましたか。
いしゃ み

오이샤상니 미테 모라이마시타까

병원에 가 봐요.

病院に行って見て下さい。
びょういん い み くだ

뵤-인니 잇테 미테 크다사이

제가 아무래도 무리를
하고 있는 것 같아요.

私がどうも無理をしているようです。
와타시가 도-모 므리오 시테이르요-데스

저를 병원에
데려다 주세요.

私を病院に連れて行って下さい。
와타시오 뵤-인니 쯔레테 잇테 크다사이

한기가 듭니다.

寒気がします。
사므케가 시마스

♠ "한기가 들다"라고 할 때는 「寒気(さむ け)がする」라고 표현한다.

감기약을 먹었지만
전혀 효과가 없습니다.

風邪薬を飲んだのですが、全然、効きません。
가제그스리오 논다노데스가, 젠젠, 키키마셍

♠ 「効(き)く」는 "(약(薬)등이) 효과가 있다"라고 할 때 사용되는 동사이다.

콧물이 나옵니다.

鼻水が出ます。
하나미즈가 데마스

이 근처에
병원이 있습니까?

この近くに病院がありますか。
코노 찌카크니 뵤-인가 아리마스까

모토즈씨는 감기에
걸려 누워있어요.

本図さんは、風邪で寝込んでいます。
모토즈상와, 카제데 네콘데 이마스

기침이 멈추지
않습니다.

咳が止まりません。
세키가 토마리마셍

더 이상 악화되지
않았으면 좋겠습니다만.

これ以上、悪くならないといいのですけど。
코레이죠-, 와르크나라나이또 이이노데스케도

현기증이 납니다.

目まいがします。
메마이가 시마스

♠ "현기증이 나다"는 「目(め)まいがする」라고 표현한다.

참 건강하시네요.	本当にお元気ですね。 혼토-니 오겡키데스네
어떻게 그렇게 건강하세요?	どうして、そんなに、お元気なのですか。 도-시테, 손나니, 오겡키나노데스까
운동 자주 하십니까?	しょっちゅう運動をしていますか。 숫쮸- 운도-오 시테 이마스까
운동을 거의 하지 않습니다.	ほとんど、運動をしていません。 호톤도, 운도-오 시테 이마셍
몸무게 줄여야겠어요.	体重を減らそうと思っています。 타이쥬-오 헤라소-또 오못테 이마스
저는 다이어트를 계속하고 운동을 많이 해요.	私は、続けて、ダイエットをし、たくさん、運動をしています。 와타시와, 쯔즈케테, 다이엣토오 시, 타크상, 운도-오 시테 이마스
운동은 스트레스를 줄여 줄 수 있습니다.	運動で、ストレスを減らす事ができます。 운도-데, 스토레스오 헤라스 코또가 데키마스
나는 매일 조깅을 해요.	私は、毎日、ジョギングをしています。 와타시와, 마이니찌, 죠깅그오 시테 이마스
건강의 비결은 무엇입니까?	健康の秘訣は、何ですか。 켕코-노 히케쯔와, 난데스까
스트레스를 받는다고 생각되면 저는 운동을 해요.	ストレスを受けていると思ったら、私は、運動をします。 스토레스오 우케테 이르또 오못따라, 와타시와, 운도-오 시마스
저는 걷기가 우리 건강에 좋다고 생각해요.	私は歩くのが、健康にいいと思っています。 와타시와 아르크노가, 켕코-니 이이또 오못테 이마스

운동한 지
10년정도 됐어요.

運動してから10年くらいになります。
운도-시테까라 쥬-넨크라이니 나리마스

운동은 내 생활의
일부가 되었어요.

運動は、私の生活の一部になっています。
운도-와, 와타시노 세이카쯔노 이찌브니 낫테 이마스

요즘 운동부족입니다.

この頃、運動不足です。
코노고로, 운도-브소크데스

술을 줄이려고
노력하는 중입니다.

酒を減らそうと、心がけている所です。
사케오 헤라소우또, 코코로가케테 이르 토코로데스

지금 다이어트중이야.

今、ダイエット中です。
이마, 다이엣토쮸-데스

저는 기운이 없어요.

私は、元気がありません。
와타시와, 겡키가 아리마셍

괜찮습니다.
걱정하지 마세요.

大丈夫です。ご心配なく。
다이죠-브데스. 고심빠이나크

어디 안 좋으세요?

どこか悪いのですか。
도꼬까 와르이노데스까

기분이 안 좋습니다.

気分が悪いのです。
키븐가 와르이노데스

요즘 빈혈 증상이
있습니다.

この頃、貧血気味です。
코노고로, 힌케쯔기미데스

비만이 원인인 것
같아.

肥満が原因のようだよ。
히만가 겐인노 요-다요

체력을 단련해야 해.

体力をつけないといけない。
타이료크오 쯔케나이또 이케나이

기침	咳(せき) 세키
재채기	くしゃみ 크샤미
열	熱(ねつ) 네쯔
한기	寒気(さむけ) 사므케
두통	頭痛(ずつう) 즈쯔―
치통	歯痛(しつう) 시쯔―
위통	胃痛(いつう) 이쯔―
현기증	目(め)まい 메마이
감기	風邪(かぜ) 카제
소화불량	消化不良(しょうかふりょう) 쇼―카후료―
설사	下痢(げり) 게리
변비	便秘(べんび) 벤삐
배멀미	船酔(ふなよ)い 후나요이
비행기멀미	飛行機酔(ひこうきよ)い 히코―키요이
출혈	出血(しゅっけつ) 슛케쯔
타박상	打撲傷(だぼくしょう) 다보크쇼―
화상	火傷(やけど) 야케도
골절	骨折(こっせつ) 콧세쯔
종기	腫瘍(しゅよう) 슈요―
경련, 쥐가 나다	しびれる 시비레르

施設の利用

시설이용

좋은 치과의사를 알고 있습니까?

は いしゃ し
いい歯医者さんを知っていますか。

이이 하이샤상오 싯테 이마스까

♠ 치과의사 : 歯医者(は い しゃ)

치과의사를 추천해 주시겠어요?

は いしゃ すい せん いただ
歯医者さんを推薦して頂けますか。

하이샤상오 스이센시테 이타다케마스까

예약이 필요합니까?

よ やく ひつよう
予約が必要ですか。

요야크가 히쯔요-데스까

よ やく ひつよう
A: 予約が必要ですか。 예약이 필요합니까?

よ やく い
B: いいえ。 予約は要りません。 아니요, 예약은 필요없습니다.

한국어를 할 수 있는 의사분은 계신가요?

かんこくご いしゃ
韓国語のできるお医者さんはいらっしゃいますか。

캉코크고노 데키르 오이샤상와 이랏샤이마스까

かんこく ご いしゃ
A: 韓国語のできるお医者さんはいらっしゃいますか。

한국어를 할 수 있는 의사분은 계신가요?

かんこく ご いしゃ ふたり
B: はい。 韓国語のできる医者は二人います。

네. 한국어를 할 수 있는 의사가 두 명 있어요.

타나까 선생님에게 진찰예약을 하고 싶습니다.

た なかせんせい しんさつ よやく ねが
田中先生に診察の予約をお願いします。

타나까 센세이니 신사쯔노 요야크오 오네가이시마스

어디가 아프신가요?

いた
どこが痛いのですか。

도꼬가 이타이노데스까

いた
A: どこが痛いのですか。 어디가 아프신가요?

かぜ ぎみ のど いた
B: 風邪気味で、喉が痛いです。 감기 기운으로 목이 아파요.

전에 오신 적이 있습니까?

いぜん こと
以前、いらっしゃった事がありますか。

이젠, 이랏샷따 코또가 아리마스까

이번이 처음입니다.

こんかい はじ
今回が初めてです。

콘카이가 하지메테데스

♠ 初(はじ)めて : 처음

얼마나 정도 기다리면
만날 수 있을까요?

どのくらい待てばお会いできますか。

도노크라이 마테바 오아이데키마스까

♠ どのくらい : 얼마나

가능하면 빨리
진찰을 받고 싶어요.

できましたら、早めに診察をお願いします。

데키마시타라, 하야메니 신사쯔오 오네가이시마스

오늘 오후에 그 분이
시간이 되시나요?

今日の午後、その方は、時間が空いていますか。

쿄-노 고고, 소노 카타와, 지칸가 아이테 이마스까

A: 今日の午後、その方は、時間が空いていますか。

오늘 오후에 그 분이 시간이 되시나요?

B: すみませんが、今日の午後は、山本先生は、
予約でいっぱいで、時間が取れません。

미안합니다만, 오늘 오후는 야마모또선생님은 예약이 꽉 차 있어 시간을 낼 수 없어요.

그보다 더 빨리는
안 될까요?

それより、もっと早くはできないでしょうか。

소레요리, 못또 하야크와 데키나이데쇼-까

A: 明後日でないと、予約はできません。

모레가 아니면, 예약은 할 수 없어요.

B: それより、もっと早くはできないでしょうか。

그보다 더 빨리는 안 될까요?

죄송합니다만,
예약이 다 되어
있습니다.

すみませんが、予約でいっぱいです。

스미마셍가, 요야크데 잇빠이데스

♠ "예약으로 꽉 차 있습니다"라고 할 때는「予約(よ やく)でいっぱいです」라는 표현을 사용한다.

내일 오후라면
가능합니다.

明日の午後なら、可能です。

아시타노 고고나라, 카노-데스

그때 들르시겠습니까?

その際に、寄って頂けますか。

소노 사이니, 욧테 이타다케마스까

♠「寄(よ)る」는 "들르다"라는 뜻이다.

진찰을 받고 싶습니다.

しんさつ う
診察を受けたいのです。
신사쯔오 우케타이노데스

♠ 診察(しん さつ)を受(う)ける: 진찰을 받다

의사 선생님은
지금 계신가요?

いま い しゃ
今、お医者さんは、いらっしゃいますか。
이마, 오이샤상와 이랏샤이마스까

いま い しゃ
A: 今、お医者さんは、いらっしゃいますか。
　　의사 선생님은 지금 계신가요?

がいしゅつ
B: いいえ。ちょっと外出しております。　아니요, 잠시 외출했습니다.

예약 하셨습니까?

よ やく
予約していますか。
요야크시테 이마스까

よ やく
A: 予約していますか。　예약 하셨습니까?

よ やく
B: いいえ。予約はしていません。　아니요, 예약은 하지 않았어요.

이찌카와 선생님과
예약을 하셨습니까?

いちかわせんせい よ やく
市川先生と予約をしていますか。
이찌카와 센세이또 요야코오 시테 이마스까

타나까 선생님과
2시에 만나기로
되어 있습니다.

に じ た なかせんせい あ こと
二時に田中先生と会う事になっています。
니지니 타나까 센세이또 아우 코토니 낫테 이마스

に じ た なかせんせい あ こと
A: 二時に田中先生と会う事になっています。
　　타나까 선생님과 2시에 만나기로 되어 있습니다.

せんせい いま しんさつちゅう しょうしょう ま くだ
B: 先生は、今、診察中ですので、少々お待ち下さい。
　　선생님은 지금 진찰중이니까 잠시 기다려 주십시오.

이름을
알려주시겠습니까?

なまえ おし いただ
お名前を教えて頂けますか。
오나마에오 오시에테 이타다케마스까

なまえ おし いただ
A: お名前を教えて頂けますか。
　　이름을 알려주시겠습니까?

はまだ もう
B: 濱田と申します。　하마다라고 합니다.

주소는 어느쪽이죠?

じゅうしょ
ご住所はどちらですか。
고쥬ー쇼와 도찌라데스까

예약이 되어있지는 않은데요, 급합니다.

よやく　　　　　　　　　　　　　　　いそ
予約はしてないのですが、ちょっと、急いでいます。
요야크와 시테 나이노데스가, 쫏또 이소이데 이마스

몇 장인가 용지에 기입을 부탁드립니다.

なんまい　　ようし　　　きにゅう　　ねが
何枚かの用紙に、記入をお願いします。
난마이까노 요-시니, 키뉴-오 오네가이시마스

의사선생님을 만나려면 얼마나 기다려야 할까요?

せんせい　あ　　　　　　　　　　　　　ま
先生に会うためには、どのくらい待てば、よろしいでしょうか。
센세이니 아우타메니와, 도노크라이 마테바, 요로시이데쇼-까

♠ "~을 만나다"라고 할 때는 「~に会(あ)う」라고 표현한다.
조사 「を」가 아니라 「に」를 사용한다는 데 주의하자.

저를 제일 먼저 봐 주시겠어요?

いちばんさき　み　　いただ
一番先に診て頂けますか。
이찌방 사키니 미테 이타다케마스까

　　いちばんさき　み　　いただ
A: 一番先に診て頂けますか。
　　　저를 제일 먼저 봐 주시겠어요?
　　さき　き　　　　　かんじゃ
B: 先に来ている患者さんがいらっしゃいますので、それは、
　　　　　　　　　　むり
ちょっと無理です。
　　　먼저 와 있는 환자가 있어 그것은 좀 무리예요.

제 딸을 의사선생님께 보이고 싶어요.

わたしむすめ　せんせい　み　　いただ
私の娘を先生に診て頂きたいのです。
와타시노 무스메오 센세이니 미테 이타다키타이노데스

보험증은 있습니까?

ほけんしょう
保険証はありますか。
호켄쇼-와 아리마스까

　　ほけんしょう
A: 保険証はありますか。
　　　보험증은 있습니까?
　　　　　　　　　　も　　き
B: すみません。持って来ていません。
　　　죄송합니다. 가지고 오지 않았습니다.

♠ 保険証(ほ けん しょう) : 보험증

오늘이 처음입니까?

きょう　　はじ
今日が初めてですか。
쿄-가 하지메테데스까

치통이 있습니다.

は　　いた
歯が痛みます。
하가 이타미마스

이가 몹시 아픕니다.

は　　　　　いた
歯がとても痛いのです。
하가 토테모 이타이노데스

　わる
A: どこが悪いのですか。
어디가 안 좋습니까?

は　　　　　いた
B: 歯がとても痛いのです。
이가 몹시 아픕니다.

잇몸에서 피가 납니다.

は　ぐき　　　ち　　で
歯茎から血が出ています。
하그키까라 찌가 데테 이마스

♠ 歯茎(は ぐき): 잇몸
♠ 血(ち)が出(で)ている: 피가 나다

통증이 있나요?

いた
痛みがありますか。
이타미가 아리마스까

いた
A: 痛みがありますか。
통증이 있나요?

はげ　　いた
B: はい。激しい痛みがあります。
네, 심한 통증이 있어요.

지난주부터 아파서
처음엔 진통제를
복용했어요.

せんしゅう　　いた　　　　さいしょ　　　ちんつうざい　　の
先週から痛くて、最初は、鎮痛剤を飲んでいました。
센슈–까라 이타크테, 사이쇼와, 진쯔–자이오 논데 이마시타

식사할 때 이가
아픕니다.

しょく じ　　とき　　は　　いた
食事の時に、歯が痛いのです。
쇼크지노 토끼니, 하가 이타이노데스

しょくじ　　とき　　　は　　いた
A: 食事の時に、歯が痛いのです。
식사할 때 이가 아픕니다.

しょく じ　いがい
B: 食事以外はいかがですか。
식사이외에는 어떠세요?

볼이 부어 밤에
잠도 이루지 못합니다.

ほお　　は　　　　　よる　　ねむ
頬が腫れて、夜も眠れません。
호오가 하레테, 요르모 네므레마셍

♠ 頬(ほお)が腫(は)れる: 볼이 붓다

입을 크게 벌리세요.

口を大きく開けて下さい。
크찌오 오오키크 아케테 크다사이

뽑아버려야 될 것 같습니다.

抜かなければなりませんね。
느카나케레바 나리마셍네

A: 抜かなければなりませんね。
뽑아버려야 될 것 같습니다.

B: 歯を抜く時は痛いですか。
이를 뽑을 때는 아픈가요?

♠ 「歯(は)を抜(ぬ)く」는 "이를 뽑다"라는 뜻이다.

통증을 없애 주세요.

痛みをなくして下さい。
이타미오 나크시테 크다사이

A: 痛みをなくして下さい。
통증을 없애 주세요.

B: 完全に痛みをなくすのは、ちょっと無理かもしれません。
완전히 통증을 없애는 것은 무리일지도 모릅니다.

이를 규칙적으로 닦으세요.

規則正しく歯を磨いて下さい。
키소크 타다시크 하오 미가이테 크다사이

A: 歯を磨かない時もあるのですが。
이를 닦지 않을 때도 있습니다만.

B: 規則正しく歯を磨いて下さい。
이를 규칙적으로 닦으세요.

적어도 하루에 두 번은 이를 닦아야 합니다.

少なくとも、一日に二回は、歯を磨かなければなりません。
스크나크토모, 이찌니찌니 니카이와, 하오 미가카나케레바 나리마셍

A: 少なくとも、一日に二回は、歯を磨かなければなりません。
적어도 하루에 두 번은 이를 닦아야 합니다.

B: 分かりました。少なくとも一日に二回は歯を磨くよう、心がけます。
알겠습니다. 적어도 하루에 2번은 이를 닦도록 유념하겠습니다.

♠ 「心(こころ)がける」는 "유념하다, 신경써다"라는 뜻이다.
♠ 歯(は)を磨(みが)く : 이를 닦다

당신의 시력은 어느 정도입니까?	あなたの視力はどれくらいですか。 아나타노 시료크와 도레크라이데스까
저는 시력이 좀 나빠요.	私は、視力が少し悪い。 와타시와, 시료크가 스코시 와르이 ♠ 視力(し りょく): 시력
저는 근시입니다.	私は、近視です。 와타시와, 킨시데스 ♠ 近視(きん し): 근시 ♠ 遠視(えん し): 원시 ♠ 乱視(らん し): 난시
저는 원시입니다.	私は、遠視です。 와타시와, 엔시데스
저는 난시예요.	私は、乱視です。 와타시와, 란시데스
시력이 떨어지는 것만 같아요.	視力が衰えているようです。 시료크가 오토로에테 이르 요-데스
시력검사를 하러 왔습니다.	視力検査のために、来ました。 시료크켄사노 타메니, 키마시타
마지막으로 시력검사를 받은게 언제입니까?	最後に、視力検査を受けたのは、いつですか。 사이고니, 시료크켄사오 우케타노와 이쯔데스까 A: 最後に、視力検査を受けたのは、いつですか。 마지막으로 시력검사를 받은게 언제입니까? B: 一昨年の五月です。 재작년 5월입니다.
시력검사표를 보세요.	視力検査表を見て下さい。 시료크켄사효-오 미테 크다사이

네번째 줄은
읽으실 수 있습니까?

四番目の行は読めますか。
욘반메노 교-와 요메마스까

오른쪽 눈에
다래끼가 났습니다.

右の目に、ものもらいができました。
미기노 메니, 모노모라이가 데키마시타

♠ ものもらい : 다래끼

눈이 쓰라리고 아파요.

目がチクチクし、痛いです。
메가 치크치크시, 이타이데스

눈이 가렵습니다.

目がかゆいです。
메가 카유이데스

눈이 침침하고
안보이는데요.

目がかすんで、よく見えません。
메가 카슨데, 요쿠 미에마셍

♠ "눈이 침침하다"라고 할 때는 「目(め)がかすむ」라고 할 수 있다.

눈에 염증이 생겼어요.

目が炎症しています。
메가 엔쇼-시테 이마스

왼쪽 눈이 따끔거려요.

左目がチクチクします。
히다리메가 치크치크 시마스

눈 상태가 좀 이상한 것
같습니다만.

目の具合が少しおかしいのですが。
메노 그아이가 스코시 오카시이노데스가

A: 目の具合が少しおかしいのですが。 눈 상태가 좀 이상한 것 같습니다만.

B: どのようにですか。 어떻게 말입니까?

A: 目がとてもかゆいのです。 눈이 매우 가렵습니다.

눈곱이 낍니다.

目脂がたまります。
메야니가 타마리마스

♠ めやに: 눈곱

온 몸이 욱신욱신 쑤셔요.

全身がずきずき痛みます。

젠신가 즈키즈키 이타미마스

목이 아파요.

首が痛い。

크비가 이타아

배가 아픕니다.

お腹が痛いです。

오나까가 아타이데스

♠ お腹(なか)が痛(いた)い : 배가 아프다

설사가 납니다.

下痢をしています。

게리오 시테 이마스

♠ "설사를 하다"라고 할 때는 「下痢(げり)をする」라고 한다.

몸살이 났어요.

全身が痛いです。

젠신가 이타이데스

♠ 우리말의 "몸살이 나다"라고 할 때는 「全身(ぜんしん)が痛(いた)い」라고 표현할 수 있다.

현기증이 납니다.

目まいがします。

메마이가 시마스

♠ 目(め)まいがする : 현기증이 나다

한기가 납니다.

寒気がします。

사므케가 시마스

♠ 寒気(さむけ)がする : 한기가 나다

열이 있고 기침이 납니다.

熱があって、咳が出ます。

네쯔가 앗테, 세키가 데마스

머리가 심하게 아파요.

頭がとても痛い。

아타마가 토테모 이타이

체온을 재 보겠습니다.

体温を測って見ます。

타이온오 하캇테 미마스

♠ 「体温(たいおん)を測(はか)る」 "체온을 재다"라는 뜻이다.

진찰하겠습니다.

しんさつ
診察します。
신사쯔시마스

웃옷을 벗으세요.

うわぎ　ぬ　　くだ
上着を脱いで下さい。
우와기오 느이데 크다사이

셔츠 좀 걷어
올려 보실래요?

あ　　　くだ
ちょっとシャツを上げて下さい。
쫏 토 샤츠오 아게테 크다사이

여기를 만지면
아프십니까?

さわ　　　いた
ここを触ると痛いのですか。
코코오 사와르또 이타이노데스까

さわ　　　いた
A: ここを触ると痛いのですか。
여기를 만지면 아프십니까?

いた
B: はい。とても痛いです。
네, 매우 아픕니다.

몇 가지 검사를
해봐야겠는데요.

けん さ
いくつか検査をしなければなりません。
이크쯔까 켄사오 시나케레바 나리마셍

기본적인 검사입니다.

き ほんてき　けん さ
基本的な検査です。
키혼테키나 켄사데스

엑스레이 촬영과
혈액검사입니다.

さつえい　　　けつえきけん さ
レントゲン撮影と血液検査です。
렌토겐사쯔에이또 케쯔에키켄사데스

입원해야 합니까?

にゅういん
入院しなければならないのですか。
뉴-인시나케레바나라나이노데스까

증상이 심각한가요?

しょうじょう　　しんこく
症状が深刻ですか。
쇼-죠-가 신코크데스까

기분이 안 좋고
토할 것 같습니다..

き ぶん　　わる　　　　は
気分が悪くて、吐きそうです。
키분가 와르크테, 하키소-데스

요리를 하다가
손을 대었습니다.

りょうり　とき　て　やけど
料理の時、手に火傷をしました。
료-리노 토끼, 테니 야케도오 시마시타

♠ "화상을 입다"라고 할 때는 「火傷(やけど)をする」라고 한다.

축구를 하다가
발목을 삔 것 같아요.

とき　あしくび
サッカーの時に、足首をくじきました。
삿카-노 토끼니, 아시크비오 크지키마시타

♠ 足首(あし くび)をくじく : 발목을 삐다

응급조치가 필요합니다.

おうきゅう て あて　ひつよう
応急手当が必要です。
오-큐-테아테가 히쯔요-데스

다리가 부어올랐습니다.

あし　は　き
足が腫れて来ました。
아시가 하레테 키마시타

유리에 베어 출혈이
멈추지 않습니다.

き　しゅっけつ　と
ガラスで切って、出血が止まりません。
가라스데 킷테, 슛케쯔가 토마리마셍

き　しゅっけつ　と
A: ガラスで切って、出血が止まりません。
　　유리에 베어 출혈이 멈추지 않습니다.
うご　くだ
B: ちょっと動かないで下さい。 움직이지 마세요.

전신에 멍이
들었습니다.

ぜんしん
全身にあざができました。
젠신니 아자가 데키마시타

여기가 아픕니다.

いた
ここが痛いです。
코코가 이타이데스

이렇게 하면 아픕니까?

いた
このようにしたら痛いですか。
코노요-니시타라 이타이데스까

いた
A: このようにしたら痛いですか。 이렇게 하면 아픕니까?
ぜんぜんいた
B: いいえ。全然痛くありません。 아니요, 전혀 아프지 않습니다.

증상은 어떻습니까?

しょうじょう
症状はいかがですか。
쇼-죠-와 이카가데스까

낫는 데
얼마나 걸릴까요?

治るのに、どのくらいかかりますか。
나오르노니, 도노크라이 카카리마스까

A: 治るのに、どのくらいかかりますか。 낫는 데 얼마나 걸릴까요?
B: 一ヶ月ぐらいかかると思います。 1개월 정도 걸릴 거예요.

감염될 염려가 있나요?

感染の恐れがありますか。
칸센노 오소레가 아리마스까

주사 놓겠습니다.

注射を打ちます。
쮸-샤오 우찌마스

♠ "주사를 놓다"라고 할 때는 「注射(ちゅう しゃ)を打(う)つ」라고 한다.

진통제를
처방해 드릴까요?

鎮痛剤を処方しましょうか。
진쯔-자이오 쇼호-시마쇼-까

♠ 鎮痛剤(ちん つう ざい) : 진통제

흉터가 남을까요?

傷跡が残りますか。
키즈아토가 노코리마스까

A: 傷跡が残りますか。 흉터가 남을까요?
B: はい。残念ですが、傷跡が残りそうです。
예, 유감이지만 흉터가 남을 것 같습니다.

깁스를 해야겠습니다.

ギブスをします。
기브스오 시마스

♠ ギブス : 깁스

발이 가끔 마비됩니다.

足が、たまに麻痺するのです。
아시가, 타마니 마히스루노데스

팔이 부러졌습니다.

腕の骨が折れました。
우데노 호네가 오레마시타

상처는 소독했습니까?

傷口は消毒しましたか。
키즈그찌와 쇼-도크시마시타까

♠ "상처"는 「傷口(きず ぐち)」라고 한다.

심장병	**心臓病**(しん ぞう びょう)	신조-뵤-
당뇨병	**糖尿病**(とう にょう びょう)	토-뇨-뵤-
암	**癌**(がん)	간
폐렴	**肺炎**(はい えん)	하이엔
홍역	**はしか**	하시카
수두	**水痘**(すい とう)	스이토-
천식	**喘息**(ぜん そく)	젠소크
무좀	**水虫**(みず むし)	미즈므시
여드름	**にきび**	니키비
불면증	**不眠症**(ふ みん しょう)	흐민쇼-
전염병	**伝染病**(でん せん びょう)	덴센뵤-
광견병	**狂犬病**(きょう けん びょう)	코-켄-뵤-
영양실조	**栄養失調**(えい よう しっ ちょう)	에-요-싯쪼-
의사	**医者**(い しゃ)	이샤
간호사	**看護師**(かん ご し)	칸고시
병원	**病院**(びょう いん)	뵤-인
소규모 의료기관	**クリニック**	크리닛크

종합병원	綜合病院(そう ごう びょう いん) 소-고-뵤-인
진료소	診療所(しん りょう じょ) 신료-죠
구급병원	救急病院(きゅう きゅう びょう いん) 큐-큐-뵤-인
구급차	救急車(きゅう きゅう しゃ) 큐-큐-샤
응급치료	応急手当(おう きゅう て あて) 오-큐-테아테
약제사	薬剤師(やく ざい し) 야크자이시
전문의	専門医(せん もん い) 센몬이
피부과	皮膚科(ひ ふ か) 히흐카
이비인후과	耳鼻咽喉科(じ び いん こう か) 지비인코-카
부인과	婦人科(ふ じん か) 흐진카
안과	眼科(がん か) 간카
정형외과	整形外科(せい けい げ か) 세-케-게카
소아과	小児科(しょう に か) 쇼-니카
정신과	精神科(せい しん か) 세-신카
외과	外科(げ か) 게카
내과	内科(ない か) 나이카
치과	歯科(し か) 시카

페니실린 있습니까?

ペニシリンはありますか。
페니시린와 아리마스까

처방전을 써
주시겠어요?

処方箋を書いて頂けますか。
쇼호-센오 카이테 이타다케마스까

♠ 処方箋(しょ ほう せん) : 처방전

이 약은 처방전이
있어야 하나요?

この薬は、処方箋が要りますか。
코노 크스리와, 쇼호-센가 이리마스까

A: この薬は、処方箋が要りますか。
이 약은 처방전이 있어야 하나요?

B: いいえ、その薬は、処方箋は要りません。
아니요, 그 약은 처방전은 필요없어요.

그것들은 처방전을
요하는 의약품입니다.

それらは、処方箋を必要とする医薬品です。
소레라와, 쇼호-센오 히쯔요-또 스루 이야크힌데스

처방전이 없는데요.

処方箋はありません。
쇼호-센와 아리마셍

A: 処方箋を見せて頂けますか。
처방전을 보여 주시겠어요?

B: 処方箋はありません。
처방전이 없어요.

그런 항생제는 처방전
없이 팔 수 없습니다.

そのような抗生剤は、処方箋なしでは、売れません。
소노요-나 코-세이자이와, 쇼호-센나시데와, 우레마셍

♠ 抗生剤(こう せい ざい) : 항생제

처방전 없이는 이
약은 살 수 없습니다.

処方箋なしでは、この薬は買えません。
쇼호-센나시데와, 코노 크스리와 카에마셍

A: 処方箋なしでは、この薬は買えません。
처방전 없이는 이 약은 살 수 없습니다.

B: 処方箋なしで、買える薬はありませんか。
처방전 없이 살 수 있는 약은 없습니까?

처방전 없이 살 수
있는 약은,
2번 통로에 있습니다.

しょほうせん か くすり にばんつうろ
処方箋なしで、買える薬は、二番通路にあります。
쇼호-센나시데, 카에르 크스리와, 니반쯔-로니 아리마스

A: 処方箋なしで、買える薬は、二番通路にあります。
처방전 없이 살 수 있는 약은 2번 통로에 있습니다.

B: ありがとうございます。
고맙습니다.

약사에게 이 처방전을
보여 주십시오.

やくざいし しょほうせん み くだ
薬剤師にこの処方箋を見せて下さい。
야크자이시니 코노 쇼호-센오 미세테 크다사이

이것이 처방전입니다.

しょほうせん
これが処方箋です。
코레가 쇼호-센데스

A: これが処方箋です。
이것이 처방전입니다.

B: ちょっと見せてください。
잠시 보여 주세요.

이 처방전대로
약을 지어 주세요.

しょほうせん とお くすり ちょうざい くだ
この処方箋の通りに、薬を調剤して下さい。
코노 쇼호-센노 토오리니, 크스리오 쬬-자이시테 크다사이

약을 조제하는데
얼마나 걸릴까요?

くすり ちょうざい か
薬を調剤するのに、どのくらい掛かりますか。
크스리오 쬬-자이스르노니, 도노크라이 카카리마스까

A: 薬を調剤するのに、どのくらい掛かりますか。
약을 조제하는데 얼마나 걸릴까요?

B: すぐできます。少々お待ち下さい。
바로 됩니다. 잠시 기다리세요.

처방전은 다 되었나요?

しょほうせん
処方箋はできましたか。
쇼호-센와 데키마시타까

이것이 병원의
처방전입니다.

びょういん しょほうせん
これが病院の処方箋です。
코레가 뵤-인노 쇼호-센데스

♠ 処方箋(しょ ほう せん)を書(か)く : 처방전을 쓰다

진통제를 주세요.	**鎮痛剤を下さい。** （ちんつうざい くだ） 찐쯔-자이오 크다사이
두통약 있습니까?	**頭痛薬はありますか。** （ず つうやく） 즈쯔-야크와 아리마스까
감기약 주세요.	**風邪薬をお願いします。** （かぜ ぐすり ねが） 카제그스리오 오네가이시마스 ♠ 風邪薬(かぜ ぐすり) : 감기약
아스피린을 주십시오.	**アスピリンをお願いします。** （ねが） 아스피린오 오네가이시마스
설사약 좀 주십시오.	**下痢止め薬をお願いします。** （げ りど ぐすり ねが） 게리도메그스리오 오네가이시마스
일회용 반창고 있습니까?	**使い捨ての絆創膏はありますか。** （つか す ばんそうこう） 쯔카이스테노 반소-코-와 아리마스까 A: 使い捨て絆創膏はありますか。 일회용 반창고 있습니까? （つか す ばんそうこう） B: はい、ここにあります。 네, 여기에 있습니다. ♠ 「使(つか)い捨(す)て」는 "일회용"이라는 뜻이다.
안약은 있습니까?	**目薬はありますか。** （めぐすり） 메그스리와 아리마스까 A: 目薬はありますか。 안약은 있습니까? （めぐすり） B: 目薬は、三番通路に置いてあります。 （めぐすり さんばんつうろ お） 안약은 3번 통로에 놓여 있습니다.
위장약은 있습니까?	**胃腸薬はありますか。** （い ちょうやく） 이쪼-야크와 아리마스까 A: 胃腸薬はありますか。 위장약은 있습니까? （い ちょうやく） B: ただ今、胃腸薬は、売り切れです。 지금 위장약은 다 팔리고 없습니다. （いま い ちょうやく う き）

<table>
<tr><td>

이것이 일반적으로
많이 복용되는 겁니다.

</td><td>

これが、一般的に多く服用されているものです。

코레가 잇빤테키니 오오크 후크요-사레테 이르 모노데스

</td></tr>
</table>

<table>
<tr><td>

변비에 잘 듣는
약 있습니까?

</td><td>

便秘によく効く薬は、ありますか。

벤삐니 요크 키크 크스리와, 아리마스까

♠ "약이 잘 듣다"라고 할 때는 「薬(くすり)が効(き)く」라고 하면 된다.

</td></tr>
</table>

<table>
<tr><td>

품질엔 차이가
거의 없습니다.

</td><td>

品質には、ほとんど、差がありません。

힌시쯔니와, 호톤도, 사가 아리마셍

A: アメリカ製と比べて、品質はどうですか。
　　미국산과 비교해서 품질은 어떻습니까?

B: 品質には、ほとんど、差がありません。
　　품질엔 차이가 거의 없습니다.

</td></tr>
</table>

<table>
<tr><td>

이 약은 효과가
있을까요?

</td><td>

この薬は、効果があるでしょうか。

코노 크스리와, 코-카가 아르데쇼-까

A: この薬は、効果があるでしょうか。
　　이 약은 효과가 있을까요?

B: 飲んで見ないと、分からないですね。
　　먹어 보지 않으면 모를 것 같아요.

</td></tr>
</table>

<table>
<tr><td>

이 약을 먹으면
나을 겁니다.

</td><td>

この薬を飲めば、治るでしょう。

코노 크스리오 노메바, 나오르데쇼-

</td></tr>
</table>

<table>
<tr><td>

부작용은 있습니까?

</td><td>

副作用はありますか。

후크사요-와 아리마스까

♠ 副作用(ふく さ よう): 부작용

</td></tr>
</table>

<table>
<tr><td>

이 약 좀 지어 주세요.

</td><td>

すみませんが、この薬を調剤してください。

스미마셍가, 코노 크스리오 쬬-자이시테 크다사이

</td></tr>
</table>

이 약은 어떻게
먹습니까?

この薬は、どのように飲みますか。
코노 크스리와, 도노요-니 노미마스까

1회 복용량이 얼마죠?

一回の服用量は、どのくらいになりますか。
잇카이노 후크요-료-와, 도노 크라이니 나리마스까

A: 一回の服用量は、どのくらいになりますか。 1회 복용량이 얼마죠?

B: 一回に二粒ずつ飲んで下さい。 1회에 2알씩 드세요.

이 약은 얼마나 자주
복용해야 합니까?

この薬は、どのくらいの間隔で服用すべきですか。
코노 크스리와, 도노크라이노 칸카크데 후크요-스베키데스까

A: この薬は、どのくらいの間隔で服用すべきですか。
이 약은 얼마나 자주 복용해야 합니까?

B: 毎日二回服用しなければいけません。 매일 2회 복용해야 합니다.

매일밤 두 알씩 드세요.

毎晩、二粒ずつ、飲んで下さい。
마이반, 후타쯔브즈쯔, 논데 크다사이

8시간마다 드세요.

八時間毎に、飲んで下さい。
하찌지칸고또니, 논데 크다사이

1일 3회, 식전에
복용하세요.

一日三回、食事の前に服用して下さい。
이찌니찌 산카이, 쇼크지노 마에니 후크요-시테 크다사이

하루 세 번
식후에 드세요.

一日三回、食後に飲んで下さい。
이찌니찌 산카이, 쇼크고니 논데 크다사이

권장된 복용량을
초과하지 마세요.

勧められている服用量を超えないで下さい。
스스메라레테 이루 후크요-료-오 코에나이데 크다사이

이 약의 사용법을
가르쳐 주세요.

この薬の使用法を教えて下さい。
코노 크스리노 시요-호-오 오시에테 크다사이

♠ 使用法(しようほう)＝使(つか)い方(かた) 사용법

라벨에 있는
지시를 따르세요.

ラベルにある指示に従って下さい。
라베르니 아르 시지니 시타갓테 크다사이

♠ 「~に従(したが)う」는 "~에 따르다"의 뜻이다.

이 약은 얼마나 오랫동안 복용해야 하나요?

この薬は、どのくらいの間、服用しなければなりませんか。
코노 크스리와, 도노크라이노 아이다, 후쿠요-시나케레바 나리마셍까

A: この薬は、どのくらいの間、服用しなければなりませんか。
　　이 약은 얼마나 오랫동안 복용해야 하나요?
B: 少なくとも、二ヶ月間は、服用しなければなりません。
　　적어도 2개월간은 복용해야 합니다.

이 연고를 피부에
발라 봐요.

この軟膏を、皮膚に塗って見て下さい。
코노 난코-오, 히후니 눗테 미테 크다사이

소독은 해야 합니다.

消毒が必要になります。
쇼-도크가 히쯔요-니 나리마스

A: 薬を塗る前に、やるべき事がありますか。
　　약을 바르기 전에 해야 할 것이 있습니까?
B: 消毒が必要になります。
　　소독은 해야 합니다.

매 여섯 시간마다 다량의
물과 함께 복용하세요.

六時間ごとに、多量の水と共に服用して下さい。
로크지칸고또니, 타료-노 미즈토 토모니 후쿠요-시테크다사이

A: どのように服用するのですか。
　　어떻게 복용합니까?
B: 六時間ごとに、多量の水と共に服用して下さい。
　　매 여섯 시간마다 다량의 물과 함께 복용하세요.

아니면 약이 별로
잘 듣지 않을 겁니다.

そうでなければ、薬があまり効かないと思います。
소-데나케레바, 크스리가 아마리 키카나이또 오모이마스

매 식사 후에
두 알씩 복용하세요.

毎日、食後に、二粒ずつ、服用して下さい。
마이니찌, 쇼크고니, 후타쯔브즈쯔, 후쿠요-시테크다사이

얼굴	顔(かお) 카오
피부	皮膚(ひ ふ) 히흐
뼈	骨(ほね) 호네
근육	筋肉(きん にく) 킨니크
머리	頭(あたま) 아타마
머리카락	髪(かみ)の毛(け) 카미노케
이마	額(ひたい) 히타이
눈썹	眉毛(まゆ げ) 마유게
눈	目(め) 메
코	鼻(はな) 하나
볼, 뺨	頬(ほお) 호오, 頬(ほほ) 호호
입	口(くち) 크찌
입술	唇(くちびる) 크찌비르
이(이빨)	歯(は) 하
혀	舌(した) 시타
턱	顎(あご) 아고
목	首(くび) 크비
목구멍	喉(のど) 노도
어깨	肩(かた) 카타
가슴	胸(むね) 므네

등	背中(せ なか) 세나까
엉덩이	お尻(しり) 오시리
배	腹(はら) 하라
배꼽	へそ 헤소
팔	腕(うで) 우데
팔꿈치	ひじ 히지
손목	手首(て くび) 테크비
손	手(て) 테
손가락	指(ゆび) 유비
손바닥	手(て)のひら 테노히라
손톱	爪(つめ) 쯔메
허리	腰(こし) 코시
다리	脚(あし) 아시
넓적다리	太(ふと)もも 흐토모모
무릎	膝(ひざ) 히자
발목	足首(あし くび) 아시크비
발	足(あし) 아시
발가락	足(あし)の指(ゆび) 아시노유비
발톱	爪(つめ) 쯔메
발뒤꿈치	踵(かかと) 카카토

계좌를 개설하고
싶습니다.

こう ざ　　ひら
口座を開きたいです。
코-자오 히라키타이데스

A: 口座を開きたいです。　계좌를 개설하고 싶습니다.
B: どんな種類の口座を開きたいのですか。
어떤 종류의 계좌를 개설하고 싶습니까?

♠ "계좌를 개설하다"는 「口座(こう ざ)を開(ひら)く」라고 표현한다.

계좌에 얼마를
입금하시겠어요?

こう ざ　　　　　　　にゅうきん
口座に、どのくらい入金しますか。
코-자니, 도노크라이 뉴-킨시마스까

A: 口座に、どのくらい入金しますか。
계좌에 얼마를 입금하시겠어요?

いちまんえん　にゅうきん
B: 一万円を入金したいのですが。
1만엔을 입금하고 싶습니다만.

500엔으로 계좌를
개설할 수 있습니까?

ご ひゃく えん　　　こう ざ　　ひら
五百円で、口座を開けますか。
고햐크엔데, 코-자오 히라케마스까

ご ひゃくえん　　　こう ざ　　ひら
A: 五百円で、口座を開けますか。
500엔으로 계좌를 개설할 수 있습니까?

きんがく　　せいげん
B: もちろんです。金額の制限はありません。
물론입니다. 금액의 제한은 없습니다.

어떤 종류의 계좌를
개설하고 싶으세요?

しゅるい　こう ざ　　ひら
どんな種類の口座を開きたいのですか。
돈나 슈르이노 코-자오 히라키타이노데스까

보통예금 계좌를
개설하고 싶습니다만.

ふ つう よ きんこう ざ　ひら
普通預金口座を開きたいのですが。
후쯔-요킨코-자오 히라키타이노데스가

당좌예금을
개설하고 싶습니다.

とう ざ　よ きん　　　ひら
当座預金を、開きたいのです。
토-자요킨오, 히라키타이노데스

♠ 当座預金(とう ざ よ きん) : 당좌예금

저축성예금의
최소 예치액은
10만엔입니다.

ちょちく よ きん　　さいしょう あず　きん　　じゅうまんえん
貯蓄預金の最小預け金は、十万円です。
쬬치크요킨노 사이쇼-아즈케킨와, 쥬-만엔데스

최소한의 예치액수가 꼭 예금돼야 합니다.	さいしょうげん あず きん　　　かなら　　はい **最小限の預け金が、必ず、入っていなければなりません。** 사이쇼-겐노 아즈케킨가, 카나라즈, 하잇테 이나케레바 나리마셍
당좌예금의 이자는 얼마입니까?	とう ざ よ きん　　り そく **当座預金の利息は 、いくらですか。** 토-자요킨노 리소크와, 이크라데스까 ♠「利息(り そく)」는 "이자"라는 뜻이다.
이자가 몇%입니까?	り そく　　　　　なんパーセント **利息は、何％ですか。** 리소크와, 난파-센토데스까
우리 저축성예금에는 5% 이자가 붙습니다.	われ われ　ちょちく よ きん　　　　　　　ごパーセント　り そく　　つ **我々の貯蓄預金には、5％の利息が付きます。** 와레와레노 쬬치크요킨니와, 고파-센토노 리소크가 쯔키마스
이 계좌는 이자가 붙습니까?	こう ざ　　　　　　り そく　つ **この口座には、利息が付きますか。** 코노 코-자니와, 리소크가 쯔키마스까 ♠ "이자가 붙다"는「利息(り そく)が付(つ)く」라고 표현한다.
6개월짜리 정기예금의 이율은 몇%입니까?	ろっ　げつてい き よ きん　　　り そく　　なんパーセント **6か月定期預金の利息は何％ですか。** 롯카게쯔테-키요킨노 리소크와 난파-센토데스까
저는 이 계좌를 부인과 공동명의로 하고 싶습니다만.	わたし　　　　　こうざ　　　　にょうぼう　きょうどうめいぎ **私は、この口座を、女房と共同名義にしたいのですが。** 와타시와, 코노코-자오, 뇨-보-또 쿄-도-메-기니 시타이노데스가 　わたし　　　　　こうざ　　　　にょうぼう　きょうどうめいぎ 　A: **私は、この口座を、女房と共同名義にしたいのですが。** 　　　저는 이 계좌를 부인과 공동명의로 하고 싶습니다만. 　　　　　　　　か のう 　B: **それは、可能です。** 　　　그것은 가능합니다.
계좌를 해약하고 싶습니다.	こう ざ　　かいやく **口座の解約をしたいのです。** 코-자노 카이야크오 시타이노데스
제 정기예금을 해약하고 싶습니다	わたし てい き よ きん　　かいやく **私の定期預金を解約したいのです。** 와타시노 테-키요킨오 카이야크시타이노데스 ♠ 定期預金(てい き よ きん)を解約(かい やく)する : 정기예금을 해약하다

예금을 하고 싶어요.

預金をしたいのですが。
요킨오 시타이 노데스가

계좌에 돈을
좀 입금하고 싶어요.

口座に少し、入金したいと思います。
코-자니 스코시, 뉴-킨시타이 또오모이마스

50만엔을
예금하고자 해요.

50万円を預金したいのです。
고쥬-만엔오 요킨시타이노데스

A: いくら預金されますか。　얼마 예금하시겠어요?
B: 50万円を預金したいのです。　50만엔을 예금하고자 해요.

이것을 제 계좌에
입금시켜 주세요.

これを、私の口座に入金したいのです。
코레오, 와타시노 코-자니 뉴-킨시타이노데스

현금을 제 통장으로 직접
입금시킬 수 있을까요?

現金を、私の通帳に直接入金できますか。
겐킨오, 와타시노 쯔-쬬-니 쵸크세쯔 뉴-킨데키마스까

수표 뒷면에 서명 좀
해 주시겠습니까?

小切手の裏にサインして頂けますか。
코깃테노 우라니 사인시테 이타다케마스까

A: 小切手を現金化したいのですが。　수표를 현금으로 바꾸고 싶습니다만.
B: 小切手の裏にサインして頂けますか。
　　수표 뒷면에 서명 좀 해 주시겠습니까?

♠ "수표"는 「小切手(こぎって)」, "어음"은 「手形(てがた)」라고 한다.

내 통장에서
돈을 좀 찾고 싶어요.

私の通帳から、少しお金を引き出したいので、お願いします。
와타시노 쯔-쬬-까라, 스코시 오카네오 히키다시타이오데, 오네가이시마스

♠ "돈을 인출하다"라고 할 때는 「引(ひ)き出(だ)す」라고 하는 동사를 사용한다.

제 계좌에서 2만엔을
인출하고 싶어요.

私の口座から、二万円を引き出したいので、お願いします。
와타시노 코-자까라, 니만엔오 히키다시타이노데, 오네가이시마스

A: 私の口座から、二万円を引き出したいので、お願いします。
　　제 계좌에서 2만엔을 인출하고 싶어요.
B: 残高が一万五千円しか、ございません。　잔고가 1만5천엔 밖에 없어요.

계좌에서 돈을
인출하고 싶어요.

口座からお金を引き出したいのですが。
코-자까라 오카네오 히키다시타이노데스가

입금표를
작성해 주세요.

入金票にご記入ください。
뉴-킨효-니 고키뉴-크다사이

제 예금 잔액을
알고 싶습니다.

私の預金残高を知りたいのです。
와타시노 요킨잔다까오 시리타이노데스

A: 私の預金残高を知りたいのです。 제 예금 잔액을 알고 싶습니다.
B: 現在、残高は、0になっています。
현재 잔고는 0으로 되어 있습니다.

♠ "잔액, 잔고"는 「残高(ざん だか)」라고 한다.

그의 계좌로 돈을 좀
송금하고 싶어요.

彼の口座に少しお金を送金したいと思います。
카레노 코-자니 스코시 오카네오 소-킨시타이또 오모이마스

자동이체 할 수
있습니까?

自動引き落としできますか。
지도-히키오토시 데키마스까

♠ 「自動(じ どう)引(ひ)き落(お)とし」는 "자동이체"라는 뜻이다.

저는 ATM
사용법을 모릅니다.

私は、ATMの使い方が分かりません。
와타시와, ATM(에-티-에므)노 쯔카이카타가 와카리마셍

계좌번호를
입력하십시오.

口座番号を入力して下さい。
코-자방고-오 뉴-료크시테 크다사이

♠ 「口座番号(こう ざ ばん ごう)」는 "계좌번호"가 된다.

모든 것이 정확한지
다시 확인하십시오.

すべて正しいか、再度、ご確認下さい。
스베테 타다시이까, 사이도, 고카크닌 크다사이

(맞으면) 확인 또는
(틀리면) 취소를
눌러주십시오.

正しければ確認ボタンを、
間違っていれば取り消しボタンを押して下さい。
타다시케레바 카크닌보탄오, 마찌갓테 이레바 토리케시보탄을 오시테 크다사이

대출 좀 받으려고 하는데요.

貸付をお願いします。
카시쯔케오 오네가이시마스

A: 貸付をお願いします。 대출 좀 받으려고 하는데요.
B: 保証人をつけますか。 보증인은 있습니까?

대부계 직원을 부탁드립니다.

ローンの担当者をお願いします。
로-ㄴ노 탄토-샤오 오네가이시마스

대부계는 3층에 있습니다.

ローンの窓口は、3階です。
로-ㄴ노 마도그찌와, 산가이데스

A: ローンの担当は、どこですか。 대출계는 어디입니까?
B: ローンの窓口は、3階です。 대부계는 3층에 있습니다.

저희 대출담당은 2층에 있습니다.

当行のローン窓口は、二階にあります。
토-코-노 로-ㄴ마도그찌와, 니카이니 아리마스

전 이 은행 대부담당입니다.

私は、この銀行のローン担当です。
와타시와, 코노 긴코-노 로-ㄴ탄토-데스

주택구입을 위해 주택 융자를 신청하고 싶어요.

住宅購入のため、住宅ローンの申し込みをお願いします。
쥬-타크코-뉴-노타메, 쥬-타크로-ㄴ노 모우시코미오 오네가이시마스

얼마나 필요하십니까?

いくら必要でしょうか。
이크라 히쯔요-데쇼-까

A: いくら必要でしょうか。 얼마나 필요하십니까?
B: 100万円が必要です。
100만엔이 필요합니다.

얼마를 대출받을 예정입니까?

どのくらいローンを組まれる予定ですか。
도노크라이 로-ㄴ오 크마레르 요테이데스까

♠ 「ローンを組(く)む」는 우리말의 "대출을 받다"라는 뜻으로 사용된다.

담보가 있습니까?

たんぼ
担保をつけますか。
탐뽀오 쯔케마스까

ひゃくまんえん　　　　　　く
A: 百万円、ローンを組みたいのですが。 백만엔 대출받고 싶습니다만.
たんぼ
B: 担保をつけますか。 담보가 있습니까?

저희 은행에 예금이
돼 있습니까?

とうこう　　　よきん
当行に預金はありますか。
토-코-니 요킨와 아리마스까

신원보증인은
있습니까?

みもと ほしょうにん
身元保証人はいらっしゃいますか。
미모토호쇼-닌와 이랏샤이마스까

♠ 身元保証人(み もと ほ しょう にん) : 신원보증인

보증인이 있어야
합니다.

ほしょうにん　　ひつよう
保証人が必要です。
호쇼-닌가 히쯔요-데스

저희 이자는 연간
15% 입니다.

とうこう　　　りそく　　　　ねんかんじゅうごパーセント
当行の利息は、年間15%です。
토-코-노 리소크와, 넨칸 쥬-고파-센토데스

이 대출 신청서를
작성해 주십시오.

もうしこみしょ　　　きにゅう
このローン申込書にご記入ください。
코노 로-ㄴ모우시코미쇼니 고키뉴-크다사이

이 대출에는 연대
보증을 하실 분이
필요할 겁니다.

れんたいほしょう　　かた　ひつよう
このローンには、連帯保証の方が必要になるでしょう。
코노 로-ㄴ니와, 렌타이호쇼-노 카따가 히쯔요-니 나르데쇼-

축하합니다. 선생님의
대출신청은 인가
되었습니다.

おめでとうございます。
오메데토-고자이마스

もう　　こ　　　しょうにん
あなたのローンの申し込みは承認されました。
아나타노 로-ㄴ노 모우시코미와 쇼-닌사레마시타

죄송하지만, 손님의
신용카드는 한도액이
넘었습니다.

もう　わけ　　　　　　　　　きゃくさま
申し訳ございませんが、お客様のクレジットカードは、
げんど　こ
限度を超えています。
모우시와케고자이마셍가, 오캬쿠사마노 크레짓토카-도와, 겐도오 코에테 이마스

**신용카드 하나
신청하고 싶습니다.**

クレジットカードを一つ申し込みたいのです。

크레짓토카-도오 히토쯔 모우시코미타이노데스

A: クレジットカードを一つ申し込みたいのです。
신용카드 하나 신청하고 싶습니다.

B: 先ず、身分証明書を見せて頂けますか。
우선 신분증명서를 보여 주실 수 있습니까?

**신용카드 신청절차는
어떻게 하면 됩니까?**

クレジットカードの申し込み手続きは、
どのようにすればいいでしょうか。

크레짓토카-도노 모우시코미테쯔즈키와, 도노요-니 스레바 이이데쇼-까

♠ 「手続(てつづ)き」는 "절차"라는 뜻이다.

**연간 회비는
얼마입니까?**

年間会費は、いくらですか。

넨칸카이히와, 이크라데스까

A: 年間会費は、いくらですか。　연간 회비는 얼마입니까?

B: 千円です。　천엔입니다.

**연간 이자는
얼마나 됩니까?**

年間の利息は、どのくらいですか。

넨칸노 리소크와, 도노크라이데스까

A: 年間の利息は、どのくらいですか。
연간 이자는 얼마나 됩니까?

B: 年間の利息は、1％です。
연간 이자는 1%입니다.

**다른 은행도
알아봐야겠습니다.**

他の銀行でも調べて見ます。

호카노 긴코-데모 시라베테 미마스

**통장을
가져오셨습니까?**

通帳をお持ちですか。

쯔-쪼-오 오모찌데스까

A: 通帳をお持ちですか。
통장을 가져오셨습니까?

B: いいえ、通帳は、持って来ておりません。
아니요, 통장은 가지고 오지 않았습니다.

통장번호를 가르쳐 주십시오.	通帳の番号を、教えてください。 쯔-쬬-노 방고-오, 오시에테 크다사이
어음 발행을 부탁드립니다.	手形の発行をお願いします。 테가따노 핫코-오 오네가이시마스
수표 발행은 간단히 됩니다.	小切手の発行は、簡単にできます。 코깃테노 핫코-와, 칸딴니 데키마스
그것들을 다시 발행 받을 수 있습니까?	それらを、もう一度、発行して頂けますか。 소레라오, 모우이찌도, 핫코-시테 이타다케마스까
비밀번호 4자리를 입력하세요.	パスワード四桁を入力して下さい。 파스와-도 욘케따오 뉴-료크시테 크다사이 ♠ 四桁(よん けた) : 4자리
그리고 입력키를 누르세요.	そして、入力キーを押して下さい。 소시테, 뉴-료크키-오 오시테 크다사이
이제 확인을 위해 다시 입력하세요.	確認のため、もう一度、入力して下さい。 카크닌노 타메, 모우이찌도, 뉴-료크시테크다사이
현금카드를 사용하겠습니다.	キャッシュカードを使います。 캿슈카-도오 쯔카이마스
기계가 고장났습니다.	機械が故障しています。 키카이가 고쇼-시테 이마스 ♠ "고장났다"라고 할 때는 「故障(こ しょう)している」라고 한다.
ATM에서 제 카드가 나오지를 않습니다.	ATMから、カードが出て来ません。 ATM(에-티-에므)까라, 카-도가 데테 키마셍
여기 새 현금 카드입니다.	ここに、新しいキャッシュカードがあります。 코코니, 아타라시이 캿슈카-도가 아리마스

저축하다	貯金(ちょ きん)する	죠킨스루
인출하다	引(ひ)き出(だ)す	히키다스
인출	引(ひ)き出(だ)し	히키다시
예금입금	入金(にゅう きん)	뉴-킨
자산	資産(し さん)	시산
화폐, 통화	貨幣(か·へい) 카헤이, 通貨(つう·か)	쯔-카
이자	利息(り そく)	리소크
주식	株(かぶ)	카브
신용카드	クレジットカード	크레짓토카-도
현금	現金(げん きん)	겐킨
환전	両替(りょう がえ)	료-가에
개인수표	個人小切手(こ じん こ ぎって)	코진코깃테
여행자 수표	トラベラーズチェック	토라베라-즈첻크
통장정리	通帳(つう ちょう)の整理(せい り)	쯔-쬬-노 세-리
신용카드거래	クレジットカードの取引(とり ひき)	크레짓토카-도노 토리히키
비밀번호	パスワード	파스와-도
계좌이체	口座(こう ざ)引(ひ)き落(お)とし	코-자히키오토시
계좌번호입력	口座番号(こう ざ ばん ごう)の入力(にゅう りょく) 코-자방고-노 뉴-료크	

조회후 거래	照会後(しょう かい ご)の取引(とり ひき) 쇼-카이고노 토리히키
통장입금	通帳入金(つう ちょう にゅう きん) 쯔-쬬-뉴-킨
카드입금	カード入金(にゅう きん) 카-도뉴-킨
예금주	預金者(よ きん しゃ) 요킨샤
공동계좌	共同口座(きょう どう こう ざ) 쿄-도-코-자
당좌예금	当座預金(とう ざ よ きん) 토-자요킨
저축예금	貯蓄預金(ちょ ちく よ きん) 쬬치크요킨
정기예금	定期預金(てい き よ きん) 테-키요킨
보통예금	普通預金(ふ つう よ きん) 흐쯔-요킨
신탁예금	信託預金(しん たく よ きん) 신타크요킨
은행수수료	銀行手数料(ぎん こう て すう りょう) 긴코-테스-료-
대출	貸付(かし つけ) 카시쯔케
신용대출	信用(しん よう)貸付(かし つけ) 신요-카시쯔케
담보	担保(たん ぼ) 탐뽀
담보대출	担保(たん ぼ)貸付(かし つけ) 탐뽀카시쯔케
신원보증인	身元保証人(み もと ほ しょう にん) 미모토호쇼-닌
신용한도	信用(しん よう)限度(げん ど) 신요-겐도
신용조회	信用照会(しん よう しょう かい) 신요-쇼-카이

**우표는 어디에서
살 수 있습니까?**

切手はどこで買えますか。
킷테와 도꼬데 카에마스까

A: 切手はどこで買えますか。 우표는 어디에서 살 수 있습니까?
B: 切手は郵便局で買えます。 우표는 우체국에서 살 수 있습니다.

**어느 창구에서
우표를 팔지요?**

どの窓口で、切手を売っていますか。
도노 마도그찌데, 킷테오 웃테 이마스까

A: どの窓口で、切手を売っていますか。
어느 창구에서 우표를 팔지요?
B: 三番窓口で、切手を売っています。
3번 창구에서 우표를 팔고있어요.

♠ 「窓口(まど ぐち)」는 "창구"라는 뜻이다.

**봉투는 어디서
구입할 수 있습니까?**

封筒は、どこで、買えますか。
후-토- 와, 도꼬데, 카에마스까

A: 封筒は、どこで、買えますか。
봉투는 어디서 구입할 수 있습니까?
B: 郵便局や文房具屋さんで買えます。
우체국이나 문방구점에서 살 수 있습니다.

**어디서 엽서를
구할 수 있습니까?**

どこで、ハガキが買えますか。
도꼬데, 하가키가 카에마스까

A: どこで、ハガキが買えますか。
어디서 엽서를 구할 수 있습니까?
B: どこの郵便局でもハガキは買えます。
어느 우체국이라도 엽서는 살 수 있습니다.

기념우표는 있습니까?

記念切手はありますか。
키넨킷테와 아리마스까

A: 記念切手はありますか。
기념우표는 있습니까?
B: もう、既に、記念切手は、売り切れです。
벌써 기념우표는 매진입니다.

우표를 좀
사고 싶은데요.

切手を少し買いたいのですが。
킷테오 스코시 카이타이노데스가

A: 切手を少し買いたいのですが。
우표를 좀 사고 싶은데요.

B: いくらの切手にしますか。
얼마짜리 우표로 하시겠습니까?

우표 있습니까?

切手ありますか。
킷테 아리마스까

A: 切手ありますか。
우표 있습니까?

B: はい、あります。
네, 있습니다.

어떤 우표로
하시겠어요?

どのような切手にしますか。
도노요-나 킷테니 시마스까

A: どのような切手にしますか。
어떤 우표로 하시겠어요?

B: 京都のデザインの切手はありますか。
쿄토 디자인의 우표는 있어요?

50엔짜리 우표
10장주세요.

50円切手を10枚下さい。
고쥬-엔킷테오 쥬-마이 크다사이

한 장만 주세요.

一枚だけ下さい。
이찌마이다케 크다사이

전부 500엔입니다.

全部で500円です。
젠브데 고햐크엔데스

항공엽서
10매를 주십시오.

航空ハガキを10枚、下さい。
코-쿠-하가키오 쥬-마이, 크다사이

♠ "엽서" 라고 할 때는, 카타카나로 「ハガキ」라고 표현한다.
한자로 「葉書(は がき)」라고 표현하는 것은 구시대적 표현이다.

이 편지를 한국으로
부치고 싶습니다.

この手紙を、韓国へお送りしたいです。
코노 테가미오, 캉코크에 오오크리시타이데스

보통항공우편과
빠른우편이 있습니다.

普通航空郵便と、速達郵便があります。
후쯔-코-크-유-빈또, 소크타쯔유-빈가 아리마스

이 엽서를
항공편으로 부탁합니다.

このハガキを航空便でお願いします。
코노 하가키오 코-크-빈데 오네가이시마스

A: このハガキを航空便でお願いします。
　　이 엽서를 항공편으로 부탁합니다.

B: 航空便でしたら郵送料が高くなりますが、よろしいですか。
　　항공편이면 우송료가 비싸집니다만 괜찮습니까?

이 편지를 배편으로
부탁합니다.

この手紙を船便でお願いします。
코노 테가미오 후나빈데 오네가이시마스

A: この手紙を船便でお願します。
　　이 편지를 배편으로 부탁합니다.

B: 船便なら、二週間ぐらいかかりますが、よろしいですか。
　　배편이면, 2주정도 걸립니다만 괜찮습니까?

♠ 航空便(こう くう びん) : 항공편
♠ 船便(ふな びん) : 배편

속달로 부탁합니다.

速達でお願いします。
소크타쯔데 오네가이시마스

이 편지를 등기로
부치고 싶어요.

この手紙を、書留で、送りたいのですが。
코노 테가미오, 카키토메데, 오크리타이노데스가

A: この手紙を、書留で、送りたいのですが。
　　이 편지를 등기로 부치고 싶어요.

B: 書留の場合、郵送料が少し高めになりますが、
　よろしいですか。
　　등기의 경우 우송료가 약간 비싸집니다만 괜찮습니까?

♠ 書留(かき とめ) : 등기

| 얼마나 걸리죠? | どのくらいかかりますか。 |

도노 크라이 카카리마스까

A: どのくらいかかりますか。 얼마나 걸리죠?
B: 三日くらいかかります。 3일정도 걸립니다.

| 우편요금은
얼마입니까? | 郵便料金は、いくらですか。 |

유-빈료-킨와, 이크라데스까

A: 郵便料金は、いくらですか。 우편요금은 얼마입니까?
B: 二千円です。 2천엔입니다.

| 이 편지의 무게를
달아 주시겠습니까? | この手紙の重さを量って頂けますか。 |

코노 테가미노 오모사오 하캇테 이타다케마스까

| 이 소포는 중량
제한내에 들어갑니까? | この小包は、制限重量内ですか。 |

코노 코즈쯔미와, 세-겐쥬-료-나이데스까

| 이 크기면 괜찮습니까? | この大きさなら、大丈夫ですか。 |

코노 오오키사나라, 다이죠-브데스까

| 내용물은 무엇입니까? | 内容物は、何ですか。 |

나이요-브쯔와, 난데스까

A: 内容物は、何ですか。 내용물은 무엇입니까?
B: 内容物は、本です。 내용물은 책입니다.

| 깨지기 쉬운
물건입니까? | 割れやすい品物ですか。 |

와레야스이 시나모노데스까

| 소포를 보험에
드시겠습니까? | 小包は保険に入りますか。 |

코즈쯔미와 호켄니 하이리마스까

| 오오사카의 이 주소의
우편번호는
몇 번입니까? | この大阪の住所の郵便番号は何番ですか。 |

코노 오오사카노 쥬-쇼노 유-빈방고-와 난반데스까

우편물	郵便物(ゆう びん ぶつ) 유-빈브쯔
우표	切手(きっ て) 킷테
기념우표	記念切手(き ねん きっ て) 키넨킷테
봉투	封筒(ふう とう) 후-토-
우편번호	郵便番号(ゆう びん ばん ごう) 유-빈방고-
우편요금	郵便料金(ゆう びん りょう きん) 유-빈료-킨
수신인	受取人(うけ とり にん) 우케토리닌
발신인	発信人(はっ しん にん) 핫신닌
동봉하다	同封(どう ふう)する 도-후-스루
소포	小包(こ づつ)み 코즈쯔미
내용물	内容物(ない よう ぶつ) 나이요-브쯔
깨지기 쉽다	割(わ)れやすい 와레야스이
무게를 달다	重(おも)さを量(はか)る 오모사오 하카르
무게	重(おも)さ 오모사
제한중량내	制限重量内(せい げん じゅう りょう ない) 세-겐쥬-료-나이
배달	配達(はい たつ) 하이타쯔

속달	速達(そく たつ) 소크타쯔
빠른우편(속달우편)	速達郵便(そく たつ ゆう びん) 소크타쯔유-빈
등기우편	書留郵便(かき とめ ゆう びん) 카키토메유-빈
보통우편	普通郵便(ふ つう ゆう びん) 후쯔-유-빈
국제우편	国際郵便(こく さい ゆう びん) 코크사이유-빈
항공우편	航空郵便(こう くう ゆう びん) 코-쿠-유-빈
배편	船便(ふな びん) 후나빈
엽서	ハガキ
회사명이 적힌 봉투	会社名(かい しゃ めい)の書(か)いてある封筒(ふう とう)
우편요금 부족	郵便料金(ゆう びん りょう きん)の不足(ふ そく)
추신	追伸(つい しん)
우체국	郵便局(ゆう びん きょく) 유-빈쿄크
편지	手紙(て がみ) 테가미
그림엽서	絵(え)ハガキ 에하가키
주소	住所(じゅう しょ) 쥬-쇼
소식	便(たよ)り 타요리

| 어떤 사이즈의 사진을 찍고 싶습니까? | どのサイズの写真を撮りますか。
도노 사이즈노 샤신오 토리마스까 |

여권용 사진을 찍습니까?

パスポート用写真を撮れますか。
파스포-토요-샤신오 토레마스까

A: パスポート用写真を撮れますか。 여권용 사진을 찍습니까?

B: はい。もちろんです。パスポート用写真も撮っています。
예, 물론입니다. 여권용 사진도 찍습니다.

컬러사진과 흑백사진이 있습니다.

カラー写真と白黒写真があります。
카라-샤신또 시로크로샤신가 아리마스

♠ カラー写真(しゃ しん)：칼라사진
♠ 白黒写真(しろ くろ しゃ しん)：흑백사진

비용은 얼마나 들죠?

費用はいくらですか。
히요-와 이크라데스까

A: 費用はいくらですか。 비용은 얼마나 들죠?
B: 旅券写真二枚で、千円です。 여권사진 2장에 천엔입니다.

몇 장이 필요하세요?

何枚、必要ですか。
난마이, 히쯔요-데스까

A: 何枚、必要ですか。 몇 장이 필요하세요?
B: 三枚、必要です。 3장이 필요해요.

어떤 사진 찍으실 겁니까?

どんな写真を撮るのですか。
돈나 샤신오 토루노데스까

알겠습니다. 이쪽으로 오세요.

分かりました。こちらへどうぞ。
와카리마시타. 코찌라에 도-조.

카메라를 준비할 테니 잠시 기다리세요.

カメラを用意しますので、少々お待ち下さい。
카메라오 요-이시마스노데, 쇼-쇼- 오마찌크다사이

배경 앞에 서세요.

背景の前に立って下さい。

하이케이노 마에니 탓테 크다사이

카메라를 보고
웃어 주세요.

カメラに向かって、笑って下さい。

카메라니 므캇테, 와랏테 크다사이

남자는 여자 어깨에 손
좀 올려 주시겠어요?

男性は女性の肩に手を置いて頂けますか。

단세이와 죠세이노 카타니 테오 오이테 이타다케마스까

움직이지 마세요.

動かないで下さい。

우고카나이데 크다사이

카메라 렌즈를
봐 주세요.

カメラのレンズを見て下さい。

카메라노 렌즈오 미테 크다사이

배경은 어떤 걸
원하세요?

背景は、どんなものがお望みですか。

하이케이와, 돈나 모노가 오노조미데스까

사진에 쓰일 배경 좀
골라주세요.

写真に使われる背景を選んで下さい。

샤신니 쯔카와레르 하이케이오 에란데 크다사이

원하시는 사진
사이즈를 골라 주세요.

お望みの写真サイズを選んで下さい。

오노조미노 샤신사이즈오 에란데 크다사이

수정 다 됐습니다.
마음에 드세요?

修正ができました。気に入りましたか。

슈-세이가 데키마시타. 키니 이리마시타까

원하시는 열쇠고리와
핸드폰 줄을 골라보세요.

お望みのキーホルダーと携帯の紐を選んで下さい。

오노조미노 키-호르다-또 케이타이노 히모오 에란데 크다사이

♠ キーホルダー：열쇠고리

이번엔 눈을
감지 마세요.

今度は、目をつぶらないで下さい。

콘도와, 메오 쯔브라나이데 크다사이

♠ 「目(め)をつぶる」는 "눈을 감다"라는 뜻이다.

이 필름 현상해 주세요.

このフィルムを現像して下さい。
코노 피르므오 겐조-시테 크다사이

♠ "현상하다"는 「現像(げんぞう)する」, "인화하다"는 「焼(や)き付(つ)ける」이다.

**이 필름을
인화하고 싶습니다.**

このフィルムを焼き付けたいのです。
코노 피르므오 야키쯔케타이노데스

**이 필름을 현상하고
인화해 주세요.**

このフィルムを現像し、焼き付けて下さい。
코노 피르므오 겐조-시, 야키쯔케테 크다사이

**한 장씩 더 인화해
주시겠습니까?**

さらに一枚ずつ焼き付けて頂けますか。
사라니 이찌마이즈쯔 야키쯔케테 이타다케마스까

**이것 좀 확대해
주시겠어요?**

これを少し拡大して頂けますか。
코레오 스코시 카크다이시테 이타다케마스까

**무슨 사이즈를
원하세요?**

どのサイズをお望みですか。
도노 사이즈오 오노조미데스까

**얼마나 시간이
걸릴까요?**

どのくらい時間が、掛かりますか。
도노크라이 지칸가, 카카리마스까

A: どのくらい時間が、掛かりますか。　얼마나 시간이 걸릴까요?
B: 一日で出来上がります。　하루에 완성돼요.

**언제까지 해 주실 수
있어요?**

いつまでに、やって頂けますか。
이쯔마데니, 얏테 이타다케마스까

A: いつまでに、やって頂けますか。　언제까지 해 주실 수 있어요?
B: 夕方七時までには、できそうです。　저녁 7시까지는 될 것 같애요.

**이 필름 현상하는 데
시간이 얼마나 걸립니까?**

このフィルムを現像するのに、どのくらい掛かりますか。
코노 피르므오 겐조-스루노니, 도노크라이 카카리마스까

| 각각 세 장씩
뽑고 싶습니다. | それぞれ三枚ずつ、ほしいのです。
소레조레 산마이즈쯔, 호시이노데스 |

| 언제까지 필요하시죠? | いつまでに必要ですか。
이쯔마데니 히쯔요-데스까

A: いつまでに必要ですか。 언제까지 필요하시죠?
B: 明日までに必要です。 내일까지 필요해요. |

| 한 시간 안에
현상할 수 있어요? | 一時間以内に、現像して頂けますか
이찌지칸이나이니, 겐조-시테 이타다케마스까 |

| 하루 만에 할 수
있습니까? | 一日で、できますか。
이찌니찌데, 데키마스까

A: 一日で、できますか。 하루 만에 할 수 있습니까?
B: 一日は、ちょっと無理です。 하루는 좀 무리입니다. |

| 토요일 아침까지
인화가 될까요? | 土曜日の朝までに、焼き付けてくれますか。
토요-비노 아사마데니, 야키쯔케테 크레마스까 |

| 두 장씩 빼 주세요. | 二枚ずつ、お願いします。
니마이즈쯔, 오네가이시마스 |

| 사람 숫자대로
뽑아 주세요. | 写真の人数の通りに、お願いします。
샤신노 닌즈-노 토오리니, 오네가이시마스

♠ 人数(にんずう) : 인원수 |

| 잘된 것만
인화해 주십시오. | よく映っているものだけ焼き付けて下さい。
요크 우쯧테 이르모노다케 야키쯔케테 크다사이 |

| 이것들을 슬라이드로
만들어 주실 수 있습니까? | これらをスライドにして頂けますか。
코레라오 스라이도니시테 이타다케마스까 |

| 사진을 찾으로
왔습니다. | 写真を受け取りに来ました。
샤신오 우케토리니 키마시타 |

| 사진은 다 나왔습니까? | 写真は出来上がっていますか。
샤신와 데키아갓테 이마스까 |

| 5시까지 된다고
했었습니다. | 五時までに出来上がると言っていました。
고지마데니 데키아가르또 잇테 이마시타 |

| 사진이 모두
나오지는 않았습니다. | 全部の写真は、まだ出来上がっていません。
젠브노 샤신와, 마다 데키아갓테 이마셍 |

| 순서대로 된 건가요? | 順番になっていますか。
쥰반니 낫테 이마스까 |

| 이 사진은 근사하게
나왔네요. | この写真は、格好よく映っていますね。
코노 샤신와, 캇코-요크 우쯧테 이마스네 |

A: この真写は、格好よく映っていますね。　이 사진은 근사하게 나왔네요.

B: ありがとうございます。　고마워요.

♠ 「格好(かっ こう)いい」는 "멋지다, 근사하다"는 뜻이다.

| 이 사진을 저 크기로
확대시켜 주세요. | この写真を、あの大きさに拡大して下さい。
코노 샤신오, 아노 오오키사니 카크다이시테 크다사이 |

| 이 사진은 흐릿 합니다. | この写真は、ぼやけています。
코노 샤신와, 보야케테 이마스 |

♠ 「写真(しゃ しん)がぼやけている」는 "사진이 흐리다"는 뜻으로,
「ぼやける」라고 하는 동사를 사용한다.

| 잘못 나온 사진은
돈을 받지 않습니다. | 出来上がりの悪い写真は、代金は要りません。
데키아가리노 와르이 샤신와, 다이킨와 이리마셍 |

| 필름 한통 주세요. | フィルムを一本下さい。
피르므오 잇뽕 크다사이 |

| 36장짜리 필름을
2통 주세요. | **36枚撮りのフィルムを、二本下さい。**
산쥬─로쿠마이도리노 피르므오, 니혼 크다사이 |

| 이 카메라에 맞는
필름을 주세요. | **このカメラに合っているフィルムを下さい。**
코노 카메라니 앗테 이르 피르므오 크다사이 |

| 흑백 필름 있습니까? | **白黒フィルムはありますか。**
시로크로 피르므와 아리마스까 |

| 필름은 어떻게
넣는 거죠? | **フィルムはどのように入れるのですか。**
피르모와 도노요─니 이레르노데스까 |

| 이 카메라의 건전지를
갈아주시겠어요? | **このカメラの乾電池を取り替えて頂けますか。**
코노 카메라노 칸데찌오 토리카에테 이타다케마스까

♠ 乾電池(かん でん ち) : 건전지
♠ 取(と)り替(か)える : 갈다, 교환하다 |

| 카메라가 고장이
났습니다. | **カメラが故障しています。**
카메라가 코쇼─시테 이마스 |

| 고쳐 주시겠습니까? | **直して頂けますか。**
나오시테 이타다케마스까 |

| 이 카메라를
고칠 수 있을까요? | **このカメラを直して頂けますか。**
코노 카메라오 나오시테 이타다케마스까

A: このカメラを直して頂けますか。
이 카메라를 고칠 수 있을까요?
B: 申し訳ありませんが、日本製のため、ここでは直せません。
미안합니다만, 일본제라서 여기에서는 고칠 수 없습니다. |

| 이 사진들 당신이
직접 찍으셨나요? | **これらの写真は、あなたが直接撮ったのですか。**
코레라노 샤신와, 아나타가 쵸크세쯔 톳따노데스까 |

카메라	**カメラ** 카메라
필름	**フィルム** 피르므
셔터	**シャッター** 샤타-
버튼	**ボタン** 보탄
사진	**写真**(しゃ しん) 샤신
여권사진	**パスポート写真**(しゃ しん) 파스포-토샤신
흑백사진	**白黒写真**(しろ くろ しゃ しん) 시로크로샤신
컬러사진	**カラー写真**(しゃ しん) 카라-샤신
인물사진	**人物写真**(じん ぶつ しゃ しん) 진브쯔샤신
풍경사진	**風景写真**(ふう けい しゃ しん) 후-케이샤신
기념사진	**記念写真**(き ねん しゃ しん) 키넨샤신
자세	**ポーズ**、포-즈, **姿勢**(し せい) 시세이
배경	**背景**(はい けい) 하이케이
누르다	**押**(お)**す** 오스
인화하다	**焼**(や)**き付**(つ)**ける** 야키쯔케르
현상하다	**現像**(げん ぞう)**する** 겐조-스루
이중	**二重**(に じゅう) 니쥬-
확대하다	**拡大**(かく だい)**する** 카크다이스루
노출	**露出**(ろ しゅつ) 로슈쯔
슬라이드	**スライド** 스라이도
파노라마, 전경	**パノラマ** 파노라마

자동초점	自動焦点(じ どう しょう てん) 지도-쇼-텐
오른쪽	右(みぎ) 미기
왼쪽	左(ひだり) 히다리
옆	横(よこ) 요코
위로	上(うえ)へ 우에에
아래로	下(した)へ 시타에
동쪽	東(ひがし) 히가시
서쪽	西(にし) 니시
남쪽	南(みなみ) 미나미
북쪽	北(きた) 키타

색 (色(いろ))

흰색	白(しろ) 시로
검은색	黒(くろ) 크로
빨강	赤(あか) 아카
파랑	青(あお) 아오
노랑	黄色(き いろ) 키이로
분홍색	ピンク 핑크
금색	金色(きん いろ) 킨이로
은색	銀色(ぎん いろ) 긴이로

오늘 오후 2시로 예약을 하고 싶습니다.

今日の午後二時に予約をしたいのです。
쿄-노 고고 니지니 요야쿠오 시타이노데스

A: 今日の午後二時に予約をしたいのです。
오늘 오후 2시로 예약을 하고 싶습니다.

B: 申し訳ありませんが、午後二時は、既に予約でいっぱいです。
죄송합니다만, 오후 2시라면 이미 예약으로 꽉 차 있습니다.

머리를 자르려고 하는데 예약을 하고 싶어요

髪を切るために、予約をしたいのです。
카미오 키르타메니, 요야쿠오 시타이노데스

A: 髪を切るために、予約をしたいのです。
머리를 자르려고 하는데 예약을 하고 싶어요.

B: 予約は、いつにされますか。 예약은 언제로 하고 싶으세요?

예약은 언제로 할까요?

予約はいつにしますか。
요야쿠와 이쯔니 시마스까

좀 이른 시간이면 좋겠습니다.

少し早めの時間の方が良いです。
스코시 하야메노 지칸노 호-가 이이데스

야마모또씨와 예약을 하고 싶습니다.

山本さんに予約をしたいのです。
야마모또상니 요야쿠오 시타이노데스

A: 山本さんに予約をしたいのです。 야마모또씨와 예약을 하고 싶습니다.

B: すみませんが、山本は、うちの美容室をすでに辞めております。
미안합니다만, 야마모또는 저희 미용실을 이미 그만두었습니다.

안녕하세요. 예약을 하셨습니까?

おはようございます。予約をされていますか。
오하요-고자이마스. 요야쿠오 사레테 이마스까

예약없이 와도 할 수 있습니까?

予約なしで来ても、やって頂けますか。
요야쿠나시데 키테모, 얏테 이타다케마스까

A: 予約なしで来ても、やって頂けますか。
예약없이 와도 할 수 있습니까?

B: すみませんが、予約なしでは、受付できません。
죄송합니다만, 예약없이는 받아들일 수 없습니다.

지금은 좀 바쁜데요.

今は、少し忙しいのですが。
이마와, 스코시 이소가시이노데스가

얼마나
기다려야 합니까?

どのくらい待てばいいでしょうか。
도노크라이 마테바 이이데쇼-까

A: どのくらい待てばいいでしょうか。
　　얼마나 기다려야 합니까?
B: 一時間くらい待たなければなりません。
　　한 시간정도 기다려야 합니다.

찾는 미용사가
있으신가요?

ご希望の美容師がいますか。
고키보-노 비요-시가 이마스까

처음 왔습니다.

初めて来ました。
하지메테 키마시타

당신이 추천해 주시는
분이라면 누구라도 좋습니다.

あなたのお勧めの方なら、どなたでも、いいです。
아나타노 오스스메노 카타나라, 도나타데모, 이이데스

파마하고 컷하는데
얼마예요?

パーマをかけ、カットをすると、いくらですか。
파-마오 카케, 캇토오 스르또, 이크라데스까

A: パーマをかけ、カットをすると、いくらですか。
　　파마하고 컷하는데 얼마예요?
B: 全部で、3千円です。
　　전부 3천엔입니다.

♠ "파마를 하다"라고 할 때는 「パーマをかける」라고 표현하고,
♠ "커트를 하다"라고 할 때는 「カットをする」라고 표현한다.

전부 하는데 시간이
얼마나 걸릴까요?

終わるまで、どのくらいの時間がかかりますか。
오와르마데, 도노크라이노 지칸가 카카리마스까

A: 終わるまで、どのくらいの時間がかかりますか。
　　전부 하는데 시간이 얼마나 걸릴까요?
B: 2時間くらいかかります。
　　두시간 정도 걸립니다.

♠ 「時間(じかん)がかかる」는 "시간이 걸리다"라는 표현이다.

어떻게 해 드릴까요?

どのように、されますか。
도노요-니, 사레마스까

머리를 염색해 주세요.

髪を染めて下さい。
카미오 소메테 크다사이

♠ "머리를 염색하다"라고 할 때는 「髪(かみ)を染(そ)める」라고 표현한다.

파마를 하려고
하는데요.

パーマをかけたいのですが。
파-마오 카케타이노데스가

샴푸도 부탁합니다.

シャンプーもお願いします。
샴프-모 오네가이시마스

A: シャンプーもお願いします。 샴푸 부탁합니다.
B: シャンプーの場合は五百円が追加されますが、
よろしいでしょうか。
샴푸를 할 경우 5백엔이 추가됩니다만 괜찮습니까?

헤어스타일
책이 있습니까?

ヘアスタイルの本がありますか。
헤아스타이르노 혼가 아리마스까

A: ヘアスタイルの本がありますか。
헤어스타일 책이 있습니까?
B: はい。左側の机の上にあります。
네, 왼쪽 책상 위에 있습니다.

이 사진처럼 컷 해
주실 수 있어요?

この写真のように、カットして頂けますか。
코노 샤신노 요-니, 캇토시테 이타다케마스까

이 사진에 있는
사람처럼 해 주세요.

この写真の人のようにして下さい。
코노 샤신노 히또노 요-니 시테 크다사이

적당히 예쁘게
해 주세요.

適当に、きれいにして下さい。
테키토-니, 키레이니 시테 크다사이

파마를 하시는 게
어때요?

パーマをかけるのは、いかがですか。
파-마오 카케르노와, 이카가데스까

내 머리를 옅은 갈색으로
염색해 주실 수 있어요?

私の髪の毛を、薄いブラウン色に染めて頂けますか。
와타시노 카미노 케오, 우스이 브라운이로니 소메테 이타다케마스까

정말 멋진 자연스러운
웨이브를 갖고 계시군요.

本当に素敵で自然なウェーブをお持ちですね。
혼토-니 스테키데 시젠나 웨-브오 오모찌데스네

가르마를
어느 쪽으로 타세요?

分け目は、どちらにしますか。
와케메와, 도찌라니 시마스까

A: 分け目は、どちらにしますか。 가르마를 어느 쪽으로 타세요?
B: 左側にして下さい。 왼쪽으로 해 주십시오.

손님 머리는 좀 푸석한
경향이 있는 것 같아요.

お客様の髪は、少しバサつきの傾向があるようです。
오캬크사마노 카미와, 스코시 바사쯔키노 케-코-가 아르요-데스

머리카락이 빠져서
걱정이예요.

髪の毛が抜けて、心配です。
카미노케가 느케테, 심빠이데스

A: 髪の毛が抜けて、心配です。 머리카락이 빠져서 걱정이예요.
B: 病院に行って見た方が良いのではないですか。
병원에 가 보는 게 좋지 않으세요?

오늘은 손톱 손질을
해 주세요.

今日は、爪の手入れをして下さい。
쿄-와, 쯔메노 테이레오 시테 크다사이

♠ 「手入(てい)れ」는 "손질, 다듬기" 등의 뜻이다.

매니큐어를
칠해 주세요.

マニキュアを塗って下さい。
마니큐아오 눗테 크다사이

어떤 색깔의
매니큐어가 있죠?

どんな色のマニキュアがありますか。
돈나 이로노 마니큐아가 아리마스까

발톱도 칠해 드릴까요?

足の爪も、塗って差し上げましょうか。
아시노 쯔메모, 눗테 사시아게마쇼-까

♠ 「爪(つめ)」는 "발톱, 손톱" 양쪽 모두를 가리킨다.

| 머리를 자르고 싶어요. | 髪の毛を切りたいので、お願いします。 |

髪の毛を切りたいので、お願いします。
카미노케오 키리타이노테 오네가이시마스

♠ "머리를 자르다"라고 할 때는 「髪(かみ)の毛(け)を切(き)る」라고 표현한다.

요즘 유행하는 머리모양으로 하고 싶어요.

最近はやっている髪のスタイルにしたいと思います。
사이킨 하얏테이르 카미노 스타이르니 시타이또 오모이마스

♠ 「はやる」는 "유행하다"라는 뜻이다.

저도 면도를 해 주세요.

私も、ひげを剃って下さい。
와타시모 히게오 솟테크다사이

♠ "면도하다"는 「ひげを剃(そ)る」라고 표현한다.

이발과 면도도 부탁합니다.

ヘアカットと髭剃りをお願いします。
헤아캇토또 히게소리오 오네가이시마스

짧게 잘라주세요.

短く切って下さい。
미지카크 킷테 크다사이

A: どのように切りましょうか。 어떻게 자를까요?
B: 短く切って下さい。 짧게 잘라주세요.

머리를 이런 식으로 잘라주세요.

髪の毛を、このように切って下さい。
카미노케오, 코노요-니 킷테 크다사이

다듬기만 해 주세요.

髪の毛の手入れのみお願いします。
카미노 케노 테이레노미 오네가이시마스

다듬어 주시는 데 짧게 자르지는 마세요.

手入れして頂きたいのですが、短くはしないで下さい。
테이레시테 이타다키타이노데스가, 미지카크와 시나이데 크다사이

A: 手入れして頂きたいのですが、短くはしないで下さい。
다듬어 주시는 데 짧게 자르지는 마세요.
B: 短い方がお客様にはもっとお似合いでございます。
짧은게 손님에게는 더 잘 어울려요.

옆쪽만 조금
잘라주세요.

横だけ少し切って下さい。
요코다께 스코시 킷테 크다사이

뒷머리는 많이
자르지 마세요.

後ろ髪は、長くは切らないで下さい。
우시로가미와, 나가크와 키라나이데 크다사이

옆머리를 좀 더
잘라주세요.

横髪を、もう少し切って下さい。
요코가미오, 모우스코시 킷테 크다사이

앞머리는 어느 정도
잘라 드릴까요?

前髪は、どのくらい切りましょうか。
마에가미와, 도노크라이 키리마쇼-까

A: 前髪は、どのくらい切りましょうか。
앞머리는 어느 정도 잘라 드릴까요?
B: できれば、前髪は切らないで下さい。
가능하면 앞머리는 자르지 마십시오.

저한테는
잘 어울리네요.

私には、よく似合いますね。
와타시니와, 요크 니아이마스네

A: いかがですか。お気にいられましたか。
어떠세요? 마음에 드세요?
B: 私には、よく似合いますね。
저한테는 잘 어울리네요.

지금의 머리 스타일을
유지하고 싶어요.

今のヘアスタイルを、維持したいのです。
이마노 헤아스타이르오, 이지시타이노데스

앞머리를 좀 더
잘라주세요.

前髪をもっと切って下さい。
마에가미오 못토 킷테 크다사이

A: 前髪をもっと切って下さい。
앞머리를 좀 더 잘라주세요.
B: はい、分かりました。どのくらい切りましょうか。
네, 알겠어요. 어느정도 자를까요?

♠ 前髪(まえ がみ) : 앞머리

퍼머를 하고 싶어요.

パーマをかけようと思っています。
파-마오 카케요-또 오못테 이마스

난 새로운 머리 모양을 하고 싶어요.

私は、新しいヘアスタイルにしようと考えています。
와타시와, 아타라시이 헤아스타이르니시요-또 캉가에테 이마스

저한테는 어떤 스타일이 어울릴 것 같습니까?

私には、どのようなスタイルが似合いそうですか。
와타시니와, 도노요-나 스타이르가 니아이소-데스까

A: 私には、どのようなスタイルが似合いそうですか。
저한테는 어떤 스타일이 어울릴 것 같습니까?

B: あなたには、どんなスタイルも似合います。
당신에게는 어떤 스타일도 어울립니다.

어떤 스타일을 원하십니까?

どのようなスタイルをお望みですか。
도노요-나 스타이르오 오노조미데스까

A: どのようなスタイルをお望みですか。
어떤 스타일을 원하십니까?

B: あなたのお勧めのスタイルは、ありますか。
당신이 권하는 스타일은 있습니까?

스트레이트 파마를 하고 싶습니다.

ストレートパーマをかけたいのです。
스토레-토파-마오 카케타이노데스

약간 곱실거리는 파마를 하고 싶어요.

少しカーブの入ったパーマをかけたいのです。
스코시 카-브노 하잇타 파-마오 카케타이노데스

나는 파마가 오래 갑니다.

私の場合、パーマが長持ちします。
와타시노 바아이, 파-마가 나가모찌시마스

♠ 「長持(なが も)ちする」는 "오래가다, 오래 지속되다"라는 뜻이다.

약하게 파마를 해 주세요.

少し弱いパーマをかけて下さい。
스코시 요와이 파-마오 카케테 크다사이

강하게 파마를
해 주세요.

強くパーマをかけて下さい。
쯔요크 파-마오 카케테 크다사이

A: どのようにしましょうか。 어떻게 할까요?
B: 強くパーマをかけて下さい。 강하게 파마를 해 주세요.

너무 강하지 않게
해 주세요.

強すぎないようにして下さい。
쯔요스기나이요-니 시테 크다사이

염색하는 건 어때요?

染めるのはいかがですか。
소메르노와 이카가데스까

A: 染めるのはいかがですか。 염색하는 건 어때요?
B: 私、染めるのは、あまり、好きではありません。
저는 염색하는 것은 별로 좋아하지 않습니다.

난 내 머리를 탈색시키는
건 싫은데요.

私は、髪の毛を、脱色するのは、嫌いです。
와타시와, 카미노케오, 닷쇼크스르노와, 키라이데스

♠ 「脱色(だっ しょく)する」는 "탈색하다"라는 뜻이다.

머리를 갈색으로
염색하고 싶어요.

髪の毛をブラウンに染めたいと思っています。
카미노케오 브라운니 소메타이또 오못테 이마스

A: 髪は何色に染めたいですか。
머리는 무슨 색으로 염색하고 싶습니까?
B: できれば、髪の毛をブラウンに染めたいと思っています。
가능하면 머리를 갈색으로 염색하고 싶어요.

밝은 색으로 해주면,
아주 자연스러워
보일 거예요.

明るい色にすれば、とても自然に見えるはずです。
아카르이 이로니 스레바, 토테모 시젠니 미에르하즈데스

A: 明るい色にすれば、とても自然に見えるはずです。
밝은 색으로 해주면, 아주 자연스러워 보일 거예요.
B: それなら、明るい色にして頂けますか。
그러면 밝은 색으로 해 주시겠어요?

제가 원하던 것과
약간 다르게 나온 것
같습니다.

私の希望と、少し出来上がりが違うようです。
와타시노 키보-또, 스코시 데키아가리가 찌가우요-데스

머리카락	髪(かみ)の毛(け)	카미노케
헤어스타일	ヘアスタイル	헤아스타이르
헤어스타일 책	ヘアスタイルの本(ほん)	헤아스타이르노 혼
가르마	分(わ)け目(め)	와케메
오른쪽 가르마	右分(みぎ わ)け	미기와케
왼쪽 가르마	左分(ひだり わ)け	히다리와케
퍼머	パーマ	파-마
컷트	カット	캇토
염색하다	染(そ)める	소메르
탈색	脱色(だっ しょく)	닷쇼크
곱슬머리	天然(てん ねん)パーマ	텐넨파-마
직모	ストレートヘア	스토레-토헤아
자연스러운	自然(し ぜん)な	시젠나
물결모양	波模様(なみ も よう)	나미모요-
금발	金髪(きん ぱつ)	킴빠쯔
샴푸	シャンプー	샴프-
린스	リンス	린스
비누	石鹸(せっ けん)	셋켄

빗	くし 크시
브러시	ヘアブラシ 헤아브라시
면도기	剃刀(かみ そり) 카미소리
드라이어	ヘアドライヤー 헤아도라이야─
거울	鏡(かがみ) 카가미
치약	歯磨(は みが)き 하미가키
칫솔	歯(は)ブラシ 하브라시
수건	タオル 타오르
화장지	トイレットペーパー 토이렛토페─파─
세면대	洗面台(せん めん だい) 센멘다이
샤워기	シャワー 샤와─
샤워캡	シャワーキャップ 샤와─캬프
샤워커튼	シャワーカーテン 샤와─카─텐
수도꼭지	蛇口(じゃ ぐち) 쟈그찌
욕조	湯船(ゆ ぶね) 유브네, 浴槽(よく そう) 요쿠소─
변기	便器(べん き) 벤키
슬리퍼	スリッパ 스릿파
타일	タイル 타이르

이 블라우스 좀 드라이 클리닝 해 주세요.

このブラウス、ドライクリーニングをお願いします。
코노 브라우스, 도라이크리-닝그오 오네가이시마스

♠ ドライクリーニング : 드라이클리닝

셔츠 두 장 세탁 좀 해 주세요.

シャツを二枚、洗濯して下さい。
샤츠오 니마이, 센타크시테 크다사이

이 양복을 드라이클리닝 하고 싶어.

このスーツを、ドライクリーニングしたい。
코노 스-츠오, 도라이크리-닝그시타이

진짜 가죽도 클리닝 가능합니까?

本革もクリーニングできますか。
혼가와모 크리-닝그 데키마스까

A: 本革もクリーニングできますか。
　　진짜 가죽도 클리닝 가능합니까?

B: はい。本革もクリーニングできますが、費用が少し高めになります。
　　네, 진짜 가죽도 클리닝이 가능하지만, 비용이 조금 비싸집니다.

이 옷을 다림질 해 주시겠어요?

この服にアイロンをかけて頂けますか。
코노 후크니 아이롱오 카케테 이타다케마스까

A: この服にアイロンをかけて頂けますか。
　　이 옷을 다림질 해 주시겠어요?

B: はい。もちろんです。アイロンがけは、サービスにさせていただきます。
　　네, 물론입니다. 다림질은 서비스로 해 드려요.

이 옷를 세탁하고 다려 주실 수 있습니까?

この服を洗濯し、アイロンをかけて頂けますか。
코노 후크오 센타크시, 아이롱오 카케테 이타다케마스까

이것은 물로 빨면 줄어들까요?

これは、水で洗えば、縮むと思いますか。
코레와, 미즈데 아라에바, 찌지므또 오모이마스까

A: これは、水で洗えば、縮むと思いますか。
　　이것은 물로 빨면 줄어들까요?

B: いいえ、それは水で洗っても問題ないはずです。
　　아니요, 그것은 물로 빨아도 문제 없을 겁니다.

| 이 얼룩을 지워 주실 수 있습니까? | この染みを取り除いて頂けますか。
코노 시미오 토리노조이테 이타다케마스까 |

이 셔츠의 칼라에 풀을 먹여 주시겠습니까?

このシャツのカラーに糊付けして頂けますか。
코노 샤츠노 카라-니 노리즈케시테 이타다케마스까

♠ 「糊付(のりづ)けする」는 "풀을 먹이다"라는 뜻이다.

이 얼룩은 빠질까요?

この染みは取れますか。
코노 시미와 토레마스까

A: この染みは取れますか。
이 얼룩은 빠질까요?

B: はい。 その染みは、取れるはずです。
네, 그 얼룩은 빠질 겁니다.

오늘밤까지 될까요?

今晩までに、できますか。
콘방마데니, 데키마스까

좀 더 빨리는 안될까요?

もっと早くは、できないですか。
못토 하야크와, 테키나이데스까

A: もっと早くは、できないですか。
좀 더 빨리는 안될까요?

B: すみませんが、もっと早くは、できません。
죄송합니다만, 더 빨리는 안됩니다.

노력은 하겠지만, 장담은 못하겠네요.

努力はしますが、保障はできません。
도료크와 시마스가, 호쇼-와 데키마셍

얼마입니까?

いくらですか。
이크라데스까

셔츠를 찾아 가실 때 내면 됩니다.

シャツをお受け取りになる時に、
お支払いになれば良いのです。
샤츠오 오우케토리니 나르 토끼니, 오시하라이니 나레바 이이노데스

이 단추들을 달아
주실 수 있습니까?

これらのボタンをつけて頂けますか。
코레라노 보탄오 쯔케테 이타다케마스까

A: これらのボタンをつけて頂けますか。
이 단추들을 달아 주실 수 있습니까?

B: はい、もちろんです。サービスでやらせて頂きます。
네, 물론입니다. 서비스로 해 드리겠습니다.

단추가 떨어졌습니다.
달아 주시기 바랍니다.

ボタンが取れてしまいました。つけて頂きたいのです。
보탄가 토레테 시마이마시타. 쯔케테 이타다키타이노데스

이 단추와 같은
것이 있습니까?

このボタンと同じものがありますか。
코노 보탄또 오나지모노가 아리마스까

A: このボタンと同じものがありますか。　이 단추와 같은 것이 있습니까?
B: 申し訳ありませんが、それと全く同じものはございません。
죄송합니다만, 그것과 완전 똑같은 것은 없습니다.

원래 있던 단추는
없으신가요?

もとのボタンはお持ちではないのですか。
모또노 보탄와 오모찌데와 나이노데스까

A: もとのボタンはお持ちではないのですか。
원래 있던 단추는 없으신가요?

B: なくしてしまいました。
잃어 버렸어요.

여기서 수선을
해 줍니까?

ここで、修繕して頂けますか。
코코데, 슈-젠시테 이타다케마스까

이 드레스는 너무 큰데,
고칠 수 있어요?

このドレスは、大き過ぎますが、直して頂けますか。
코노 도레스와, 오오키스기마스가, 나오시테 이타다케마스까

이 재킷의 소매를
줄여 주세요.

このジャケットの袖を縮めて下さい。
코노 쟈켓토노 소데오 찌지메테 크다사이

♠「このジャケットの袖(そで)を縮(ちち)めて頂(いただ)けますか。」가 조금 더 정중한
표현이다. 동사「頂(いただ)く」를 사용하면 좀 더 정중한 표현이 된다.

이 바지 길이를
줄여 주세요.

このズボンの長さを短くして下さい。
코노 즈봉노 나가사오 미지카크 시테 크다사이

A: このズボンの長さを短くして下さい。
이 바지 길이를 줄여 주세요.

B: 明日になりますが、よろしいでしょうか。
내일 됩니다만, 괜찮으세요?

이 바지 허리를
줄여 주시겠습니까?

このズボンのウエストを縮めて頂けますか。
코노 즈봉노 우에스토오 찌지메테 이타다케마스까

이 바지 허리를
늘려 주시겠습니까?

このズボンのウエストを大きくして頂けますか。
코노 즈봉노 우에스토오 오오키크시테 이타다케마스까

이 바지의 통을
조금 늘려 주세요.

このズボンの幅を少し大きくして頂けますか。
코노 즈봉노 하바오 스코시 오오키크시테 이타다케마스까

♠ 伸(の)ばす = 大(おお)きくする : 늘이다

다른 게 더 있으세요?

他に何かありますか。
호카니 나니까 아리마스까

언제쯤 다 될까요?

いつ頃、出来上がりますか。
이쯔고로, 데키아가리마스까

A: いつ頃、出来上がりますか。
언제쯤 다 될까요?

B: 明後日になりそうです。
모레 될 것 같아요.

하루 안에 됩니까?

一日でできますか。
이찌니찌데 데키마스까

이 스웨터는
줄어들었습니다.

このセーターは縮まってしまいました。
코노 세-타-와 찌지맛테 시마이마시타

세탁 (洗濯)

세탁	洗濯(せん たく) 센타크
세탁물	洗濯物(せん たく もの) 센타크모노
양복	スーツ 스-츠
셔츠	シャツ 샤츠
재킷	ジャケット 쟈켓토
스커트	スカート 스카-토
원피스	ワンピース 완피-스
블라우스	ブラウス 브라우스
세제	洗剤(せん ざい) 센자이
표백제	漂白剤(ひょう はく ざい) 효-하크자이
드라이클리닝	ドライクリーニング 도라이크리-닝그
다림질(하다)	アイロン 아이롱
개다, 접다	畳(たた)む 타타므
줄다, 오그라들다	縮(ちぢ)む 찌지므
풀을 먹이다	糊付(のり づ)けする 노리즈케스루
제거하다	取(と)り除(のぞ)く 토리노조크
(얼룩)을 빼다	(染(し)み)を取(と)る 시미오토르
얼룩	染(し)み 시미
기름얼룩	油(あぶら)の染(し)み 아브라노시미

단추	ボタン 보탄
꿰매다	縫(ぬ)う 느우
수선(하다)	修繕(しゅうぜん)する 슈-젠스루
줄이다	縮(ちぢ)める 찌지메르, 短(みじか)くする 미지카쿠 스르
늘이다	大(おお)きくする 오오키쿠 스르, 伸(の)ばす 노바스
소매	袖(そで) 소데
허리	腰(こし) 코시
너덜너덜	ぼろぼろ 보로보로
헝겊조각	布切(ぬの ぎ)れ 느노기레
당일 서비스	当日(とう じつ)サービス 토-지쯔 사-비스
스웨터	セーター 세-타-

성격 (性格)

게으름을 피우다	怠(なま)ける 나마케르
성실하다	真面目(ま じ め)だ 마지메다
명랑하다	朗(ほが)らかだ 호가라카다
건방지다	生意気(なま い き)だ 나마이키다
상냥하다	優(やさ)しい 야사시이
친절하다	親切(しん せつ)だ 신세쯔다
현명하다	賢(かしこ)い 카시코이
냉정하다	冷(つめ)たい 쯔메타이

책 몇권 좀
대출하려고 하는데요.

本を何冊か貸して頂きたいのですが。
혼오 난사쯔까 카시테 이타다키타이노데스가

대출카드가
있으신가요?

貸し出しカードがございますか。
카시다시카ー도가 고자이마스까

A: 貸し出しカードがございますか。
대출카드가 있으신가요?

B: いいえ、貸し出しカードは、持っておりません。
아니요, 대출카드는 가지고 있지 않아요.

도서관 카드를
먼저 만드셔야 됩니다.

先に、図書館カードを作らなければなりません。
사키니, 토쇼칸카ー도오 쯔크라나케레바 나리마셍

책을 대출하려면,
대출 카드가
있어야 합니까?

本を借りるためには、貸し出しカードがなければいけないのですか。
혼올 카리르 타메니와, 카시다시카ー도가 나케레바 이케나이노데스까

A: 本を借りるためには、
貸し出しカードがなければいけないのですか。
책을 대출하려면, 대출 카드가 있어야 합니까?

B: いいえ、貸し出しカードは、要りません。
身分証があれば、貸し出しできます。
아니요, 대출카드는 필요없습니다. 신분증만 있으면 대출받을 수 있어요.

이 도서관에서는 카드
없이는 아무것도
할 수가 없습니다.

この図書館では、カードなしでは何もできません。
코노 토쇼칸데와, 카ー도나시데와 나니모 데키마셍

대출카드를 발급해
주시겠어요?

貸し出しカードを発行して下さいますか。
카시다시카ー도오 핫코ー시테크다사이마스까

A: 貸し出しカードを発行して下さいますか。
대출카드를 발급해 주시겠어요?

B: 身分証は、お持ちですか。身分証が要ります。
신분증은 가지고 계십니까? 신분증이 필요해요.

사진이 붙은 신분증과
현주소의 증명이
필요합니다.

写真の付いている身分証と、現住所の証明が必要です。

샤신노 쯔이테 이르 미분쇼-또, 겐쥬-쇼노 쇼-메이가 히쯔요-데스

이 도서관 대출카드를
만들 수 있습니까?

この図書館の貸し出しカードを作れますか。

코노 토쇼칸노 카시다시카-도오 쯔크레마스까

카드를 만드는데
돈을 내야 하나요?

カードを作るのに、お金がかかりますか。

카-도오 쯔크르노니, 오카네가 카카리마스까

　A: カードを作るのに、お金がかかりますか。
　　　카드를 만드는데 돈을 내야 하나요?

　B: いいえ、お金は要りません。
　　　아니요, 돈은 필요없어요.

한 번에 몇 권까지
빌릴 수 있나요?

一度に何冊まで借りられますか。

이찌도니 난사쯔마데 카리라레마스까

　A: 一度に何冊まで借りられますか。
　　　한 번에 몇 권까지 빌릴 수 있나요?

　B: 一度に五冊まで借りられます。
　　　한 번에 5권까지 빌릴 수 있어요.

대출기한은
얼마인가요?

貸し出しの期限は、どのくらいですか。

카시다시노 키겐와, 도노크라이데스까

책을 잃어버리면
어떻게 되나요?

本を無くしてしまいますと、どうなるのですか。

혼오 나크시테 시마이마스또, 도-나르노데스까

반납기일 안에 책을
반납해 주지 않으면,
연체료를 내야 합니다.

返却期日内に、本を返さないと、
延滞料を払わなければいけません。

헨캬크키지쯔나이니, 혼오 카에사나이또, 엔타이료-오 하라와나케레바이케마셍

그것이 도서관의
방침입니다.

それが図書館のルールです。

소레가 토쇼칸노 루-루데스

도서관에서

책을 몇 권 찾고
있는데요.
좀 도와주시겠어요?

本を何冊か探していますが、
ちょっと手伝って頂けますか。
혼을 난사쯔카 사가시테 이마스가, 쫏토 테쯔닷테 이타다케마스까

A: 本を何冊か探していますが、ちょっと手伝って頂けますか。
책을 몇 권 찾고 있는데요. 좀 도와주시겠어요?

B: はい、喜んでお手伝いします。　네, 기꺼이 도와드리겠습니다.

이 책을 찾도록
도와주시겠어요?

この本を見つけられるよう、手伝って頂けますか。
코노 혼오 미쯔케라레르요-, 테쯔닷테 이타다케마스까

A: この本を見付けられるよう、手伝って頂けますか。
이 책을 찾도록 도와주시겠어요?

B: 大変申し訳ございませんが、急用がありますので、
今は、お手伝いできません。
정말 죄송합니다만, 급한 용무가 있어서 지금은 도와드릴 수 없어요.

컴퓨터에 관한
책들을 찾고 있는데요.

パソコンに関する本を探しています。
파소콘니 칸스루 혼오 사가시테 이마스

생물학에 관한 책은
어디에 있습니까?

生物学に関する本は、どこにありますか。
세-브쯔가쿠니 칸스루 혼와, 도꼬니 아리마스까

A: 生物学に関する本は、どこにありますか。
생물학에 관한 책은 어디에 있습니까?

B: 二階にあります。　2층에 있습니다.

나쯔메 소세키의
책을 찾고 있는데요.

夏目漱石の本を探しています。
나쯔메소-세키노 혼오 사가시테 이마스

제가 찾는 책이
책장에 없습니다.

私の探している本が、本棚にありません。
와타시노 사가시테 이르 혼가, 혼다나니 아리마셍

죄송합니다만,
이미 대출이 되었네요.

申し訳ありませんが、すでに、貸し出しております。
모우시와케아리마셍가, 스데니, 카시다시테 오리마스

정기간행물은 어디에 있습니까?	**定期刊行物は、どこにありますか。** 테-키칸코-브쯔와, 도꼬니 아리마스까 ♠ 「定期刊行物(てい き かん こう ぶつ)」는 "정기 간행물"이라는 뜻이다.
참고서 서고는 어디인가요?	**参考書のセクションは、どこですか。** 산코-쇼노 세크숀와, 도꼬데스까
참고서 서고에는 가방을 가지고 들어 갈 수 없습니다.	**参考書の書庫には、かばんを持ちこめません。** 산코-쇼노 쇼코니와, 카방오 모찌코메마셍
한국 역사에 대한 자료가 필요합니다.	**韓国の歴史に関する資料が必要です。** 캉코크노 레키시니 칸스루 시료-가 히쯔요-데스
어디에서도 이 책들을 찾을 수가 없습니다.	**どこでも、これらの本を見つけられません。** 도코데도, 코레라노 혼오 미쯔케라레마셍
저자나 책 제목을 아십니까?	**著者あるいは本の題目をご存じですか。** 쬬샤 아르이와 혼노 다이모크오 고존지데스까 A: **著者あるいは本の題目をご存じですか。** 저자나 책 제목을 아십니까? B: **いいえ、覚えていません。** 아니요, 기억하고 있지 않습니다.
어떻게 하면 이 주제에 관한 책을 찾을 수 있을까요?	**どうすれば、この主題に関する本を見つけられますか。** 도-스레바, 코노 슈다이니 칸스루 혼오 미쯔케라레마스까 A: **どうすれば、この主題に関する本を見つけられますか。** 어떻게 하면 이 주제에 관한 책을 찾을 수 있을까요? B: **インターネット上で、検索して見ましたか。** 인터넷상에서 검색해 보았습니까?
카드목록을 컴퓨터로 검색해 보는 건 어떠세요?	**カードの目録を、パソコンで、検索して見るのは、いかがですか。** 카-도노 모크로크오, 파소콘데, 켄사크시테 미르노와, 이카가데스까

이 책을 대출해
주십시오.

この本を貸して下さい。
코노 혼오 카시테 크다사이

도서관 카드나
신분증 좀 주실래요?

図書館カードあるいは身分証を頂けますか。
토쇼칸카ー도 아르이와 미분쇼ー오 이타다케마스까

이 책 언제까지
반납해야 하나요?

この本は、いつまでに返さなければなりませんか。
코노 혼와, 이쯔마데니 카에사나케레바 나리마셍까

A: この本は、いつまでに返さなければなりませんか。
이 책 언제까지 반납해야 하나요?

B: 二週間以内です。 2주 이내에 반납해야 해요.

이 책을 대출할 수
있습니까?

この本を貸して頂けますか。
코노 혼오 카시테 이타다케마스까

이 책들은 열람만
가능합니다.

これらの本は、閲覧のみ可能です。
코레라노 혼와, 에쯔란노니 카노ー데스

A: これらの本は、閲覧のみ可能です。 이 책들은 열람만 가능합니다.

B: 借りたかったのに残念です。 대출받고 싶었는데 유감이군요.

이 책들의 대출을
연장하고 싶습니다.

これらの本の貸し出しを延長して頂きたいのです。
코레라노 혼노 카시다시오 엔쬬ー시테 이타다키타이노데스

A: これらの本の貸し出しを延長して頂きたいのです。
이 책들의 대출을 연장하고 싶습니다.

B: 身分証をお持ちであれば、それは、可能です。
신분증을 가지고 계시면 그것은 가능합니다.

빌려간 책을
반납하러 왔습니다.

借りていた本をお返しします。
카리테 이타 혼오 오카에시시마스

책 반납일을
연기할 수 있습니까?

本の返却日を延ばして頂けませんか。
혼노 헨캬크비오 노바시테 이타다케마셍까

♠ "(빌린 것을) 반납하다"라고 할 때는 「返却(へん きゃく)する」라고 한다.

기한을 한 주 넘겼습니다.

一週間、期限を越えました。

잇슈-칸, 키겐오 코에마시타

A: すみませんが、一週間、期限を越えました。
죄송합니다만, 기한을 한 주 넘겼습니다.

B: 罰金はありませんが、これからは、ルールを守って下さい。
벌금은 없습니다만, 앞으로는 규칙을 지켜 주세요.

책을 늦게 반납하면 벌금이 얼마입니까?

本の返却が遅れると、罰金はいくらですか。

혼노 헨캬크가 오크레르또, 밧킨와 이크라데스까

A: 本の返却が遅れると、罰金はいくらですか。
책을 늦게 반납하면 벌금이 얼마입니까?

B: 罰金は、一日遅れにつき、百円です。
벌금은 하루 늦어지면 100엔입니다.

연체료는 얼마입니까?

延滞料は、いくらですか。

엔타이료-와, 이크라데스까

연체료 200엔이 있습니다.

二百円の延滞料があります。

니햐크엔노 엔타이료-가 아리마스

나중에 내도 됩니까?

後で、お支払いしてもいいですか。

아토데, 오시하라이시테모 이이데스까

책을 예약하고 싶습니다.

本を予約したいのです。

혼오 요야크시타이노데스

이 책이 언제 반납될 예정인지 알 수 있습니까?

この本はいつ頃、返却される予定か、ご存じですか。

코노 혼와 이쯔고로, 헨캬크사레르 요테이까, 고존지데스까

A: この本はいつ頃、返却される予定か、ご存じですか。
이 책이 언제 반납될 예정인지 알 수 있습니까?

B: 来週の水曜日には返済されると思います。
다음주 수요일에는 반납될 것 같습니다.

♠ 「返却(へん きゃく)する」는 "(책등을) 반납하다"라는 뜻이다.

도서관	図書館(と しょ かん) 토쇼칸
책	本(ほん) 혼
신문	新聞(しん ぶん) 심븐
잡지	雑誌(ざっ し) 잣시
대출카드	貸(か)し出(だ)しカード 카시다시카―도
빌리다	借(か)りる 카리르
반납	返品(へん ぴん) 헨삔
선반	棚(たな) 타나
정기간행물	定期刊行物(てい き かん こう ぶつ) 테―키칸코―브쯔
참고서	参考書(さん こう しょ) 산코―쇼
구역	区域(く いき) 쿠이키
저자	著者(ちょ しゃ) 쬬샤
제목	タイトル 타이토르、題目(だい もく) 다이모크
주제	主題(しゅ だい) 슈다이
색인	索引(さく いん) 사크인
목록	目録(もく ろく) 모크로크
검색	検索(けん さく) 켄사크
갱신하다	更新(こう しん)する 코―신스루
연장	延長(えん ちょう) 엔쬬―
연체료	延滞料(えん たい りょう) 엔타이료―

Part 4
社会生活

사회생활

어떤 일을 하세요?

どんなお仕事をされていますか。
돈나 오시고또오 사레테 이마스까

A: どんなお仕事をされていますか。 어떤 일을 하세요?
B: 私は、小学校の先生です。 저는 초등학교 교사예요.

어떤 업종에
종사하십니까?

どんな業種にお勤めですか。
돈나 교-슈니 오쯔토메데스까

A: どんな業種にお勤めですか。
어떤 업종에 종사하십니까?
B: IT関連の仕事をしています。
IT관련의 일을 하고 있습니다.

실업가입니다.

実業家です。
지쯔교-카데스

회사원입니다.

会社員です。
카이샤인데스

A: あなたは自営業をされていますか。
당신은 자영업을 하십니까?
B: いいえ、私は会社員です。
아니요, 저는 회사원입니다.

컴퓨터
프로그래머입니다.

コンピュータープログラマーです。
콤퓨-타-프로그라마-데스

저는 치과의사입니다.

私は歯医者です。
와타시와 하이샤데스

♠ 歯医者(は い しゃ) : 치과의사

저는 교사입니다.

私は教師です。
와타시와 코-시데스

저는 기술자입니다.

私は、エンジニアです。
와타시와, 엔지니아데스

당신은 무엇을
가르치고 있나요?

あなたは何を教えていますか。
아나타와 나니오 오시에테 이마스까

당신은 가르치는
일을 좋아하십니까?

あなたは教える事が好きですか。
아나타와 오시에르 코또가 스키데스까

저는 택시 기사입니다.

私はタクシーの運転手です。
와타시와 타크시-노 운텐슈데스

차를 운전한지
얼마나 되셨습니까?

車の運転を始めてから、どのくらいになりますか。
크르마노 운텐오 하지메테까라, 도노크라이니 나리마스까

A: 車の運転を始めてから、どのくらいになりますか。
　　차를 운전한지 얼마나 되셨습니까?
B: 運転を始めてから一年になります。　운전한지 1년이 됩니다.

일은 마음에 드십니까?

お仕事は気に入っていますか。
오시고또와 키니 잇테 이마스까

A: お仕事は気に入っていますか。　일은 마음에 드십니까?
B: いいえ、私は今の仕事があまり好きではありません。
　　아니요, 저는 지금 일을 그다지 좋아하지는 않습니다.

저는 제 일에 자부심을
가지고 있습니다.

私は、自分の仕事にプライドを持っています。
와타시와, 지분노 시고또니 프라이도오 못테 이마스

이 직업의 어떤 점이
마음에 드십니까?

この職業の、どんな点が気に入っていますか。
코노 쇼크교-노, 돈나 텡가 키니 잇테 이마스까

이 일은 아르바이트
삼아 하는 것입니다.

この仕事は、アルバイトとしてやっています。
코노 시고또와, 아르바이토토시테 얏테 이마스

♠ アルバイト = バイト(학생들이 주로 사용) 아르바이트

저는 직업을 바꿀까
생각중입니다.

私は職業を変えようかと考えています。
와타시와 쇼크교-오 카에요-까또 캉가에테 이마스

어디서 일하십니까?

どこで働_{はたら}いていますか。

도꼬데 하타라이테 이마스까

A: どこで働いていますか。 어디서 일하십니까?

B: 私は区役所で働いています。 저는 구청에서 일하고 있습니다.

♠ 区役所(く やく しょ) : 구청　　♠ 市役所(し やく しょ) : 시청

무슨 회사에
다니십니까?

どんな会社_{かいしゃ}にお勤_{つと}めですか。

돈나 카이샤니 오쯔토메데스까

A: どんな会社にお勤めですか。 무슨 회사에 다니십니까?

B: 私は、大手の外資系に勤めています。
저는 외국계 대기업에 근무하고 있습니다.

저는 LK자동차
회사에서 일합니다.

私は、LK自動車会社で、働いています。

와타시와, LK(에르케-)지도-샤가이샤데, 하타라이테 이마스

저는 영업부서에서
일합니다.

私は営業部で働いています。

와타시와 에-교-브데 하타라이테 이마스

실례합니다만,
어떤 직위를
담당하고 계십니까?

失礼_{しつれい}ですが どのようなポストをご担当_{たんとう}されている
のですか？

시쯔레이데스가, 도노요-나 포스토오 고탄토-사레테 이르노데스까

A: 失礼ですが、どのようなポストをご担当されているのですか？
실례합니다만, 어떤 직위를 담당하고 계십니까?

B: 次長です。 차장입니다.

♠ 참고로 「肩書(かた が)き」는 직장에서의 "직책"이라는 뜻이다.

언제 지금 회사에
입사했습니까?

いつ今の会社に入社されましたか。

이쯔 이마노 카이샤니 뉴-샤사레마시타까

A: いつ今の会社に入社されましたか。
언제 지금 회사에 입사했습니까?

B: 今の会社には、五年前に入社しました。
지금 회사에는 5년전에 입사했습니다.

현재 근무하는 곳은
어떻습니까?

現在 働いている所は、いかがですか。
겐자이 하타라이테 이르 토코로와, 이카가데스까

당신은 회사가
마음에 듭니까?

あなたは、会社が気に入っていますか。
아나타와, 카이샤가 키니 잇테 이마스까

당신의 회사는
어디에 있습니까?

あなたの会社は、どこにありますか。
아나타노 카이샤와, 도꼬니 아리마스까

A: あなたの会社は、どこにありますか。 당신의 회사는 어디에 있습니까?
B: 私の会社は、東京にあります。 저희 회사는 동경에 있습니다.

집이 직장과
가깝습니까?

家は、職場に近いですか。
이에와, 쇼크바니 찌카이데스까

당신은 일하러 갈 때
어떻게 가나요?

あなたは職場に行く時に、どのようにして行きますか。
아나타와 쇼크바니 이크 토끼니, 도노요-니시테 이키마스까

A: あなたは職場に行く時に、どのようにして行きますか。
당신은 일하러 갈 때 어떻게 가나요?
B: 通常、バスで二十分くらい行って、
それから地下鉄に乗り換えます。
통상 버스로 20분 정도 가서 그리고나서 지하철로 갈아타요.

♠ 乗(の)り換(か)える : (차등을) 갈아타다

보통 지하철을 타고
갑니다만, 가끔
버스도 탑니다.

普通、地下鉄に乗りますが、たまにバスにも乗ります。
후쯔-, 찌카테쯔니 노리마스가, 타마니 바스니모 노리마스

사무실 가까이에
지하철역이 없습니다.

事務所の近くに、地下鉄の駅がありません。
지무쇼노 찌카쿠니, 찌카테쯔노 에키가 아리마셍

컴퓨터 업계는
어떻습니까?

パソコン業界は、いかがですか。
파소콘교-카이와, 이카가데스까

근무시간은 어떻게
됩니까?

きんむじかん
勤務時間は、どのようになりますか。
킨므지칸와, 도노요-니 나리마스까

A: きんむじかん 勤務時間は、どのようになりますか？
근무시간은 어떻게 됩니까?

B: あさくじ ごごごじ 朝9時から午後5時までです。
아침 9시부터 오후 5시까지입니다.

몇 시에 근무가
시작됩니까?

なんじ しごと はじ
何時に仕事は始まりますか。
난지니 시고또와 하지마리마스까

A: なんじ しごと はじ 何時に仕事は始まりますか。
몇 시에 근무가 시작됩니까?

B: あさくじはん はじ 朝9時半に始まります。
아침 9시반에 시작됩니다.

저는 7시에 출근합니다.

わたし しちじ しゅっしゃ
私は、七時に出社しています。
와타시와, 시찌지니 슛샤시테 이마스

몇 시에 퇴근하십니까?

なんじ たいしゃ
何時に退社していますか。
난지니 타이샤시테 이마스까

A: なんじ たいしゃ 何時に退社していますか。
몇 시에 퇴근하십니까?

B: わたし ふつう ろくじ たいしゃ 私は、普通、6時に退社します。
저는 평소 6시에 퇴근합니다.

일은 몇 시부터
몇 시까지입니까?

しごと なんじ なんじ
お仕事は、何時から何時までですか。
오시고또와, 난지까라 난지마데데스까

우리는 주 5일
근무입니다.

しゅういつかせい
うちは週五日制です。
우찌와 슈-이쯔까세-데스

♠ **週五日制**(しゅう いつか せい) : 주 5일 근무

토요일은 격주로
쉽니다.

土曜日は隔週で休みます。
도요-비와 카크슈-데 야스미마스

A: 土曜日も仕事をしていますか。
토요일도 일합니까?

B: 土曜日は隔週で休みます。
토요일은 격주로 쉽니다.

저는 매일 칼
퇴근합니다.

私は、毎日、定時に退社します。
와타시와, 마이니찌, 테-지니 타이샤시마스

저는 종종 늦게까지
근무합니다.

私は、時々、遅くまで仕事をしています。
와타시와, 토키도끼, 오소크마데 시고또오 시테 이마스

일 때문에 스트레스가
많은 것 같네요.

仕事でストレスが多いようですね。
시고또데 스토레스가 오오이요-데스네

일 때문에 바빠서,
시간을 낼 수 없습니다.

仕事で忙しく、時間を作れません。
시고또데 이소가시크, 시칸오 쯔크레마셍

♠ 「時間(じかん)を作(つく)る」는 "시간을 내다"라는 뜻이다.

당신은 늘 바쁜 것
같아요.

あなたは、いつも忙しそうですね。
아나타와, 이쯔모 이소가시소-데스네

A: あなたは、いつも忙しそうですね。
당신은 늘 바쁜 것 같아요.

B: いつも仕事が忙しいからです。
언제나 일이 바빠서 그래요.

사원을 위해 어떤
복지제도가 있습니까?

社員の為の、どんな福利厚生制度がありますか。
샤인노 타메노, 돈나 후크리코-세-세-도가 아리마스까

A: その他、質問はありますか。
기타 질문이 있습니까?

B: 社員の為の、どんな福利厚生制度がありますか。
사원을 위해 어떤 복지제도가 있습니까?

• 일본어회화사전

공무원	公務員(こうむいん) 코-므인
디자이너	デザイナー 데자이나-
기술자	エンジニア 엔지니아
경영자	経営者(けいえいしゃ) 케-에-샤
요리사	コック 콧크
편집자	編集者(へんしゅうしゃ) 헨슈-샤
작가	作家(さっか) 삿카
신문기자	新聞記者(しんぶんきしゃ) 심분키샤
사진가	写真家(しゃしんか) 샤신카
예술가	芸術家(げいじゅつか) 게-쥬쯔카
음악가	音楽家(おんがくか) 온가쿠카
피아니스트	ピアニスト 피아니스토
가수	歌手(か・しゅ) 카슈
배우	俳優(はい・ゆう) 하이유-
여배우	女優(じょ・ゆう) 죠유-
교사	教師(きょう・し) 쿄-시
교수	教授(きょう・じゅ) 쿄-쥬
정치가	政治家(せい・じ・か) 세-지카

대통령	大統領(だい とう りょう) 다이토-료-
부통령	副大統領(ふく だい とう りょう) 후크다이토-료-
장관	長官(ちょう かん) 쪼-칸
사장	社長(しゃ ちょう) 샤쪼-
의사	医者(い しゃ) 이샤
간호사	看護師(かん ご し) 칸고시
수의사	獣医(じゅう い) 쥬-이
변호사	弁護士(べん ご し) 벤고시
판매원	販売員(はん ばい いん) 한바이인
회계사	会計士(かい けい し) 카이케-시
출납원	レジ係(がかり) 레지가카리
목수	大工(だい く) 다이쿠
건축가	建築家(けん ちく か) 켄치쿠카
미용사	美容師(び よう し) 비요-시
경찰관	警察官(けい さつ かん) 케이사쯔칸
소방수	消防士(しょう ぼう し) 쇼-보-시
파일럿	パイロット 파이롯토

너 몇 학년이니?

あなたは何年生^{なんねんせい}なの？

아나타와 난넨세-나노

A: あなたは何年生^{なんねんせい}なの？　너 몇 학년이니?
B: 私^{わたし}は小学校六年生^{しょうがっこうろくねんせい}です。　저는 초등학교 6학년입니다.

고등학교 2학년입니다.

高校二年^{こうこうにねん}です。

코-코-니넨데스

♠ "~년생" 이라고 할 때는 「~年生(ねん せい)」라는 표현을 쓴다.
　2학년생 : 二年生(に ねん せい)
　3학년생 : 三年生(さん ねん せい)

어느 대학에 다니세요?

どこの大学^{だいがく}に通^{かよ}っていますか。

도꼬노 다이가크니 카욧테 이마스까

A: どこの大学^{だいがく}に通^{かよ}っていますか。　어느 대학에 다니세요?
B: 私^{わたし}は、早稲田大学^{わせだだいがく}に通^{かよ}っています。　저는 와세다대학에 다니고 있어요.

저는 대학생입니다.

私^{わたし}は、大学生^{だいがくせい}です。

와타시와, 다이가크세-데스

A: あなたは、会社員^{かいしゃいん}ですか。　당신은 회사원입니까?
B: いいえ、私^{わたし}は、大学生^{だいがくせい}です。　아니요, 저는 대학생입니다.

오오사카 대학에
다닙니다.

大阪大学^{おおさかだいがく}に通^{かよ}っています。

오오사카다이가크니 카욧테 이마스

몇 학년인가요?

何年生^{なんねんせい}ですか。

난네세-데스까

저는 2학년입니다.

私^{わたし}は二年生^{にねんせい}です。

와타시와 니넨세-데스

저는 3학년입니다.

私^{わたし}は三年生^{さんねんせい}です。

와타시와 산넨세-데스

실례합니다만,
어느 대학교
졸업하셨어요?

失礼ですが、どちらの大学を卒業しましたか。
시쯔레-데스가, 도찌라노 다이가쿠오 소쯔교-시마시타까

A: 失礼ですが、どちらの大学を卒業しましたか。
실례합니다만, 어느 대학교 졸업하셨어요?

B: 私は、高卒です。
저는 고졸입니다.

어느 고등학교
다니셨습니까?

どこの高校へ通いましたか。
도꼬노 코-코-에 카요이마시타까

우리는 고교
동창입니다.

私たちは高校の同窓生です。
와타시타찌와 코-코-노 도-소-세-데스

A: あなたたちは、どのような間柄ですか。
당신들은 어떤 관계입니까?

B: 私たちは高校の同窓生です。
우리는 고교 동창입니다.

우리는 고등학교
동문입니다.

私たちは、同じ高校を卒業しました。
와타시타찌와, 오나지 코-코오 소쯔교-시마시타

우리는 83년도
졸업생입니다.

私たちは、1984年の卒業生です。
와타시타찌와, 센큐-햐크하찌쥬-요넨노 소쯔교-세-데스

나는 그와 대학
동창입니다.

私は彼と同じ大学です。
와타시와 카레또 오나지 다이가크데스

그 사람은 제 2년
선배입니다.

その人は、私の二年先輩です。
소노 히또와, 와타시노 니넨센빠이데스

♠ 先輩(せんぱい) : 선배
♠ 後輩(こうはい) : 후배

그 사람은 제 2년
후배입니다.

その人は、私の二年後輩です。
소노히또와, 와타시노 니넨코-하이데스

전공이 뭔가요?

専攻は何ですか。
센코-와 난데스까

A: 専攻は何ですか。　전공이 뭔가요?

B: 私の専攻は、日本文学です。　제 전공은 일본문학이예요.

교육학을 전공하고 있습니다.

教育学を専攻しています。
쿄-이크가쿠오 센코-시테 이마스

저는 영문학을 전공하고 있습니다.

私は、英文学を専攻しています。
와타시와, 에-븐가쿠오 센코-시테 이마스

A: 私は、英文学を専攻しています。　저는 영문학을 전공하고 있습니다.

B: 英文学は、面白いですか。　영문학은 재미있습니까?

저는 대학에서 경제학을 전공했습니다.

私は、大学で経済学を専攻しました。
와타시와, 다이가크데 케-자이가쿠오 센코-시마시타

저는 심리학을 전공했습니다.

私は、心理学を専攻しました。
와타시와, 신리가쿠오 센코-시마시타

역사와 철학을 복수 전공하고 있습니다.

歴史と哲学の両方を専攻しています。
레키시또 테쯔가크노 료-호-오 센코-시테 이마스

A: 歴史と哲学の両方を専攻しています。
역사와 철학을 복수 전공하고 있습니다.

B: 私も哲学を専攻しようと考えています。
저도 철학을 전공하려고 생각하고 있습니다.

저는 전공을 바꾸고 싶습니다.

私は、専攻を変えたいと思います。
와타시와, 센코-오 카에타이또 오모이마스

A: 私は、専攻を変えたいと思います。
저는 전공을 바꾸고 싶습니다.

B: 今の専攻は、あなたに合ってないのですか。
지금의 전공은 당신에게 맞지 않습니까?

아직 전공을 정하지
않았습니다.

まだ、専攻を決めていません。
마다, 센코-오 키메테 이마셍

A: 専攻は何にするのですか。
전공은 무엇으로 합니까?

B: まだ、専攻を決めていません。
아직 전공을 정하지 않았습니다.

수업 일정이
어떻게 됩니까?

授業の日程は、どうなるのですか。
쥬교-노 닛테이와, 도-나르노데스까

이번 학기에는 몇
과목이나 수강신청을
했습니까?

今学期には、何科目を申し込みましたか。
콘갓키니와, 난카모크오 모우시코미마시타까

A: 今学期には、何科目を申し込みましたか。
이번 학기에는 몇 과목이나 수강신청을 했습니까?

B: 七科目を申し込んでいます。
7과목을 신청했습니다.

이번 학기 수강
시간은 몇 시간입니까?

今学期の受講時間は何時間ですか。
콘갓키노 쥬코-지칸와 난지칸데스까

A: 今学期の受講時間は何時間ですか。
이번 학기 수강 시간은 몇 시간입니까?

B: 50時間です。
50시간이예요.

저는 지금의 전공을
좋아하지 않습니다.

私は、今の専攻が好きではありません。
와타시와, 이마노 센코-가 스키데와 아리마셍

A: 私は、今の専攻が好きではありません。
저는 지금의 전공을 좋아하지 않습니다.

B: 他に、好きな専攻がありますか。
그외에 좋아하는 전공이 있습니까?

중간고사는 어땠어요?

ちゅうかんしけん
中間試験はどうでしたか。
쮸–칸시켄와 도–데시타까

A: 中間試験はどうでしたか。
중간고사는 어땠어요?

B: 思ったより難しかったです。
생각한 것보다 어려웠습니다.

전부 다 너무
어려웠어요.

ぜんぶ　　　　むずか
全部、とても難しかったです。
젠브, 토테모 므즈카시캇따데스

시험을 잘 봤습니다.

しけん
試験は、うまく行きました。
시켄와, 우마크 이키마시타

시험 성적은 어때요?

しけん　　せいせき
試験の成績は、いかがですか。
시켄노 세–세키와, 이카가데스까

A: 試験の成績は、いかがですか。
시험 성적은 어때요?

B: 試験の成績は、あまり良くなかった。
시험성적은 별로 좋지 않았어요.

이번 학기의
학점은 어때요?

こんがっき　　てんすう
今学期の点数は、どうですか。
콘갓키노 텐스–와, 도–데스까

A: 今学期の点数は、どうですか。
이번 학기의 학점은 어때요?

B: 思ったより良い点数が取れています。
생각한 것보다 좋은 점수를 받았어요.

지난 학기
기말시험 잘 봤어요?

ぜんかい　　がっき　　きまつしけん
前回の学期の期末試験は、うまく行きましたか。
젠카이노 갓키노 키마쯔시켄와, 우마크 이키마시타까

A: 前回の学期の期末試験は、うまく行きましたか。
지난 학기 기말시험 잘 봤어요?

B: はい、満足の行く点数が取れました。
네, 만족스러운 점수를 받았어요.

시험결과는 내가
예상했던 것과는
많이 달랐어요.

しけんけっか　わたし　よそう　　　　　　　ちが
試験結果は私の予想とはかなり違っていました。
시켄켓카와 와타시노 요소-또와 카나리 찌갓테 이마시타

　　　きのう　　しけん
A: 昨日の試験はいかがでしたか。
　　어제 시험은 어떠했습니까?

　　しけんけっか　わたし　よそう　　　　　　ちが
B: 試験結果は私の予想とはかなり違っていました。
　　시험결과는 내가 예상했던 것과는 많이 달랐어요.

오늘 학교에서 수학시험
만점을 받았어요.

きょう　　がっこう　すうがく　　しけん　　　まんてん　と
今日、学校の数学の試験で、満点を取りました。
쿄-, 갓코-노 스-가쿠노 시켄데, 만테오 토리마시타

오늘 중요한
시험을 치렀어요.

きょう　じゅうよう　　しけん　　う
今日、重要な試験を受けました。
쿄-, 쥬-요-나 시켄오 우케마시타

시험이 끝나니,
홀가분합니다.

しけん　お　　　　　き　らく
試験が終わると気が楽です。
시켄가 오와르또 키가 라쿠데스

내일은 영어 시험이
있어서 긴장됩니다.

あした　　えいご　　しけん　　　　　　きんちょう
明日、英語の試験があるため、緊張しています。
아시타, 에-고노 시켄가 아르타메, 킨쬬-시테 이마스

　　あした　　えいご　しけん　　　　　　きんちょう
A: 明日、英語の試験があるため、緊張しています。
　　내일은 영어 시험이 있어서 긴장됩니다.

　　　　　　　　　　　　　　　　しけん　のぞ　くだ
B: できるだけリラックスして試験に臨んで下さい。
　　가능한 릴렉스해서 시험에 임해 주십시오.

♠ 試験(し けん)に臨(のぞ)む : 시험에 임하다

저는 시험이 있으면
조금 스트레스를
받습니다.

わたし　しけん　　　　　　すこ
私は試験があると、少しストレスになります。
와타시와 시켄가 아르또, 스코시 스토레스니 나리마스

이번 학기에 한 과목
낙제했습니다.

こんがっき　　　ひと　か　もく　らくだい
今学期で、一科目、落第してしまいました。
콘갓키데, 히또카모쿠, 라쿠다이시테 시마이마시타

우리 학교는 8시에 시작됩니다.

<ruby>私<rt>わたし</rt></ruby>たちの<ruby>学校<rt>がっこう</rt></ruby>は、<ruby>八時<rt>はちじ</rt></ruby>に<ruby>始<rt>はじ</rt></ruby>まります。
와타시타찌노 갓코-와, 하찌지니 하지마리마스

A: <ruby>学校<rt>がっこう</rt></ruby>は<ruby>何時<rt>なんじ</rt></ruby>に<ruby>始<rt>はじ</rt></ruby>まりますか。 학교는 몇 시에 시작됩니까?
B: <ruby>私<rt>わたし</rt></ruby>たちの<ruby>学校<rt>がっこう</rt></ruby>は、<ruby>八時<rt>はちじ</rt></ruby>に<ruby>始<rt>はじ</rt></ruby>まります。 우리 학교는 8시에 시작됩니다.

우리 학교는 남녀공학입니다.

<ruby>私<rt>わたし</rt></ruby>たちの<ruby>学校<rt>がっこう</rt></ruby>は、<ruby>男女共学<rt>だんじょきょうがく</rt></ruby>です。
와타시타찌노 갓코-와, 단죠쿄-가쿠데스

우리 학교에서는 교복을 입어야 합니다.

<ruby>私<rt>わたし</rt></ruby>の<ruby>学校<rt>がっこう</rt></ruby>では、ユニフォームを<ruby>着<rt>き</rt></ruby>なければなりません。
와타시노 갓코-데와, 유니포-므오 키나케레바 나리마셍

학교 수업은 아침 8시부터 저녁 6시까지 있습니다.

<ruby>学校<rt>がっこう</rt></ruby>の<ruby>授業<rt>じゅぎょう</rt></ruby>は、<ruby>朝<rt>あさ</rt></ruby><ruby>八時<rt>はちじ</rt></ruby>から<ruby>夕方<rt>ゆうがた</rt></ruby><ruby>六時<rt>ろくじ</rt></ruby>までです。
갓코-노 쥬교-와, 아사 하찌지까라 유-가따 로크지마데데스

우리 학교는 폭력문제는 그다지 없습니다.

<ruby>私<rt>わたし</rt></ruby>たちの<ruby>学校<rt>がっこう</rt></ruby>は、<ruby>暴力<rt>ぼうりょく</rt></ruby>の<ruby>問題<rt>もんだい</rt></ruby>はあまり、ありません。
와타시타찌노 갓코-와, 보-료크노 몬다이와 아마리, 아리마셍

우리 학교는 매년 10월에 축제가 있습니다.

<ruby>私<rt>わたし</rt></ruby>たちの<ruby>学校<rt>がっこう</rt></ruby>は、<ruby>毎年十月<rt>まいとしじゅうがつ</rt></ruby>に<ruby>学園祭<rt>がくえんさい</rt></ruby>があります。
와타시타찌노 갓코-와, 마이토시 쥬-가쯔니 가크엔사이가 아리마스

우리 학교는 다양한 동아리가 있습니다.

<ruby>私<rt>わたし</rt></ruby>たちの<ruby>学校<rt>がっこう</rt></ruby>は、<ruby>色々<rt>いろいろ</rt></ruby>なクラブがあります。
와타시타찌노 갓코-와, 이로이로나 크라브가 아리마스

나는 학교 밴드에서 클라리넷을 붑니다.

<ruby>私<rt>わたし</rt></ruby>は<ruby>学校<rt>がっこう</rt></ruby>のブラスバンドで、クラリネットを<ruby>演奏<rt>えんそう</rt></ruby>しています。
와타시와 갓코-노 브라스반도데, 크라리넷토오 엔소-시테 이마스

우리 학교는 6시에 끝납니다.

<ruby>私<rt>わたし</rt></ruby>たちの<ruby>学校<rt>がっこう</rt></ruby>は、<ruby>六時<rt>ろくじ</rt></ruby>に<ruby>終<rt>お</rt></ruby>わります。
와타시타찌노 갓코-와, 로크지니 오와리마스

♣ <ruby>学校<rt>がっこう</rt></ruby>が<ruby>始<rt>はじ</rt></ruby>まる：학교가 시작되다
♣ <ruby>学校<rt>がっこう</rt></ruby>が<ruby>終<rt>お</rt></ruby>わる：학교가 끝나다

학교생활은
재미있나요?

学校生活は面白いですか。
갓코-세이카쯔와 오모시로이데스까

그 교수님의 수업을
전에 들은 적이 있나요?

以前、その教授の授業を聞いた事がありますか。
이젠, 소노쿄-쥬노 쥬교-오 키이따 코또가 아리마스까

그 교수님의 수업은
괜찮은데 출석에
아주 엄격해요.

その教授の授業は良いのですが、
出欠に関してはかなり厳しいです。
소노 쿄-쥬노 쥬교-와 이이노데스가, 슛케쯔니 칸시테와 카나리 키비시이데스

타나까선생님은 9시
정각에 출석을
체크합니다.

田中先生は、九時ちょうどに、出欠をチェックします。
타나까센세이와, 크지쬬-도니, 슛케쯔오 체크시마스

그 교수님은 성적평가가
매우 엄격합니다.

その教授は成績評価がとても厳しいです。
소노 쿄-쥬와 세-세키효-카가 토테모 키비시이데스

그 교수는 점수가
후합니다.

その教授は、点が甘いです。
소소 쿄-쥬와, 텐가 아마이데스

♠ 「点(てん)が辛(から)い」는 "점수가 짜다", 「点(てん)が甘(あま)い」는
   "점수가 후하다"라는 뜻으로 자주 사용된다

대학원에 진학하고
싶습니다.

大学院に進学したいと思います。
다이가쿠인니 신가쿠시타이또 오모이마스

다음 학기에는
휴학을 할 겁니다.

次の学期は、休学の予定です。
쯔기노 갓키와, 큐-가쿠노 요테이데스

졸업후의 계획은
아직 없습니다.

卒業後の計画は、まだ、ありません。
소쯔교-고노 케이카크와, 마다, 아리마셍

졸업하고 무엇을
하시겠습니까?

卒業後、何をするつもりですか。
소쯔교-고, 나니오 스르쯔모리데스까

수강신청하다	授業(じゅ ぎょう)を申(もう)し込(こ)む 쥬교-오 모우시코므
출석하다	出席(しゅっ せき)する 슛세키스루
숙제	宿題(しゅく だい) 슈크다이
과제	課題(か だい) 카다이
제출하다	提出(てい しゅつ)する 테-슈쯔스루
낙제하다	落第(らく だい)する 라크다이스루
졸업증서	卒業証書(そつ ぎょう しょう しょ) 소쯔교-쇼-쇼
학위	学位(がく い) 가크이
학사학위	学士号(がく し ごう) 가크시고-
석사학위	修士号(しゅう し ごう) 슈-시고-
박사학위	博士号(はかせ ごう) 하카세고-
전공	専攻(せん こう) 센코-
화학	化学(か がく) 카가크
물리학	物理学(ぶつ り がく) 브쯔리가크
생물학	生物学(せい ぶつ がく) 세-브쯔가크
생명공학	生命工学(せい めい こう がく) 세-메-코-가크
전자공학	電子工学(でん し こう がく) 덴시코-가크
공학	工学(こう がく) 코-가크
컴퓨터 공학	コンピューター工学(こう がく) 콤퓨-타-코-가크
우주과학	宇宙科学(う ちゅう か がく) 우쮸-카가크
천문학	天文学(てん もん がく) 텐몬가크

경제학	経済学(けい ざい がく) 케-자이가크
경영학	経営学(けい えい がく) 케-에-가크
회계학	会計学(かい けい がく) 카이케-가크
재정학	財政学(ざい・せい・がく) 자이세-가크
법학	法学(ほう がく) 호-가크
정치학	政治学(せい・じ・がく) 세-지가크
철학	哲学(てつ がく) 테쯔가크
심리학	心理学(しん り がく) 신리가크
신학	神学(しん がく) 신가크
영문학	英文学(えい ぶん がく) 에-븐가크
논리학	論理学(ろん り がく) 론리가크
역사학	歴史学(れき し がく) 레키시가크
환경학	環境学(かん きょう がく) 칸쿄-가크
조류학	鳥類学(ちょう るい がく) 쬬-르이가크
고고학	考古学(こう こ がく) 코-코가크
지질학	地質学(ち しつ がく) 찌시쯔가크
인류학	人類学(じん るい がく) 진르이가크
건축학	建築学(けん ちく がく) 켄치크가크
수학	数学(すう がく) 스-가크
의학	医学(い がく) 이가크

일은 잘 되어 가나요?

仕事はうまく行っていますか。
시고또와 우마크 잇테 이마스까

A: 仕事はうまく行っていますか。 일은 잘 되어 가나요?

B: いいえ、不景気のため、あまりうまく行っていません。
아니요, 불경기라서 그다지 잘 되지 않아요.

현재 상황에 대해 좀 더 물어봐도 될까요?

現況について、もう少し聞いてもよろしいですか。
겐쿄-니 쯔이테, 모우 스코시 키이테모 요로시이데스까

A: 現況について、もう少し聞いてもよろしいですか。
현재 상황에 대해 좀 더 물어봐도 될까요?

B: はい、もちろんです。 네, 물론입니다.

그 일은 계획대로 진행되고 있습니다.

その仕事は、計画通りに、進んでいます。
소노 시고또와, 케이카크도오리니, 스슨데 이마스

교섭은 제대로 진행되고 있습니다.

交渉はうまく進んでいます。
코-쇼-와 우마크 스슨데 이마스

이제 곧 우리 신제품이 시장에 나올 것입니다.

もうすぐ我々の新製品が市場に出ます。
모우 스그 와레와레노 신세-힌가 시죠-니 데마스

A: もうすぐ我々の新製品が市場に出ます。
이제 곧 우리 신제품이 시장에 나올 것입니다.

B: 楽しみにしています。
기대하겠습니다.

신상품 판매는 어떤가요?

新商品の販売はいかがですか。
신쇼-힌노 한바이와 이카가데스까

A: 新商品の販売はいかがですか。 신상품 판매는 어떤가요?

B: 予想していたより売れ行きがいいです。
예상했던 것보다 잘 팔려요.

교육은 어떻게 진행됩니까?

教育は、どのように進められるのですか。
쿄-이크와, 도노요-니 스스메라레르노데스까

예상했던 것보다
훨씬 더 잘 되네요.

予想よりはるかに、うまく行っています。
요소-요리 하르카니, 우마크 잇테 이마스

A: 新しいビジネスはいかがですか。　새로운 사업은 어떠세요?
B: 予想よりはるかに、うまく行っています。
예상했던 것보다 훨씬 더 잘 되네요.

첫번째 시도치고는
결과는 나쁘지 않습니다.

始めての試みとは言え、結果はそんなに悪くはありません。
하지메테노 코코로미또와 이에, 켓까와 손나니 와르크와 아리마셍

회의는 연기되었습니다.

会議は延ばされました。
카이기와 노바사레마시타

♠ "회의가 연기되다"라고 할 때는 「会議(かいぎ)が延(の)ばされる」라고 표현한다.

우리는 전혀 새로운
사업을 시작하려고
합니다.

我々は、まったく新しい事業を始めようとしています。
와레와레와, 맛타꾸 아타라시이 지교-오 하지메요-또 시테 이마스

새 프로젝트에 대해
설명하려고 왔습니다.

新しいプロジェクトについて、ご説明する為に来ました。
아타라시이 프로제크토니 쯔이테, 고세쯔메이스루타메니 키마시타

프로젝트 준비는
잘 돼가고 있습니까?

プロジェクトの準備は、うまく行っていますか。
프로제크토노 쥰비와, 우마크 잇테 이마스까

서류를 준비하는 데
2주일이 필요합니다.

書類を準備する為に、二週間かかります。
쇼르이오 쥰비스루타메니, 니슈-칸 카카리마스

그 시험결과에
큰 기대를 걸고 있어요.

その試験結果に大きな期待を寄せています。
소노 시켄켓까니 오오키나 키타이오 요세테 이마스

♠ 「期待(き たい)を寄(よ)せる」는 "기대를 걸다"라는 뜻이다.

요구에 부응하도록
최선을 다하겠습니다.

要求に応えるよう、最善を尽くします。
요-큐-니 코타에르요-, 사이젠오 쯔크시마스

♠ "최선을 다하다"라고 할 때는 「最善(さい ぜん)を尽(つ)くす」라고 한다.

지금 바쁘세요?

今、忙しいですか。
이마, 이소가시이데스까

이 일 좀 도와줄래요?

この仕事、少し手伝ってくれますか。
코노 시고또, 스코시 테쯔닷테 크레마스까

A: この仕事、少し手伝ってくれますか。 이 일 좀 도와줄래요?

B: すみませんが、今、手が離せません。
미안합니다만, 지금 너무 바쁩니다.

이 서류를 팩스
보내 줄 수 있어요?

この書類をファックスしてもらえますか。
코노 쇼르이오 홧크스시테 모라에마스까

A: この書類をファックスしてもらえますか。
이 서류를 팩스 보내 줄 수 있어요?

B: はい、分かりました。 네, 알겠어요.

우체국에 좀
다녀와 줄 수 있어요?

郵便局に行って来てもらえますか。
유-빈쿄크니 잇테 키테 모라에마스까

오늘밤에 잔업을
할 수 있어요?

今晩、残業できますか。
콘방, 잔교-데키마스까

A: 今晩、残業できますか。 오늘밤에 잔업을 할 수 있어요?

B: いいえ。すみませんが、今晩は、他の用事があります。
아니요, 미안합니다만 오늘밤에는 다른 용무가 있습니다.

저 혼자서는
못하겠어요.

私一人ではできません。
와타시 히토리데와 데키마셍

제 업무를 대신
맡아 주시겠어요?

私の仕事を代わりにやってもらえますか。
와타시노 시고또오 카와리니 얏테 모라에마스까

이것은 내가 감당할 수
있는 것 이상이예요.

これは、私には手に負えないのです。
코레와, 와타시니와 테니 오에나이노데스

♠ 「手(て)に負(お)えない」는 "감당하기 어렵다"라는 뜻이다.

<table>
<tr><td>

이것을 복사해
주시겠어요?

</td><td>

これをコピーしてもらえますか。
코레오 코피-시테 모라에마스까

A: これをコピーしてもらえますか。
　　이것을 복사해 주시겠어요?

B: はい、分かりました。
　　네, 알겠어요.

</td></tr>
<tr><td>

이 보고서를
타이핑해 주시겠어요?

</td><td>

この報告書をタイプしてもらえますか。
코노 호-코크쇼오 타이프시테 모라에마스까

</td></tr>
<tr><td>

보고서를 제출해야
하는 마감시간이
있습니다.

</td><td>

報告書の提出の締切時間があります。
호-코크쇼노 테-슈쯔노 시메키리지칸가 아리마스

♠ 締切時間(しめ きり じ かん)：마감시간

</td></tr>
<tr><td>

기한이 언제입니까?

</td><td>

期限はいつですか。
키겐와 이쯔데스까

A: 期限はいつですか。
　　기한이 언제입니까?

B: 明後日です。　모레입니다.

</td></tr>
<tr><td>

너무 바쁩니다.

</td><td>

忙しすぎます。
이소가시스기마스

</td></tr>
<tr><td>

일이 밀려 있어요.

</td><td>

仕事がたまっています。
시고또가 타맛테 이마스

</td></tr>
<tr><td>

잔업을 해야 합니다.

</td><td>

残業をしなければなりません。
잔교-오 시나케레바 나리마셍

A: 残業をしなければなりません。
　　잔업을 해야 합니다.

B: 急ぎの仕事が多いのですか。
　　급한 일이 많으세요?

♠ 残業(ざん ぎょう)：잔업

</td></tr>
</table>

이 일을 맡기기에는 당신이 적격입니다.

この仕事には、あなたが適格です。
코노 시고또니와, 아나타가 테키카쿠데스

A: この仕事には、 あなたが適格です。
이 일을 맡기기에는 당신이 적격입니다.

B: 本当にありがとうございます。 정말 고맙습니다.

당신은 늘 능력이 대단하시군요.

あなたの能力は、いつも、すごいですね。
아나타노 노-료쿠와, 이쯔모, 스고이데스네

당신이 다음 승진 대상자입니다.

次の昇進対象者は、あなたです。
쯔기노 쇼-신타이쇼-샤와, 아나타데스

♠ 昇進(しょう しん)する : 승진하다

그처럼 일을 빨리 처리하는 당신의 능력은 훌륭해요.

**そのように仕事を早く処理できるあなたの
能力は、すばらしいですね。**
소노요-니 시고또오 하야크 쇼리데키르 아나타노 노-료크와, 스바라시이데스네

누가 새 업무에 적합하다고 생각하세요?

だれが新しい業務に合っていると思いますか。
다레가 아타라시이 교-므니 앗테 이르또 오모이마스까

A: だれが新しい業務に合っていると思いますか。
누가 새 업무에 적합하다고 생각하세요?

B: その仕事には、田中さんがぴったりだと思います。
그 일에는 타나까씨가 적합하다고 생각합니다.

그는 그 일에 적격입니다.

彼は、その仕事に適格です。
카레와, 소노 시고또니 테키카쿠데스

그는 업무에 필요한 모든 자질을 다 갖추고 있습니다.

彼は、業務に必要な全ての資質を備えています。
카레와 교-므니 히쯔요-나 스베테노 시시쯔오 소나에테 이마스

♠ 資質(し しつ)を備(そな)える : 자질을 갖추다

그는 이런 일에는 아주 능숙합니다.

彼は、このような仕事がとても上手です。
카레와, 코노요-나 시고또가 토테모 죠-즈데스

♠ 上手(じょう ず)だ : 능숙하다　　♠ 下手(へ た)だ : 서툴다

야마구찌씨는
차분하고 꼼꼼합니다.

山口さんは物静かで、きちょうめんです。
야마그찌상와 모노시즈카데, 키쬬-멘데스

♠ 「きちょうめんだ」는 "(성격이) 꼼꼼하다"라는 뜻으로 자주 사용되는 표현이다.

직원들 중에서
타나까씨가 가장
부지런합니다.

社員の中で、田中さんが一番真面目です。
샤인노 나까데, 타나까상가 이찌방 마지메데스

하마다씨는 비록
나이 들었지만,
아직도 그 일을 할
능력이 있습니다.

浜田さんは、年は取っているものの、まだ、
その仕事をこなす能力があります。
하마다상와, 토시와 톳테 이르모노노, 마다, 소노 시고또오 코나스 노-료크가 아리마스

야마모또씨는 일을
적당히 할 사람이
아닙니다.

山本さんは、仕事を適当にする人ではありません。
야마모또상와, 시고또오 테키토-니스루 히또데와 아리마셍

그 분야에서는
그가 최고예요.

その分野では、彼が一番です。
소노 분야데와, 카레가 이찌방데스

이 프로젝트는
중요하므로, 신중을
기해서 한번 더
자세히 조사합시다.

このプロジェクトは重要なので、慎重を期し、
もう一度、精査しましょう。
코노 프로제크토와 쥬-요-나노데, 신쬬-오 키시, 모우이찌도, 세-사시마쇼-

♠ 「慎重(しん ちょう)を期(き)す」는 "신중을 기하다"라는 뜻이다.

야마구찌씨는
만족할 만한 일을
하고 있습니다.

山口さんは充実した仕事をしています。
야마그찌상와 쥬-지쯔시타 시고또오 시테 이마스

그가 정직하다는 것은
모두가 알고 있습니다.

彼が正直なのは、だれもが知っています。
카레가 쇼-지키나노와, 다레모가 싯테 이마스

니시씨는 7년동안
이 회사에 근속해
왔습니다.

西さんは、七年間、この会社に勤めています。
니시상와, 나나넨카, 코노 카이샤니 쯔토메테 이마스

이찌카와씨의 능력을
평가하기는 어렵습니다.

市川さんの能力を評価するのは、難しいです。
이찌카와상노 노-료크오 효-카스르노와, 므즈카시이데스

비서실	秘書室(ひ しょ しつ)	히쇼시쯔
수출부	輸出部(ゆ しゅつ ぶ)	유슈쯔브
인사부	人事部(じん じ ぶ)	진지브
홍보실	広報室(こう ほう しつ)	코-호-시쯔
회계감사실	会計監査室(かい けい かん さ しつ)	카이케-칸사시쯔
해외업무부	海外業務部(かい がい ぎょう む ぶ)	카이가이교-므브
경리부	経理部(けい り ぶ)	케-리브
재무부	財務部(ざい む ぶ)	자이므브
자금부	資金部(し きん ぶ)	시킨브
감사부	監査部(かん さ ぶ)	칸사브
국내영업부	国内営業部(こく ない えい ぎょう ぶ)	코크나이에-교브
해외영업부	海外営業部(かい がい えい ぎょう ぶ)	카이가이에-교브
구매부	購買部(こう ばい ぶ)	코-바이브
설계부	設計部(せっ けい ぶ)	셋케-브
회장	会長(かい ちょう)	카이쪼-
부회장	副会長(ふく かい ちょう)	후크카이쪼-
사장	社長(しゃ ちょう)	샤쪼-
부사장	副社長(ふく しゃ ちょう)	후크샤쪼-
대표이사	代表取締役(だい ひょう とり しまり やく)	다이효-토리시마리야크
상무이사	常務理事(じょう む り じ)	죠-므리지

전무이사	専務理事(せん む り じ) 센므리지
인사담당이사	人事担当理事(じん じ たん とう り じ) 진지탄토－리지
인사부장	人事部長(じん じ ぶ ちょう) 진지브쬬－
마케팅부장	マーケティング部長(ぶ ちょう) 마－케팅그브쬬－
생산부장	生産部長(せい さん ぶ ちょう) 세이산브쬬－
경리부장	経理部長(けい り ぶ ちょう) 케이리브쬬－
수출부장	輸出部長(ゆ しゅつ ぶ ちょう) 유슈쯔브쬬－
과장대리	課長代理(か ちょう だい り) 카쬬－다이리
차장	次長(じ・ちょう) 지쬬－
과장	課長(か ちょう) 카쬬－
회계	会計(かい けい) 카이케－
비서	秘書(ひ しょ) 히쇼
봉급, 월급	給料(きゅう りょう) 큐－료－
임금인상	賃金(ちん ぎん)引上(ひき あ)げ 찐긴히키아게
인사이동	人事移動(じん じ い どう) 진지이도－
승진	昇進(しょう しん) 쇼－신
사임	辞任(じ にん) 지닌
해고	解雇(かい こ) 카이코
퇴직	退職(たい しょく) 타이쇼크

당신의 의견은
어떻습니까?

あなたの意見はいかがですか。
아나타노 이켄와 이카가데스까

저는 어느쪽이라도
좋습니다.

私は、どちらでもいいです。
와타시와, 도찌라데모 이이데스

찬성입니까?
반대입니까?

賛成ですか、反対ですか。
산세이데스까, 한타이데스까

A: 賛成ですか、反対ですか。 찬성입니까? 반대입니까?

B: 私は、反対です。 저는 반대입니다.

당신의 의견을
듣고 싶습니다.

あなたの意見を聞きたいと思います。
아타나노 이켄오 키키타이또 오모이마스

그 밖에 의견은
있으십니까?

他に意見はありますか。
호까니 이켄와 아리마스까

당신은 누구 편입니까?

あなたは、だれの味方ですか。
아나타와, 다레노 미카따데스까

A: あなたは、だれの味方ですか。 당신은 누구 편입니까?

B: 私は、どちらの味方でもありません。 저는 어느쪽 편도 아닙니다.

의견을 말씀해 주세요.

ご意見を話して下さい。
고이켄오 하나시테 크다사이

A: ご意見を話して下さい。 의견을 말씀해 주세요.

B: 今は、私の意見を述べたくありません。
지금은 제 의견을 말하고 싶지 않아요.

그렇게 생각하지
않나요?

そのように考えませんか。
소노요-니 캉가에마셍까

A: そのように考えませんか。 그렇게 생각하지 않나요?

B: 私も、そのように考えています。 저도 그렇게 생각해요.

당신은 어때요?

あなたはいかがですか。
아나타와 이카가데스까

그렇게 생각하십니까?

そのようにお考えですか。
소노요-니 오캉가에데스까

어떻게 생각하세요?

どのようにお考えですか。
도노요-니 오캉가에데스까

왜 그렇게 생각하세요?

なぜそのようにお考えですか。
나제 소노요-니 오캉가에데스까

A: なぜそのようにお考えですか。　왜 그렇게 생각하세요?

B: なぜなら、私は、この会社の社員だからです。
왜냐하면 저는 이 회사의 사원이기 때문이예요.

제가 이 일을 해낼 수 있을 거라고 생각해요?

私がこの仕事をこなせると思いますか。
와타시가 코노 시고또오 코나세르또 오모이마스까

A: 私がこの仕事をこなせると思いますか。
제가 이 일을 해낼 수 있을 거라고 생각해요?

B: もちろんです。あなたの実力を信じています。
물론입니다. 당신 실력을 믿고 있어요.

♠ 「仕事(し ごと)をこなす」는 "일을 해내다"라는 뜻이다.

당신의 생각을 말해줘요.

あなたのお考えを話して下さい。
아나타노 오캉가에오 하나시테 크다사이

그걸 어떻게 하겠다는 거죠?

それを、どのようにするというのですか。
소레오, 도노요-니 스루또 이우노데스까

대충만 말해줘요.

大まかに話して下さい。
오오마카니 하나시테 크다사이

이것이 그렇게 불공평한가요?

これが、そんなに不公平ですか。
코레가, 손나니 후코-헤이데스까

동의합니다.

同意します。
도-이시마스

당신 의견에
전적으로 동의합니다.

あなたの意見に、全面的に同意します。
아나타노 이켄니, 젠멘테키니 도-이시마스

A: どう思われますか。 어떻게 생각하십니까?
B: あなたの意見に、全面的に同意します。
당신 의견에 전적으로 동의합니다.

저도 그렇게
생각합니다.

私もそのように思います。
와타시모 소노요-니 오모이마스

A: あなたは、どう思われますか。 당신은 어떻게 생각하십니까?
B: 私もそのように思います。 저도 그렇게 생각합니다.

당신 말이 맞습니다.

あなたのおっしゃる通りです。
아나타노 옷샤르토오리데스

♠ 「~通(とぉ)りだ」는 "~ 하는 대로이다"라는 뜻이다.
おっしゃる通(とぉ)りです。: 말씀하시는 대로이다.

좋은 생각입니다.

いいアイデアです。
이이아이데아데스

저도 같은 생각입니다.

私も同じ考えです。
와타시모 오나지캉가에데스

A: 田中さんの意見を、どうお考えですか。
타나까씨 의견을 어떻게 생각하세요?
B: 私も同じ考えです。 저도 같은 생각입니다.

저도 그렇게
생각하고 있었습니다.

私もそのように考えていました。
와타시모 소노요-니 캉가에테 이마시타

그걸로 됐어요.

それでいいです。
소레데 이이데스

그 점에 있어서는
동의합니다.

その点については、同意します。
소노 텐니 쯔이테와, 도-이시마스

왜 그의 의견에
동의하십니까?

なぜ、彼の意見に同意するのですか。
나제, 카레노 이켄니 도-이스루노데스까

A: なぜ、彼の意見に同意するのですか。
왜 그의 의견에 동의하십니까?

B: 私も大体彼と同じ考えだからです。
저도 대개 그와 같은 생각이기 때문입니다.

♠ 大体(だい たい) : 대체로
♠ 意見(い けん) : 의견

그래야 할 것 같아요.

そのようにすべきだと思います。
소노요-니 스베키다또 오모이마스

그것은 좋은
의견입니다.

それはいい意見です。
소래와 이이 이켄데스

A: それはいい意見です。
그것은 좋은 의견입니다.

B: ありがとうございます。それなら、そのように進めますね。
고맙습니다. 그러면 그같이 진행하겠습니다.

내 의견은 대체로 당신
의 의견과 같습니다.

私の意見は、大体、あなたの意見と同じです。
와타시노 이켄와, 다이타이, 아나타노 이켄또 오나지데스

그 의견은 시도해 볼
만한 가치가 있다고
봅니다.

その意見は、試して見る価値があると思います。
소노 이켄와, 타메시테 미르 카치가 아르또 오모이마스

♠ 試(ため)して見(み)る : 시도해 보다

나는 당신 의견에
따를 거예요.

私は、あなたの意見に従います。
와타시와, 아나타노 이켄니 시타가이마스

♠ "~에 따르다"는 「~に従(したが)う」라고 표현한다.
あなたの意見(い けん)に従(したが)う : 당신 의견에 따르다

그것에 대해
반대입니다.

それに対し、反対です。

소레니 타이시, 한타이데스

A: あなたはいかがですか。
당신은 어떻습니까?

B: それに対し、反対です。
그것에 대해 반대입니다.

그건 터무니없어요.

それは、とんでもない事です。

소레와, 톤데도나이 코또데스

♠ 「とんでもない」는 "터무니없다"라는 뜻으로 자주 사용되는 표현이다.

전 그렇게
생각하지 않습니다.

私は、そのように考えていません。

와타시와, 소노요-니 캉가에테 이마셍

전 동의하지 않습니다.

私は、同意しません。

와타시와, 도-이시마셍

전 당신 생각에
동의하지 않습니다.

私は、あなたのお考えに同意しません。

와타시와, 아나타노 오캉가에니 도-이시마셍

그 점에 대해서는
동의할 수 없습니다.

その点については、同意できません。

소노 텐니 쯔이테와, 도-이데키마셍

A: その点については、同意できません。
그 점에 대해서는 동의할 수 없습니다.

B: それは、残念です。
그것은 유감입니다.

바보 같은 소리 말아요.

馬鹿みたいな事を、言わないで下さい。

바카미타이나 코또오, 이와나이데 크다사이

A: 馬鹿みたいな事を、言わないで下さい。
바보 같은 소리 말아요.

B: そのように言わずに、もう一度、考えて見て下さい。
그 같이 말하지 말고 한 번 더 생각해 보십시오.

전 그걸 그런 식으로
보지 않아요.

私は、その事を、そのようには見ていません。
와타시와, 소노코또오, 소노요-니와 미테 이마셍

저에게 다른 의견이
있습니다.

私に、他の意見があります。
와타시니, 호까노 이켄가 아리마스

A: 私に、他の意見があります。
저에게 다른 의견이 있습니다.

B: どのようなご意見ですか。話して下さい。
어떤 의견입니까? 말씀해 주십시오.

그게 당신이 생각하는
것만큼 좋지는 않아요.

それはあなたの考えているほど、良くはありません。
소레와 아나타노 캉가에테 이르 호도, 요크와 아리마셍

저의 견해는
조금 다릅니다.

私の見方は、少し違います。
와타시노 미카따와, 스코시 찌가이마스

♠ 見方(み かた) : 견해, 味方(み かた) : (~의) 편
　상기 두 단어는 발음이 같아도 완전 다른 뜻이다.

그건 불가능한
일입니다.

それは不可能な事です。
소레와 후카노-나 코또데스

제가 한말을
취소하겠습니다.

私の言った事を取り消します。
와타시노 잇따코또오 토리케시마스

♠ 「取(と)り消(け)す」는 "취소하다"는 뜻이다.

동의할 수 없는 점이
몇가지 있습니다.

同意できない点が、いくつかあります。
도-이데키나이 텐가, 이크쯔까 아리마스

난 당신이 틀렸다고
생각해요.

私は、あなたが間違っていると思います。
와타시와, 아나타가 마찌갓테 이르또 오모이마스

♠ 間違(ま ちが)っている : 틀리다
♠ 間違(ま ちが)える : 잘못하다, 실수하다

확신이 없습니다.

確信がありません。
카크신가 아리마셍

경우에 따라 달라요.

場合によって違います。
바아이니 욧테 찌가이마스

♠ 「場合(ば あい)」는 "경우"라는 뜻으로 자주 쓰이는 중요한 표현이다.

지금 당장은
생각나지 않습니다.

今すぐは、思い出せません。
이마스그와, 오모이다세마셍

A: 何かいいアイデアはありませんか。 뭔가 좋은 생각은 없습니까?
B: 今すぐは、思い出せません。 지금 당장은 생각나지 않습니다.

♠ 思(おも)い出(だ)す · 생각나디

말하기 곤란합니다.

言いにくいです。
이이니크이데스

전 어느쪽도 아닙니다.

私は、どっちでもありません。
와타시와, 돗찌데모 아리마셍

전 이 문제는
중립입니다.

私は、この問題には中立の立場です。
와타시와, 코노 몬다이니와 쮸-리쯔노 타찌바데스

A: あなたは、賛成ですか。
당신은 찬성입니까?
B: 私は、この問題には中立の立場です。
전 이 문제는 중립입니다.

아직 잘 모르겠는데요.

まだ、よく分かりません。
마다, 요크 와카리마셍

A: 私の言っている事は、理解できましたか。
제가 말하는 것은 이해했습니까?
B: まだ、よく分かりません。
아직 잘 모르겠는데요.

잘 모르겠습니다.	**よく分かりません。** 요크 와카리마셍

당신 좋을 대로 해요.

あなたのいいように、して下さい。
아나타노 이이요-니, 시테 크다사이

A: どうしましょうか。
어떻게 할까요?

B: あなたのいいように、して下さい。
당신 좋을 대로 해요.

확실히 이거라고는 말할 수 없습니다.

はっきりこれだとは言えません。
핫키리 코레다또와 이에마셍

이렇다 할 이유는 없어요.

これと言った理由はありません。
코레또 잇따 리유-와 아리마셍

A: 田中さんは、なぜ辞表を出したのですか。
타나까씨는 왜 사표를 냈습니까?

B: これと言った理由はありません。
이렇다 할 이유는 없어요.

♠ 「辞表(じ ひょう)を出(だ)す」는 "사표를 내다"라는 뜻이다.

이 문제는 다음으로 넘기기로 합시다.

この問題は、棚上げにしましょう。
코노 몬다이와, 타나아게니 시마쇼-

A: この問題は、棚上げにしましょう。
이 문제는 다음으로 넘기기로 합시다.

B: そうしましょう。
그렇게 합시다.

♠ 「棚上(たな あ)げにする」는 "보류하다, 다음으로 넘기다"등의 뜻으로 사용된다.

아마 아닐거예요.

たぶん、違うでしょう。
타븐, 찌가우데쇼-

생각해 봅시다.

考えて見ましょう。
캉가에테 미마쇼-

타협합시다.

妥協しましょう。
다쿄-시마쇼-

A: 妥協しましょう。　타협합시다.
B: 私は、あまり妥協したくありません。　저는 별로 타협하고 싶지 않습니다.

조금씩 양보합시다.

少しずつ譲りましょう。
스코시즈쯔 유즈리마쇼-

그다지 걱정하지
마세요. 방법이 있을
거예요.

あまり心配しないで下さい。方法があるはずです。
아마리 심빠이시나이데 크다사이. 호-호-가 아르하즈데스

♠ あまり＝そんなに 그다지, 별로

우리 조금씩
양보하는 게 어떨까요?

私たち、少しずつ、譲るのはいかがですか。
와타시타찌, 스코시즈쯔, 유즈로노와 이카가데스까

서로 반씩 양보하여
타협을 하는 게
어떨까요?

お互いに半分ずつ譲って、妥協するのはいかがですか。
오타가이니 한븐즈쯔 유즛테, 다쿄-스르노와 이카가데스까

A: お互いに半分ずつ譲って、妥協するのはいかがですか。
　서로 반씩 양보하여 타협을 하는 게 어떨까요?
B: この問題については、私は、一歩も譲りたくありません。
　이 문제에 대해서는 저는 한 발자국도 양보하고 싶지 않아요.

그렇다면 좋습니다.
교섭 합시다.

それならいいですよ。交渉しましょう。
소레나라 이이데스요. 코-쇼-시마쇼-

타협점을 찾도록
노력해 봅시다.

妥協点を見い出すよう、努力して見ましょう。
다쿄-텐오 미이다스요-, 도료쿠시테 미마쇼-

♠「見(み)い出(だ)す」는 "찾아내다"라는 뜻이다.
　妥協点(だきょうてん)を見(み)い出(だ)す : 타협점을 찾아내다

화해합시다.

仲直りしましょう。
나카나오리시마쇼-

♠「仲直(なかなお)りする」는 "화해하다"라는 뜻으로 자주 사용되는 표현이다.

털어놓고 얘기합시다.

<ruby>心<rt>こころ</rt></ruby>を<ruby>打<rt>う</rt></ruby>ち<ruby>明<rt>あ</rt></ruby>けて<ruby>話<rt>はな</rt></ruby>しましょう。

코코로오 우찌아케테 하나시마쇼-

♠ 「打(う)ち明(あ)ける」는 "(마음등을) 털어놓다"라는 뜻이다.

탁 터놓고 말해
보겠어요.

<ruby>打<rt>う</rt></ruby>ち<ruby>明<rt>あ</rt></ruby>けて<ruby>話<rt>はな</rt></ruby>します。

우찌아케테 하나시마스

그 점에 관해 생각
좀 하게 시간을
주시겠어요?

その<ruby>点<rt>てん</rt></ruby>に<ruby>関<rt>かん</rt></ruby>し、もっと<ruby>考<rt>かんが</rt></ruby>えて<ruby>見<rt>み</rt></ruby>る<ruby>為<rt>ため</rt></ruby>、
<ruby>少<rt>すこ</rt></ruby>し<ruby>時間<rt>じかん</rt></ruby>を<ruby>頂<rt>いただ</rt></ruby>けますか。

소노 텐니 칸시, 못또 캉가에테 미르타메, 스코시 지칸오 이타다케마스까

성급하게 타협하고
싶지 않습니다.

<ruby>急<rt>いそ</rt></ruby>いで<ruby>妥協<rt>だきょう</rt></ruby>したくありません。

이소이데 다쿄-시타크 아리마셍

좀 더 명확하게
해 주시죠.

もっと<ruby>明確<rt>めいかく</rt></ruby>にして<ruby>下<rt>くだ</rt></ruby>さい。

못또 메이카크니 시테 크다사이

이 일은 다시 생각할
시간이 필요합니다.

この<ruby>事<rt>こと</rt></ruby>は、もう<ruby>一度<rt>いちど</rt></ruby>、<ruby>考<rt>かんが</rt></ruby>える<ruby>時間<rt>じかん</rt></ruby>が<ruby>必要<rt>ひつよう</rt></ruby>です。

코노 코또와, 모우이찌도, 캉가에르 지칸가 히쯔요-데스

그것을 검토하려면,
좀 더 시간이 필요합니다.

それを<ruby>検討<rt>けんとう</rt></ruby>するためには、もっと<ruby>時間<rt>じかん</rt></ruby>が<ruby>必要<rt>ひつよう</rt></ruby>です。

소레오 켄토-스루타메니와, 못또 지칸가 히쯔요-데스

지금 결정 못하겠습니다.

<ruby>今<rt>いま</rt></ruby>、<ruby>決<rt>き</rt></ruby>められません。

이마, 키메라레마셍

저는 당신 의견을
좀 더 듣고 싶은데요.

<ruby>私<rt>わたし</rt></ruby>は、あなたの<ruby>意見<rt>いけん</rt></ruby>をもっと<ruby>聞<rt>き</rt></ruby>きたいと<ruby>思<rt>おも</rt></ruby>います。

와타시와, 아나타노 이켄오 못또 키키타이또 오모이마스

우리가 할 수 있는
게 뭔지 상의해
보겠습니다.

<ruby>私<rt>わたし</rt></ruby>たちにできるものが<ruby>何<rt>なに</rt></ruby>か、<ruby>相談<rt>そうだん</rt></ruby>して<ruby>見<rt>み</rt></ruby>ます。

와타시타찌니 데키르모노가 나니까, 소-단시테 미마스

입장	立場(たち ば) 타찌바
의견	意見(い けん) 이켄
반응	反応 한노-
생각	考(かんが)え 캉가에
요점	要点(よう てん) 요-텐
쟁점	争点(そう てん) 소-텐
동의하다	同意(どう い)する 도-이스루
수락하다	受(う)け入(い)れる 우케이레르
반대하다	反対(はん たい)する 한타이스루
반대	反対(はん たい) 한타이
의견이 다르다	意見(い けん)が違(ちが)う 이켄가 찌가우
중립	中立(ちゅう りつ) 쮸-리쯔
~에 달려있다	~にかかっている ~니 카캇테 이르
이유	理由(り ゆう) 리유-
제안하다	提案(てい ぁん)する 테-안스루
의제	議題(ぎ だい) 기다이
조정	調整(ちょう せい) 쪼-세-
문의	問(と)い合(あ)わせ 토이아와세

승인	承認(しょう にん) 쇼-닌
요약하다	要約(よう やく)する 요-야크스루
논의하다	論議(ろん ぎ)する 론기스루
토론하다	討論(とう ろん)する 토-론스루
주장하다	主張(しゅ ちょう)する 슈쬬-스루
단언하다	断言(だん げん)する 단겐스루
논쟁	論争(ろん そう) 론소-
대립하다	対立(たい りつ)する 타이리쯔스루
충돌하다	衝突(しょう とつ)する 쇼-토쯔스루
교착상태	交錯状態(こう さく じょう たい) 코-사크죠-타이
타협	妥協(だ きょう) 다쿄-
타개	打開(だ かい) 다카이
화해하다	和解(わ かい)する 와카이스루 仲直(なか なお)りする 나까나오리스루
의사결정	意思(い し)の決定(けっ てい) 이시노 켓테이
합의	合意(ごう い) 고-이
문의	引(ひ)き合(あ)い 히키아이
상대	相手(あい て) 아이테

컴퓨터 사용할 줄 아십니까?

パソコンを操作できますか。
파소콘오 소-사데키마스까

컴퓨터를 켜는 방법을 아세요?

パソコンをつける方法を知っていますか。
파소콘오 쯔케르 호-호-오 싯테 이마스까

A: パソコンをつける方法を知っていますか。
컴퓨터를 켜는 방법을 아세요?

B: はい、知っています。 네, 알고 있어요.

나는 컴퓨터를 잘 합니다.

私は、パソコンが得意です。
와타시와, 파소콘가 토크이데스

♠ 得意(とくい)だ：잘하다
♠ 上手(じょうず)だ：능숙하다
♠ 下手(へた)だ：서툴다

저는 컴퓨터에 대해서, 많은 것을 알고 있습니다.

私は、パソコンについては、多くの事を知っています。
와타시와, 파소콘니 쯔이테와, 오오크노 코또오 싯테 이마스

저는 컴퓨터에 관심이 매우 많습니다.

私は、パソコンに大変関心があります。
와타시와, 파소콘니 타이헹 칸신가 아리마스

A: 田中さんは、 パソコンに関心がありますか。
타나까씨는 컴퓨터에 관심이 있습니까?

B: はい、私は、パソコンに大変関心があります。
네, 저는 컴퓨터에 관심이 매우 많습니다.

최근에 컴퓨터에 보내는 시간이 많아졌습니다.

最近、パソコンをする時間が多くなっています。
사이킨, 파소콘오 스르 지칸가 오오크 낫테 이마스

A: 最近、パソコンをする時間が多くなっています。
최근에 컴퓨터에 보내는 시간이 많아졌습니다.

B: 一日に、どのくらいパソコンを使っていますか。
하루에 어느정도 컴퓨터를 사용합니까?

A: 一日に、少なくとも五時間くらいパソコンを使っています。
하루에 적어도 5시간정도 컴퓨터를 사용합니다.

컴퓨터는 잘 모릅니다.

パソコンは、よく分かりません。

파소콘와, 요크 와카리마셍

저는 컴퓨터를
어떻게 작동시키는지
잘 모릅니다.

私は、パソコンをどのように動かすか、よく分かりません。

와타시와, 파소콘오 도노요-니 우고카스까, 요크 와카리마셍

A: あなたは、パソコンが上手にできますか。 당신은 컴퓨터를 잘 합니까?

B: いいえ、私は、パソコンをどのように動かすか、

よく分かりません。 아니요, 저는 컴퓨터를 어떻게 작동시키는지 잘 모릅니다.

저는 컴퓨터에
대해서 요모조모
잘 알고 있습니다.

私は、パソコンについては、
細かな事までよく知っています。

와타시와, 파소콘니 쯔이테와, 코마카나 코또마데 요크 싯테 이마스

저는 컴퓨터를 생산하는
회사에 근무합니다.

私は、パソコンを生産する会社に勤めています。

와타시와, 파소콘오 세-산스루 카이샤니 쯔토메테 이마스

A: あなたは、どのような会社に勤めていますか。
당신은 어떤 회사에 근무합니까?

B: 私は、パソコンを生産する会社に勤めています。
저는 컴퓨터를 생산하는 회사에 근무합니다.

당신 컴퓨터는
무슨 기종입니까?

あなたのパソコンは、どんな機種ですか。

아타나노 파소콘와, 돈나 기슈데스까

어떤 종류의 프린터를
가지고 있습니까?

どんな種類のプリンターをお持ちですか。

돈나 슈르이노 프린타-오 오모찌데스까

A: どんな種類のプリンターをお持ちですか。
어떤 종류의 프린터를 가지고 있습니까?

B: 私は、レーザープリンターを持っています。
저는 레이저 프린터를 가지고 있습니다.

내 컴퓨터 부팅하는데
너무 오래 걸려요.

私のパソコンは、立ち上げるのに、かなり時間が
掛かっています。

와타시노 파소콘와, 타찌아게르노니, 카나리 지칸가 카캇테 이마스

컴퓨터를 주로 무슨 일에 사용하십니까?

パソコンは主にどんな事に使っていますか。
파소콘와 오모니 돈나 코또니 쯔캇테 이마스까

A: パソコンは主にどんな事に使っていますか。
컴퓨터를 주로 무슨 일에 사용하십니까?

B: 私は、仕事で一日中、パソコンを使っています。
저는 일에서 하루종일 컴퓨터를 사용하고 있습니다.

어떤 프로그램을 사용하세요?

どんなプログラムを使っていますか。
돈나 프로그라므오 쯔캇테 이마스까

프린트할 줄 아세요?

プリントの仕方は、知っていますか。
프린토노 시카따와, 싯테 이마스까

A: プリントの仕方は、知っていますか。
프린트할 줄 아세요?

B: はい、もちろんです。
네, 물론이예요.

이 문서를 두 장씩 프린트 해 주세요.

この文書を二枚ずつプリントして下さい。
코노 분쇼오 니마이즈쯔 프린토시테 크다사이

컴퓨터로 입력한 것을 프린트 해 주시겠어요?

パソコンで入力したものを、プリントしてもらえますか。
파소콘데 뉴-료크시타모노오, 프린토시테 모라에마스까

A: パソコンで入力したものを、プリントしてもらえますか。
컴퓨터로 입력한 것을 프린트 해 주시겠어요?

B: すみませんが、ただ今、プリンターが故障しています。
미안합니다만, 지금 프린터가 고장났어요.

데이터를 저장하셨습니까?

データーを保存しましたか。
데-타-오 호존시마시타까

A: データーを保存しましたか。
데이터를 저장하셨습니까?

B: はい、既に保存しました。
네, 벌써 저장했습니다.

모든 컴퓨터 데이터는
USB메모리에
저장해 두는 게 좋아.

全てのパソコンデーターは、
USBメモリーに保存した方がいい。
스베테노 파소콘데-타-와, USB메모리-니 호존시타 호-가 이이

당신 컴퓨터의
자료가 필요합니다.

あなたのパソコンの中のデーターが必要です。
아나타노 파소콘노 나까노 데-타-가 히쯔요-데스

이것 좀 복사할 수
있습니까?

これをコピーしてもらえますか。
코레오 코피-시테 모라에마스까

그것을 제 USB
메모리에
복사해 주세요.

それを私のUSBメモリーにコピーして下さい。
소레오 와타시노 USB메모리-니 코피-시테 크다사이

모든 데이터가
날아갔습니다.

全てのデーターが飛んでしまいました。
스베테노 데-타-가 톤데 시마이마시타

♠ "데이터가 날아가다"라고 할 때는 「データーが飛(と)んでしまう」라고 표현할 수 있다.

실수로 데이터를
모두 지워버렸습니다.

ミスで、データーを全部消してしまいました。
미스테, 데-타-오 젠브 케시테 시마이마시타

자주 저장을
해야 합니다.

時々保存をしなければなりません。
토키도끼 호존오 시나케레바 나리마셍

♠ データーを保存(ほ ぞん)する : 데이터를 저장하다

이 컴퓨터는 메모리가
충분치 않습니다.

このパソコンは、メモリーが十分ではありません。
코노 파소콘와, 메모리-가 쥬-븐데와 아리마셍

♠ メモリー：(컴퓨터의) 메모리

저는 더 이상 그
데이터는 필요없습니다.

私は、これ以上、そのデーターは要りません。
와타시와, 코레이죠-, 소노 데-타-와 이리마셍

데이터를 입력할 줄 아세요?

データーを入力できますか。
데-타-오 뉴-로크데키마스까

그림 스캔 받는 법을 아세요?

絵のスキャンのやり方は、知っていますか。
에노 스캰노 야리카따와, 싯테 이마스까

컴퓨터에 프린터 연결할 줄 아세요?

パソコンにプリンターを接続できますか。
파소콘니 프린타-오 세쯔조크데키마스까

A: パソコンにプリンターを接続できますか。
컴퓨터에 프린터 연결할 줄 아세요?

B: はい、簡単にできます。
네, 간단하게 할 수 있습니다.

당신이 가지고 있는 소프트웨어는 무슨 버전인가요?

あなたのお持ちのソフトは、どのバージョンですか。
아나타노 오모찌노 소흐토와, 도노 바-죤데스까

♠ ソフト: 소프트웨어　　♠ ハード: 하드웨어

이건 정말 멋진 워드프로세서 소프트웨어네요.

これは、本当に良いワープロのソフトですね。
코레와, 혼토-니 이이 와-프로노 소흐토데스네

이 소프트웨어 사용법을 알려주실래요?

このソフトの使い方を教えてもらえますか。
코노 소흐토노 쯔카이카따오 오시에테 모라에마스까

프로그램 까는 법을 아세요?

プログラムのインストールの方法を知っていますか。
프로그라므노 인스토-르노 호-호-오 싯테 이마스까

A: プログラムのインストールの方法を知っていますか。
프로그램 까는 법을 아세요?

B: いいえ、私もよく分からないため、習わなければなりません。
아니요, 저도 잘 모르기 때문에 배워야해요.

프로그램 다운 받는 법을 아세요?

プログラムのダウンロードの方法を知っていますか。
프로그라므노 다운로-도노 호-호-오 싯테 이마스까

설정아이콘을
누르기만 하면 됩니다.

設定のアイコンを押すだけで良いのです。
셋테-노 아이콘오 오스다께데 이이노데스

당신의 하드디스크는
거의 다 찼어요.

あなたのハードディスクは、ほぼいっぱいです。
아나타노 하-도디스크와, 호보 잇빠이데스

하드 디스크에서 오래
된 파일을 삭제하세요.

ハードディスクから古いファイルを削除して下さい。
하-도디스크까라 흐르이 파이르오 사쿠죠시테 크다사이

패스워드 입력했나요?

パスワードを入力しましたか。
파스와-도오 뉴-료크시마시타까

♠ パスワード : 비밀번호

이 소프트웨어를
사용하려면 패스워드가
필요합니까?

このソフトを使うためには、パスワードが必要ですか。
코노 소흐토오 쯔카우타메니와, 파스와-도가 히쯔요-데스까

A: このソフトを使うためには、パスワードが必要ですか。
이 소프트웨어를 사용하려면 패스워드가 필요합니까?

B: いいえ、パースワードは要りません。 아니요, 패스워드는 필요없습니다.

이 소프트웨어에는
편리한 기능이 많이
있어요.

このソフトには、便利な機能がたくさんあります。
코노 소흐토니와, 벤리나 키노-가 타크상 아리마스

이 소프트웨어는
약간 복잡합니다.

このソフトは、少し複雑です。
코노 소흐토와, 스코시 후크자쯔데스

내가 알고 있는 한,
이것은 가장 복잡합니다.

私の知っている限りでは、これは一番複雑です。
와타시노 싯테 이르 카기리데와, 코레와 이찌방 흐크자쯔데스

조작방법을
잊어버렸어요.

操作方法を忘れてしまいました。
소-사호-호-오 와스레테 시마이마시타

소프트웨어 프로그램은
매번 업그레이드를
해 줘야 하나요?

ソフトは、その都度、アップグレードが必要ですか。
소흐토와, 소노 쯔도, 앗프그레-도가 히쯔요-데스까

컴퓨터가 고장났습니다.

パソコンが故障しました。
파소콘가 코쇼-시마시타

A: パソコンが故障しました。
컴퓨터가 고장났습니다.

B: それは、いけません。実は、私のパソコンも時々、調子が悪くなります。
그건 안됐군요. 실은 제 컴퓨터도 종종 상태가 안좋아집니다.

컴퓨터에
무슨 문제 있나요?

パソコンに何か問題がありますか。
파소콘니 나니까 몬다이가 아리마스까

A: パソコンに何か問題がありますか。
컴퓨터에 무슨 문제 있나요?

B: 画面が映りません。
화면이 나오지 않아요.

키보드가 말을
안 들어요.

キーボードが正常に動きません。
키-보-도가 세-죠-니 우고키마셍

스크린이
움직이지 않아.

画面が動かない。
가멘가 우고카나이

시스템에 장애가
생겼어요.

システムに障害が出て来ました。
시스테므니 쇼-가이가 데테 키마시타

프린터가 고장입니다.

プリンターが故障しています。
프린타-가 코쇼-시테 이마스

A: プリンターが故障しています。
프린터가 고장입니다.

B: 原因は何ですか。
원인은 무엇입니까?

컴퓨터를
고쳐야 되겠어요.

パソコンを直さなければなりません。
파소콘오 나오사나케레바 나리마셍

컴퓨터를 고치려면
어떻게 해야 합니까?

パソコンを直<ruby>直<rt>なお</rt></ruby>すためには、どのようにすればよろしいですか。
파소콘오 나오스타메니와, 도노요-니 스레바 요로시이데스까

A: パソコンを直すためには、どのようにすればよろしいですか。
컴퓨터를 고치려면 어떻게 해야 합니까?

B: パソコンメーカーを呼んだ方が良いかと思います。
컴퓨터 메이커를 부르는 게 좋을 것 같아요.

컴퓨터를 재부팅해서,
다시 시도해 보세요.

パソコンを再度立ち上げ、もう一度、試して見て下さい。
파소콘오 사이도 타찌아게, 모-이찌도, 타메시테 미테 크다사이

당신이 할 수 있는 건
재시동뿐이예요.

あなたに出来る事は、もう一度、立ち上げる事だけです。
아나타니 데키르 코또와, 모-이찌도, 타찌아게르 코또다께데스

재시동하면 모든
데이터를 잃게 될
거예요.

改めて立ち上げると、全てのデーターを失ってしまいます。
아라타메테 타찌아게르또, 스베테노 데-타-오 우시낫테 시마이마스

♠ 「データーを失(うしな)う」는 "데이터를 잃다"라는 뜻이다.

이 컴퓨터는 바이러스에
감염되었습니다.

このパソコンは、ウイルスに感染しています。
코노 파소콘와, 위르스니 칸센시테 이마스

♠ ウイルス : 바이러스
♠ ウイルスに感染(かん せん)している : 바이러스에 감염되다

제 컴퓨터는 CIH
바이러스에
감염되었습니다.

私のパソコンは、CIHウイルスに感染しています。
와타시노 파소콘와, CIH 위르스니 칸센시테 이마스

바이러스 제거하는
법을 아십니까?

ウイルスを取り除く方法を知っていますか。
위르스오 토리노조크 호-호-오 싯테 이마스까

♠ 取(と)り除(のぞ)く = 除去(じょ きょ)する : 제거하다
♠ ウイルスを取(と)り除(のぞ)く : 바이러스를 제거하다

컴퓨터의 이용

전자우편 계정을
가지고 있습니까?

eメール・アカウントをお持ちですか。
이메―르・아카운토오 오모찌데스까

A: eメール・アカウントをお持ちですか。
전자우편 계정을 가지고 있습니까?

B: もちろんです。いくつか持っています。
물론입니다. 몇 개인가 가지고 있습니다.

전자우편 계정은
어떻게 되세요?

eメール・アカウントは、どうなりますか。
이메―르・아카운토와, 도―나리마스까

제가 나중에
이메일을 드리겠습니다.

のちほど、私からメールします。
노찌호도, 와타시까라 메―르시마스

A: のちほど、私からメールします。　제가 나중에 이메일을 드리겠습니다.

B: お待ちしています。　기다리고 있겠습니다.

그냥 메신저로
보내지 그래요?

メッセンジャーで送ってくれてもいいですよ。
멧센쟈―데 오쿳테 크레테모 이이데스요

♠ メッセンジャー：메신저

인터넷에 접속되어
있으세요?

インターネットに接続していますか。
인타―넷토니 세쯔조크시테 이마스까

A: インターネットに接続していますか。　인터넷에 접속되어 있으세요?
B: はい、今、接続しています。　네, 지금 접속되어 있어요.

그 파일 지금 저한테
보내주시겠어요?

そのファイルを今、私に送ってくれますか。
소노 파이르오 이마, 와타시니 오쿳테 크레마스까

그럼 메신저로
보내주세요.

それなら、メッセンジャーで送って下さい。
소레나라, 멧센쟈―데 오쿳테 크다사이

지금 인터넷에
접속되어 있습니다.

ただ今、インターネットに接続しています。
타다이마, 인타―넷토니 세쯔조크시테 이마스

이메일에 첨부해 주신
파일을 열 수 없습니다.

メールに添付されているファイルが開けません。
메-르니 템쁘사레테 이르 파이르가 히라케마셍

A: メールに添付されているファイルが開けません。
이메일에 첨부해 주신 파일을 열 수 없습니다.

B: ファイル名を変え、もう一度、送ります。
파일명을 바꾸어서 다시 보내겠습니다.

당신 메일의 글씨가
깨졌습니다.

あなたのメールは文字化けしています。
아나타노 메-르와 모지바케시테 이마스

♠ 文字化(もじばけ) : 글자가 깨짐

제게 다시 메일을
보내 주세요.

私にもう一度、メールを送って下さい。
와타시니 모-이찌도, 메-르오 오쿳테 크다사이

당신의 컴퓨터로 한국어를
사용할 수 있나요?

あなたのパソコンで、韓国語が使えますか。
아타나노 파소콘데, 캉코쿠고가 쯔카에마스까

이 스팸메일은 다
어디서 오는 걸까요?

これらの迷惑メールは、どこから来るものでしょうか。
코레라노 메이와크메-르와, 도코까라 크르모노데쇼-까

♠ 迷惑(めいわく)メール : 스팸메일

낯선 사람으로부터
온 이메일을
열어보면 안됩니다.

見知らぬ人からのメールは、開いてはいけません。
미시라느히또까라노 메-르와, 히라이테와 이케마셍

새 메일 계정을
만드는 게 어때요?

新しいメール・アカウントを作ってはいかがですか。
아타라시이 메-르・아카운토오 쯔쿳테와 이카가데스까

돈을 내야 하나요?

お金を払わなければなりませんか。
오카네오 하라와나케레바 나리마셍까

A: お金を払わなければなりませんか。
돈을 내야 하나요?

B: いいえ、無料です。
아니요, 무료예요.

컴퓨터	コンピューター 콤퓨–타–
개인용 컴퓨터	パソコン 파소콘
탁상용 컴퓨터	デスクトップコンピューター 데스크톳프콤퓨–타–
휴대용 컴퓨터	ノート型(がた)パソコン 노–토가따파소콘
주기억장치	メインメモリー 메인메모리–
테이터기억장치	データーメモリー 데–타–메모리–
프린터	プリンター 프린타
레이저프린터	レーザープリンター 레–자–프린타–
컬러프린터	カーラープリンター 카–라–프린타–
스캐너	スキャナー 스캬나–
모니터	モニター 모니타–
스크린	スクリーン 스크린
키보드	キーボード 키–보–도
출력	出力(しゅつりょく) 슈쯔료크
입력	入力(にゅうりょく) 뉴–료크
스피커	スピーカー 스피–카
마우스	マウス 마우스

모뎀	モデム 모데므
케이블	ケーブル 케-브르
하드웨어	ハード 하-도
소프트웨어	ソフト 소흐토
하드디스크	ハードディスク 하-도디스크
워드프로세서	ワープロ 와-프로
엑셀	エクセル 에크세르
버전	バージョン 바-죤
첨단기술	先端技術(せん たん ぎ じゅつ) 센탄기쥬쯔
부팅하다	立(た)ち上(あ)げる 타찌아게르
데이터	データー 데-타-
복사	コピー 코피-
스캔	スキャン 스캰
설치하다	設置(せっ ち)する 셋찌스루
설치를 해제하다	設置(せっ ち)を解除(かい じょ)する 셋찌오 카이죠스루
바이러스	ウイルス 위르스
바이러스 퇴치	ウイルスの退治(たい じ) 위르스노 타이지

내일 오후에 사무실로 찾아뵈도 될까요?

明日の午後、事務所にお伺いしてもよろしいですか。
아시타노 고고, 지므쇼니 오우카가이시테모 요로시이데스까

A: 明日の午後、事務所にお伺いしてもよろしいですか。
내일 오후에 사무실로 찾아뵈도 될까요?

B: 明日の午後は、既に、スケジュールがつまっています。
明後日はいかがですか。
내일 오후는 이미 스케줄이 꽉 차 있습니다. 모레는 어떠세요?

당신에게 얘기하고 싶은 게 있습니다.

あなたにお話したい事があります。
아나타니 오하나시시타이 코또가 아리마스

A: あなたにお話したい事があります。
당신에게 얘기하고 싶은 게 있습니다.

B: 十分後なら、時間が作れます。
10분후면 시간을 낼 수 있습니다.

저희 신상품을 보여 드리고 싶습니다.

我々の新商品を見せたいと思います。
와레와레노 신쇼-힌오 미세타이또 오모이마스

3시는 어떠세요?

三時はいかがですか。
산지와 이카가데스까

수출부는 어디에 있습니까?

輸出部はどこにありますか。
유슈쯔브와 도꼬니 아리마스까

A: 輸出部はどこにありますか。
수출부는 어디에 있습니까?

B: 二階にあります。
2층에 있습니다.

책임자를 만날 수 있습니까?

責任者にお会いできますか。
세키닌샤니 오아이데키마스까

♠ "~ 을 만나다"라고 할 때는 「~に会(あ)う」라고 해서 조사 "~に"를 사용한다.

안녕하세요. 저는 K사의 타나까입니다.

こんにちは。私は、K社の田中です。
콘니찌와. 와타시와, K샤노 타나까데스

| 약속하셨습니까? | お約束していますか。
오야크소크시테 이마스까

A: お約束していますか。
　　약속하셨습니까?
B: はい、今朝、約束をしています。
　　네, 오늘아침에 약속했습니다. |

| 방문하실 거라는
연락을 받았습니다. | ご訪問の連絡は受けております。
고호-몬노 렌라크와 우케테 오리마스 |

| 당신이 오셨다고
야마모또부장님께
말씀드리겠습니다. | あなたがいらっしゃっていると、
山本部長にお伝えします。
아나타가 이랏샷테 이르또, 야마모또브쬬-니 오쯔타에시마스 |

| 타나까는 곧 올
겁니다. | 田中は、すぐ、来ます。
타나까와, 스그, 키마스

A: 田中は、すぐ、来ます。
　　타나까는 곧 올 겁니다.
B: 分かりました。ありがとうございます。
　　알겠습니다. 고맙습니다. |

| 이쪽으로 오십시오.
미노베씨의 사무실로
안내해 드리겠습니다. | こちらへどうぞ。美濃部さんの事務所に案内します。
코찌라에 도-조. 미노베상노 지무쇼니 안나이시마스 |

| 야마구찌는 다른
의뢰인과 미팅중입니다. | 山口は、ただ今、他のお客様と打ち合わせ中です。
야마그찌와, 타다이마, 호카노 오캬크사마또 우찌아와세쮸-데스 |

| 이찌카와씨가 바쁘시면,
내일 다시 오겠습니다. | 今、市川さんがお忙しいようでしたら、明日、
改めて参ります。
이마, 이찌카와상가 오이소가시이요-데시타라, 아시타 아라타메테 마이리마스 |

| 일부러라도
와 주셔서 감사합니다. | わざわざお越しいただき、ありがとうございます。
와자와자 오코시 이타다키, 아리카토-고자이마스 |

전 당신을 컴퓨터 전문가로 잘 알고 있습니다.

私は、あなたの事をコンピュータの専門家として、よく知っています。

와타시와, 아나타노 코또오 콤퓨-타노 센모카토시테, 요크 싯테 이마스

사업 얘기를 시작해 볼까요?

ビジネスの話を始めましょうか。

비지네스노 하나시오 하지메마쇼-까

괜찮으시다면, 통역자를 쓰겠습니다.

よろしければ、通訳を入れます。

요로시케레바, 쯔-야크오 이레마스

♠ 通訳(つうやく)を入(い)れる ＝ 通訳(つうやく)をしてもらう
"통역을 사용하다"는 표현으로 쓸 수 있다.

정확한 외사소통을 위해 통역을 부탁하고 싶습니다.

正確な意思疎通のために、通訳をお願いしたいと思います。

세이카크나 이시소쯔-노타메니, 쯔-야크오 오네가이시타이또 오모이마스

A: 正確な意思疎通のために、通訳をお願いしたいと思います。
정확한 의사소통을 위해 통역을 부탁하고 싶습니다.

B: それは、いい考えです。　그건 좋은 생각입니다.

♠ 意思疎通(いしそつう)：의사소통

당사는 콤팩트디스크를 전문으로 합니다.

当社は、コンパクトディスクを専門にしています。

토-샤와, 콤파크토디스크오 센몬니 시테 이마스

저희 회사의 MP3 플레이어를 판매하러 왔습니다.

当社のMP3プレーヤーを販売する為に来ました。

토-샤노 MP3 프레-야-오 한바이스루타메니 키마시타

A: 当社のMP3プレーヤーを販売する為に来ました。
저희 회사의 MP3 플레이어를 판매하러 왔습니다.

B: すみませんが、弊社は、MP3は要りません。
미안합니다만, 폐사는 MP3가 필요없습니다.

♠ MP3プレーヤー：MP3 플레이어

신형 비디오카메라를 제시하고 싶습니다.

新型のビデオカメラを提示したいと思います。

신가따노 비데오카메라오 테-지시타이또 오모이마스

♠ ビデオカメラ：비디오 카메라

신제품 몇 가지를
보여 드리고 싶습니다.

新製品をいくつかお見せしたいと思います。
신세-힌오 이크쯔까 오미세시타이또 오모이마스

그 아이템에 대해 좀
더 자세하게 설명해
주시겠어요?

そのアイテムについて、
もう少し詳しく説明してくれませんか。
소노 아이테므니 쯔이테, 모우 스코시 크와시크 세쯔메이시테 크레마셍까

이것은 저희
최신 제품입니다.

これは、当社の最新の製品です。
코레와, 토-샤노 사이신노 세-힌데스

> A: これは、当社の最新の製品です。　이것은 저희 최신 제품입니다.
> B: デザインが斬新ですね。　디자인이 참신하군요.

이것이 최신 디지털
카메라입니다.

これが最新のデジカメです。
코레가 사이신노 데지카메데스

> ♠「デジカメ」는 "디지털 카메라"라는 뜻이다.

조작이 매우
간단합니다.

操作はとても簡単です。
소-사와 토테모 칸딴데스

> A: 操作は、難しくありませんか。　조작은 어렵지 않습니까?
> B: 操作はとても簡単です。　조작이 매우 간편합니다.

이것은 혁신적인
제품입니다.

これは、革新的な製品です。
코레와, 카크신테키나 세-힌데스

만족하실 거라고
확신합니다.

ご満足いただけるものと確信しています。

> ♠「満足(まんぞく)いただく」라고 하면 "(상대편이) 만족하다"라는 뜻이다.

새로운 기능이 많이
첨가되었습니다.

新しい機能が多く追加されました。
아타라시이 키노-가 오오크 쯔이카사레마시타

소비자들의 반응은
어떤가요?

消費者の反応はいかがですか。
쇼-히샤노 한노-와 이카가데스까

본론으로 들어갑시다.

本題に入りましょう。
혼다이니 하이리마쇼-

출하 예정을
세워 봅시다.

出荷予定を立てて見ましょう。
슛카요테이오 타테테 미마쇼-

A: 出荷予定を立てて見ましょう。
　　출하 예정표를 세워 봅시다.

B: その方がいいですね。
　　그 쪽이 좋겠군요.

♠ 出荷予定(しゅっかよてい)を立(た)てる : 출하예정을 세우다

우리의 주된 관심사는
가격 문제입니다.

我々の主な関心事は、価格問題です。
와레와레노 오모나 칸신고또와, 카카크몬다이데스

가격에 관해 생각해
놓으신 게 있습니까?

価格に関して、考えている事はありますか。
카카크니 칸시테, 캉가에테 이르 코또와 아리마스까

최저가를 제안해
주십시오.

最低価格をご提案下さい。
사이테이카카크오 고테이안크다사이

당사는 견적서를
받고 싶습니다.

当社は、見積書をもらいたいと思います。
토-샤와, 미쯔모리쇼오 모라이타이또 오모이마스

A: 当社は、見積書をもらいたいと思います。
　　당사는 견적서를 받고 싶습니다.

B: 見積書は、最終価格が決まってから、お送りします。
　　견적서는 최종가격이 정해지고나서 보내겠습니다.

가격에 대한 당신의
의견을 말씀해
주시겠습니까?

価格に対する、あなたの意見を話してくれますか。
카카크니 타이스르, 아나타노 이켄오 하나시테 크레마스까

A: 価格に対する、あなたの意見を話してくれますか。
　　가격에 대한 당신의 의견을 말씀해 주시겠습니까?

B: 現行価格から、少なくとも5％下げて頂きたいと思います。
　　현행가격에서 적어도 5% 내려주셨으면 합니다.

당사 가격은
다른 곳보다 쌉니다.

当社の価格は、他の会社より安くなっています。
토-샤노 카카크와, 호까노 카이샤요리 야스크 낫테 이마스

A: 価格の方はいかがですか。
가격은 어떠세요?

B: 当社の価格は、他の会社より安くなっています。
당사 가격은 다른 곳보다 쌉니다.

할인율을 더 높여
주시기를 희망합니다.

値引き率を上げてくれるのを望んでいます。
네비키리쯔오 아게테 크레르노오 노존데 이마스

♠ 値引(ね び)き率(りつ) = 値下(ね さ)げ率(りつ) = 割引率(わり びき りつ) = ディスカウント할인율

그것은 우리가 드릴
수 있는 최저가입니다.

それは我々が提供できる最低価格です。
소레와 와레와레가 테-쿄-데키르 사이테-카카크데스

♠ 最低価格(さい てい か かく) : 최저가격
♠ 最終価格(さい しゅう か かく) : 최종가격

귀사의 기대를
충족시킬 수가
없습니다.

貴社の期待にお応えできません。
키샤노 키타이니 오코타에데키마셍

♠ 「期待(き たい)に応(こた)える」는 "기대에 부응하다"라는 뜻이다.

지난번 주문과 같은
조건을 유지하고
싶습니다.

前回の注文と同じ条件を維持したいと思います。
젠카이노 쮸-몬또 오나지죠-켄오 이지시타이또 오모이마스

배송료는 누가
부담하나요?

配送料はだれが負担しますか。
하이소-료-와 다레가 후탄시마스까

A: 配送料はだれが負担しますか。
배송료는 누가 부담하나요?

B: 配送料は、こちらで持ちます。
배송료는 이쪽에서 지불합니다.

우리의 제안에 어떤
결정을 내리셨나요?

我々の提案に、どのような決定を下しましたか。
와레와레노 테-안니, 도노요-나 켓테이오 크다시마시타까

♠ 「決定(けっ てい)を下(くだ)す」는 "결정을 내리다"라는 뜻이다.

당신의 방문에 감사드리며, 상담이 잘 된 것을 기쁘게 생각합니다.

あなたのご訪問に感謝し、商談がうまく行った事を、うれしく思います。

아나타노 고호-몬니 칸샤시, 쇼-단가 으마크 잇따 코또오 우레시크 오모이마스

이번 협상이 성공적으로 끝나게 되어 기쁩니다.

今回の交渉が成功裏に終わって、うれしく思います。

콘카이노 코-쇼-가 세-코-리니 오왓테, 우레시크 오모이마스

A: 今回の交渉が成功裏に終わって、うれしく思います。
이번 협상이 성공적으로 끝나게 되어 기쁩니다.

B: 全部、あなたのお陰です。ありがとうございました。
전부 당신 덕분입니다. 고맙습니다.

♠ 「成功裏(せい こう り)に終(お)わる」는 "성공리에 끝나다"라는 뜻이다.

우리는 대체로 의견이 일치합니다.

私たちは、大体、意見が一致しています。

와타시타찌와, 다이타이, 이켄가 잇치시테 이마스

♠ 意見(い けん)が一致(いっ ち)する : 의견이 일치하다

계약의 세부사항에 대해 논의해 봅시다.

契約の詳細について、議論しましょう。

케-야크노 쇼-사이니 쯔이테, 기론시마쇼-

계약기간은 어떻게 합니까?

契約期間はどうしますか。

케이야크키칸와 도-시마스까

A: 契約期間はどうしますか。 계약기간은 어떻게 합니까?
B: 二年です。その後は、契約の更新が必要です。
2년입니다. 그 이후는 계약갱신이 필요합니다.

우리회사쪽에서 먼저 초안을 작성하게 해 주십시오.

当社に先ず、原案を作成させて下さい。

토-샤니 마즈, 겐안오 사크세이사세테 크다사이

♠ 계약등의 "초안"은 「原案(げん あん)、原稿(げん こう)、たたき台(だい)、案(あん)」등으로 표현할 수 있다.

초안을 작성하는 데 그리 많은 시간이 걸리지 않습니다.

原案を作成するのは、そんなに時間は掛かりません。

겐안오 사크세이스르노와, 손나니 지칸와 카카리마셍

이 계약서의 초안에 동의할 수 없습니다.

この契約書の原稿には同意できません。

코노 케-야크쇼노 겐코-니와 도-이데키마셍

제 생각에 이 조항은
우리가 동의한 부분이
아닌 것 같습니다.

私の考えでは、この条項は、
我々の同意した意味と違っています。

와타시노 캉가에데와, 코노 죠-코-와, 와레와레노 도-이시타 이미또 찌갓테 이마스

표현을 약간 변경하는
것이 어떻습니까?

表現を少し変えるのはいかがですか。

효-겐오 스코시 카에루노와 이카가데스까

A: 表現を少し変えるのはいかがですか。
　　표현을 약간 변경하는 것이 어떻습니까?

B: それもいいですね。
　　그것도 좋겠어요.

이 조항에 몇 가지
덧붙이고 싶습니다.

いくつかこの条項に対し、付け加えたいと思います。

이크쯔카 코노 죠-코-니 타이시, 쯔케크와에타이또 오모이마스

♠ 「条項(じょう こう)を付(つ)け加(くわ)える」는 "조항을 덧붙이다"라는 뜻이다.

초안에 두항을 더
추가시키는 것이
어떻습니까?

原案に、さらに二つの項目を追加するのは、
どうでしょうか。

겐안니, 사라니 후타쯔노 코-모쿠오 쯔이카스루노와, 도-데쇼-까

우리의 계약서에
서명할 준비가
되었다고 생각합니다.

私たちの契約書にサインする準備が出来ていると
思われます。

와타시타찌노 케-야크쇼니 사인스루 쥰비가 데키테 이르또 오모와레마스

귀사와 계약을 체결하게
되어 기쁩니다.

貴社と契約を結ぶ事が出来 、うれしいです。

키샤또 케-야크오 므스브 코또가 데키, 우레시이데스

♠ 「契約(けい やく)を結(むす)ぶ」는 "계약을 맺다"라는 뜻이다.

그 계약의 갱신에 대해
어떻게 생각하세요?

その契約の更新について、どうお考えですか。

소노 케-야크노 코-신니 쯔이테, 도-오캉가에데스까

A: その契約の更新について、どうお考えですか。
　　그 계약의 갱신에 대해 어떻게 생각하세요?

B: 私は、賛成です。 저는 찬성이예요.

♠ 「契約(けい やく)を更新(こう しん)する」는 "계약을 갱신하다"라는 표현이다.

제품에 대해 문의드리고 싶습니다.

製品について、お問い合わせしたいと思います。
세-힌니 쯔이테, 오토이아와세시타이또 오모이마스

IL-27 모델의 재고가 있나요?

IL-27モデルの在庫はありますか。
IL-27모데르노 자이코와 아리마스까

곧 재고를 확인해 보겠습니다.

すぐ、在庫を確認して見ます。
스그, 자이코오 카크닌시테 미마스

A: すぐ、在庫を確認して見ます。 곧 재고를 확인해 보겠습니다.

B: ありがとうございます。 고맙습니다.

지금은 재고가 없습니다.

今は、在庫がありません。
이마와, 자이코가 아리마셍

언제 물건을 배달해 주실 수 있습니까?

いつ品物を届けてくれますか。
이쯔 시나모노오 토도케테 크레마스까

가능한 한 빨리 물건을 받아야 합니다.

できるだけ早く品物を受け取らなければなりません。
데키르다케 하야크 시나모노오 우케토라나케레바 나리마셍

A: 品物は、いつまでに必要ですか。
물건은 언제까지 필요합니까?

B: できるだけ早く品物を受け取らなければなりません。
가능한 한 빨리 물건을 받아야 합니다.

금요일까지 100박스를 배달해 주시겠습니까?

金曜日までに百箱を配達してくれますか。
킨요-비마데니 햐크하코오 하이타쯔시테 크레마스까

A: 金曜日までに百箱を配達してくれますか。
금요일까지 100박스를 배달해 주시겠습니까?

B: それは、少し無理です。配達は、月曜日になると思います。
그것은 조금 무리입니다. 배달은 월요일이 될 것 같습니다.

담당자분과 얘기하고 싶습니다만.

担当者とお話したいのですが。
탄토-샤또 오하나시시타이노데스가

| 주문을 취소하고 싶습니다. | 注文を取り消したいと思います。
쮸-몬오 토리케시타이또 오모이마스 |

주문을 취소하고
싶습니다.

注文を取り消したいと思います。
쮸-몬오 토리케시타이또 오모이마스

불만사항을
말씀드리고 싶습니다.

クレームを言いたいと思います。
크레-므오 이이타이또 오모이마스

받은 제품은 주문한
제품이 아닙니다.

受け取った製品は注文したものと違います。
우케톳따 세-힌와 쮸-몬시타모노또 찌가이마스

A: 受け取った製品は注文したものと違います。
받은 제품은 주문한 제품이 아닙니다.

B: 申し訳ありません。すぐ、確認します。
죄송합니다. 바로 확인해 보겠습니다.

제품품질에 문제가
있습니다.

製品の品質に問題があります。
세-힌노 힌시쯔니 몬다이가 아리마스

최근에 품질이
나빠졌습니다.

最近、品質が悪くなりました。
사이킨, 힌시쯔가 와르크 나리마시타

주문한 물건이
세 개 덜 왔습니다.

注文の教量が三個足りません。
쮸-몬노 스-료-가 산코 타리마셍

우리는 이제까지
그 물품들을
인수하지 못했습니다.

弊社は現時点まで、その品物を受け取っておりません。
헤-샤와 겐지텐마데, 소노 시나모노오 우케톳테 오리마셍

저는 제품 납입이
그렇게 지연된
이유를 알고 싶습니다.

私は製品の納入が、そのように遅延した理由を知りたいと思います。
와타시와 세-힌노 노-뉴-가, 소노요-니 찌엔시타 리유-오 시리타이또 오모이마스

귀사는 당사의 손해를
보상해 줄 용의가
있습니까?

貴社は、当社の損害を補償するお考えがありますか。
키샤와, 토-샤노 손가이오 호쇼-스루 오캉가에가 아리마스까

확인해 보고
연락드리겠습니다.

確認の上、連絡致します。

카크닌노 우에, 렌라크이타시마스

그것은 저희
실수였습니다.

それは、我々のミスでした。

소레와, 와레와레노 미스데시타

♠ ミス＝手違(て ちが)い 실수

폐를 끼쳐드려서
죄송합니다.

ご迷惑ををお掛けし、申し訳ありません。

고메이와크오 오카케시, 모우시와케아리마셍

♠ 「ご迷惑(めい わく)ををお掛(か)けする」는 "폐를 끼치다"라는 뜻이다.

그 사고는 제
불찰입니다.

その事故は、私のミスです。

소노 지코와, 와타시노 미스데스

우리가 실수로 잘못된
물건을 보내드렸습니다.

こちらのミスで、違う品物を送ってしまいました。

코찌라노 미스데, 찌가우 시나모노오 오쿳테 시마이마시타

A: 注文したものとは違う製品が届きました。
주문한 것과 다른 것이 도착했습니다.

B: こちらのミスで違う品物を送ってしまいました。
우리가 실수로 잘못된 물건을 보내드렸습니다.

즉시 처리하겠습니다.

すぐ、処理します。

스그, 쇼리시마스

A: すぐ、処理します。 즉시 처리하겠습니다.
B: お願いします。 부탁드리겠습니다.

우리가 그 문제를
처리하겠습니다.

我々が、その問題を処理します。

와레와레가, 소노 몬다이오 쇼리시마스

다음 출하는 예정대로
이행하겠습니다.

次の出荷は、予定通りに行います。

쯔기노 슛카와, 요테이도오리니 오코나이마스

A: 次の出荷は、予定通りに行います。 다음 출하는 예정대로 이행하겠습니다.
B: お願いします。 부탁드립니다.

| 다른 제품을 출하한 것은 저희들의 실수입니다. | 違う製品を出荷したのは、我々のミスです。
찌가우 세-힌오 슛카시타노와, 와레와레노 미스데스 |

その問題は、解決済みです。

違う製品を出荷したのは、我々のミスです。
찌가우 세-힌오 슛카시타노와, 와레와레노 미스데스

그 문제는 처리됐습니다.

その問題は、解決済みです。
소노 몬다이와, 카이케쯔즈미데스

♠ 「解決済(かいけつずみ)」는 "해결이 되었음"을 뜻한다.

이제 모든 것을 해결했습니다.

もう全てを解決しました。
모우 스베테오 카이케쯔시마시타

즉시 주문한 제품을 보내드리겠습니다.

すぐ、ご注文の製品を送ります。
스그, 고쮸-몬노 세-힌오 오크리마스

A: いつ、配達してもらえますか。
언제 배달해 주시겠습니까?

B: すぐ、ご注文の製品を送ります。
즉시 주문한 그 제품을 보내드리겠습니다.

대체품을 즉시 보내드리겠습니다.

代わりのものをすぐ、お送りします。
카와리노 모노오 스그, 오오크리시마스

선적이 지연되어 사과드립니다.

出荷が遅れ、お詫び致します。
숫카가 오크레, 오와비이타시마스

♠ 出荷(しゅっか)が遅(おく)れる : 출하가 늦어지다

이로인해 귀사에 불편함을 드려 진심으로 죄송했습니다.

これによって、貴社に不便をお掛けし、申し訳ありませんでした。
코레니 욧테, 키샤니 후벤오 오카케시, 모우시와케아리마셍데시타

이로인해 귀사에 폐를 끼친 것을 심히 유감스럽게 생각합니다.

これによって貴社にご迷惑をお掛けし、誠に遺憾に思っています。
코레니 욧테 키샤니 고메이와크오 오카케시, 마코또니 이칸니 오못테 이마스

명함	名刺(めい し) 메-시
영업직원	営業社員(えい ぎょう しゃ いん) 에-교-샤인
의뢰인	依頼人(い らい にん) 이라이닌
거래	取引(とり ひき) 토리히키
전달, 소통	疎通(そ つう) 소쯔-
제휴	提携(てい けい) 테-케-
합변	合弁(ごう べん) 고-벤
합작	合作(がっ さく) 갓사크
협의	協議(きょう ぎ) 쿄-기
협력하다	協力(きょう りょく)する 쿄-료크스루
교섭하다	交渉(こう しょう)する 코-쇼-스루
타협	妥協(だ きょう) 다쿄-
유효한	有効(ゆう・こう)な 유-코-나
강화	強化(きょう か) 쿄-카
항목	項目(こう もく) 코-모크
상품	商品(しょう ひん) 쇼-힌
신상품	新商品(しん しょう ひん) 신쇼-힌
최첨단	最先端(さい せん たん) 사이센탄

평가하다	評価(ひょう か)する 효-카스루
납품일	納品日(のう ひん び) 노-힌비
간부	幹部(かん ぶ) 칸브
비용	費用(ひ よう) 히요-
혁신	革新(かく しん) 카크신
경영진	経営陣(けい えい じん) 케-에-진
시장성	市場性(し じょう せい) 시죠-세이
대량생산	大量生産(たい りょう せい さん) 타이료-세-산
순이익	純利益(じゅん り えき) 쥰리에키
생산라인	生産(せい さん)ライン 세-산라인
경상비	経常費(けい じょう ひ) 케-죠-히
배상하다	賠償(ばい しょう)する 바이쇼-스루
표준화하다	標準化(ひょう じゅん か)する 효-쥰카스루
합리화하다	合理化(ごう り か)する 고-리카스루
계획	計画(けい かく) 케이카크
갱신하다	更新(こう しん)する 코-신스루
질을 높이다	質(しつ)を高(たか)める 시쯔오 타카메르

구인광고를 보고
전화를 드립니다.

求人広告を見て、電話をしました。
큐-진코-코크오 미테, 뎅와오 시마시타

당신회사에 지원하고
싶습니다.

貴社に応募したいと思います。
키샤니 오-보시타이또 오모이마스

A: 貴社に応募したいと思います。 당신회사에서 지원하고 싶습니다.
B: 経験はございますか。 경험은 있습니까?

매니저를 모집하고
계십니까?

管理職を募集していますか。
칸리쇼크오 보슈-시테 이마스까

A: 管理職を募集していますか。
매니저를 모집하고 계십니까?
B: いいえ、今回、募集しているのは、新入社員です。
아니요, 이번에 모집하고 있는 것은 신입사원입니다.

그 모집은 아직도
하고 있습니까?

その募集は、まだ、していますか。
소노 보슈-와, 마다, 시테 이마스까

A: その募集は、まだ、していますか。
그 모집은 아직도 하고 있습니까?
B: はい、まだ募集しています。 네, 아직 모집하고 있습니다.

어떤 종류의 일에
자리가 있는 건가요?

どのような職種を募集していますか。
도노요-나 쇼크슈오 보슈-시테 이마스까

경력이 필요합니까?

経歴は必要ですか。
케-레키와 히쯔요-데스까

A: 経歴は必要ですか。
경력이 필요합니까?
B: いいえ、経歴は無くても構いません。
아니요, 경력은 없어도 됩니다.

지원에 필요한
사항은 무엇입니까?

応募に必要な事項は何ですか。
오-보니 히쯔요-나 지코-와 난데스까

| 어떻게 지원하면
됩니까? | どのように<ruby>応募<rt>おうぼ</rt></ruby>すればいいでしょうか。
도노요-니 오-보스레바 이이데쇼-까 |

A: どのように<ruby>応募<rt>おうぼ</rt></ruby>すればいいでしょうか。 어떻게 지원하면 됩니까?
B: <ruby>先<rt>ま</rt></ruby>ず、<ruby>履歴書<rt>りれきしょ</rt></ruby>を<ruby>送<rt>おく</rt></ruby>って<ruby>下<rt>くだ</rt></ruby>さい。 우선 이력서를 보내 주십시오.

| 이력서를 우송해
주십시오. | <ruby>履歴書<rt>りれきしょ</rt></ruby>を<ruby>郵送<rt>ゆうそう</rt></ruby>して<ruby>下<rt>くだ</rt></ruby>さい。
리레키쇼오 유-소-시테 크다사이 |

| 이력서를 한통
제출해 주십시오. | <ruby>履歴書<rt>りれきしょ</rt></ruby>を<ruby>一通<rt>いっつう</rt></ruby>、<ruby>提出<rt>ていしゅつ</rt></ruby>して<ruby>下<rt>くだ</rt></ruby>さい。
리레키쇼오 잇쯔-, 테이슈쯔시테 크다사이 |

| 서류는 언제까지
보내야 합니까? | <ruby>書類<rt>しょるい</rt></ruby>は、いつまでに<ruby>送<rt>おく</rt></ruby>らなければなりませんか。
쇼르이와, 이쯔마데니 오크라나케레바 나리마셍까? |

| 이메일로 이력서를
접수 받습니까? | eメールで、<ruby>履歴書<rt>りれきしょ</rt></ruby>を<ruby>受<rt>う</rt></ruby>け<ruby>付<rt>つ</rt></ruby>けて<ruby>頂<rt>いただ</rt></ruby>けますか。
e 메-르데, 리레키쇼오 우케쯔케테 이타다케마스까 |

♠ eメール : 이메일　　♠ <ruby>受<rt>う</rt></ruby>け<ruby>付<rt>つ</rt></ruby>ける : 접수받다

| 이력서를 어디로
보낼까요? | <ruby>履歴書<rt>りれきしょ</rt></ruby>はどちらへ<ruby>送<rt>おく</rt></ruby>りましょうか。
리레키쇼와 도찌라에 오크리마쇼-까 |

| 근무는 언제
시작하나요? | <ruby>勤務<rt>きんむ</rt></ruby>は、いつからですか。
킴므와, 이쯔까라데스까 |

| 1차 서류심사에
합격하셨습니다. | <ruby>一次<rt>いちじ</rt></ruby>の<ruby>書類審査<rt>しょるいしんさ</rt></ruby>に<ruby>合格<rt>ごうかく</rt></ruby>しました。
이찌지노 쇼르이신사니 고-카크시마시타 |

| 면접은 언제 봅니까? | <ruby>面接<rt>めんせつ</rt></ruby>はいつですか。
멘세쯔와 이쯔데스까 |

A: <ruby>面接<rt>めんせつ</rt></ruby>はいつですか。
면접은 언제 봅니까?
B: <ruby>面接<rt>めんせつ</rt></ruby>は、<ruby>今月末<rt>こんげつまつ</rt></ruby>になりそうです。
면접은 이번달 말이 될 것 같습니다.

면접보러 왔습니다.

面接に来ました。
멘세쯔니 키마시타

A: 面接に来ました。 면접보러 왔습니다.
B: 少々お待ち下さい。 잠시 기다려 주십시오.

이 회사는 성장성이 많다고 생각합니다.

この会社は、成長性が高いと思います。
코노 카이샤와, 세─쬬─세이가 타까이또 오모이마스

ABC사에서 10년간 근무했습니다.

ABC社で、十年間勤めました。
ABC샤데, 쥬─넨칸 쯔토메마시타

저는 영업직에 관심이 있습니다.

私は、営業職に関心があります。
와타시와, 에─교─쇼크니 칸신가 아리마스

A: どの部署に応募したいのですか。
어떤 부서에 지원하고 싶습니까?
B: 私は、営業職に関心があります。
저는 영업직에 관심이 있습니다.

그 업계에 대해, 충분히 알고 있습니다.

その業界については、十分に知っています。
소노 교─카이니 쯔이테와, 쥬─븐니 싯테 이마스

일본어로 의사소통하는데 큰 문제는 없습니다.

日本語での意思疎通はそんなに問題はありません。
니혼고데노 이시소쯔─와 손나니 몬다이와 아리마셍

A: 日本語で仕事ができますか。
일본어로 일이 가능합니까?
B: 日本語での意思疎通はそんなに問題はありません。
일본어로 의사소통하는데 큰 문제는 없습니다.

업무내용에 관해서 설명해 주시겠어요?

業務の内容について、ご説明頂けますか。
교─므노 나이요─니 쯔이테, 고세쯔메이이타다케마스까

그건 어떤 종류의 일인가요?

それは、どのような種類の仕事ですか。
소레와, 도노요─나 슈르이노 시고또데스까

그 일은 잔업이
많습니까?

その仕事は残業が多いですか。
코노 시고또와 잔교-가 오오이데스까

월급을 20만엔으로
시작했으면 합니다.

月給20万円から、スタートしたいと思います。
겟큐- 니쥬-만엔까라, 스타-토시타이또 오모이마스

A: 月給20万円から、スタートしたいと思います。
いかがですか。
월급을 20만엔으로 시작했으면 합니다. 어떻습니까?

B: わかりました。特に問題はありません。
알겠습니다. 특별히 문제는 없습니다.

책임자십니까?

責任者の方ですか。
세키닌샤노 카따데스까

A: 責任者の方ですか。
책임자십니까?

B: はい、そうです。営業部部長の田中です。
네, 그렇습니다. 영업부 부장인 타나까입니다.

어떤 근로혜택이
제공됩니까?

どのような福利厚生がありますか。
도노요-나 후크리코-세이가 아리마스까

♠ 회사사원을 위한 복지제도를 얘기할 때는 「福利厚生制度(ふくりこうせいせいど)」라고
표현한다. 「福祉制度(ふくしせいど)」라고 하면 주로 노인이나 빈곤자를 위한 사회적인
큰 의미의 복지를 뜻한다.

결과는 언제 알 수
있을까요?

結果は、いつ分かりますか。
켓카와, 이쯔 와카리마스까

A: 結果は、いつ分かりますか。
결과는 언제 알 수 있을까요?

B: 明後日には分かると思います。
모레는 알게 될 거예요.

♠ 明後日(あさって) : 모레
♠ 結果(けっか) : 결과

자기소개를 해 보세요.

自己紹介をして下さい。
지코쇼-카이오 시테 크다사이

어떤 자격증을
가지고 있습니까?

どのような資格をお持ちですか。
도노요-나 시카크오 오모찌데스까

A: どのような資格をお持ちですか。
어떤 자격증을 가지고 있습니까?

B: 資格は、運転免許しか持っていません。
자격증은 운전면허증밖에 가지고 있지 않습니다.

컴퓨터는 잘
다루시나요?

パソコンは、うまく操作できますか。
파소콘와, 우마크 소-사데키마스까

A: パソコンは、うまく操作できますか。
컴퓨터는 잘 다루시나요?

B: はい、私は、パソコンが得意です。
네, 저는 컴퓨터를 특히 잘 합니다.

특별한 기술이
있습니까?

何か特別な技術はお持ちですか。
나니까 토크베쯔나 기쥬쯔와 오모찌데스까

경력이 있으십니까?

経歴はありますか。
케이레키와 아리마스까

영어실력은 어느
정도입니까?

英語の実力は、どのくらいですか。
에이고노 지쯔료크와, 도노크라이데스까

A: 英語の実力はどのくらいですか。
영어실력은 어느 정도입니까?

B: 英語でネイティブとのやり取りに、まったく問題ありません。
영어로 원어민과 소통하는데 전혀 문제가 없습니다.

왜 우리회사에서
일하기를 원하십니까?

なぜ、当社で働く事をご希望ですか。
나제, 토-샤데 하타라크 코또오 고키보-데스까

♠ 「働(はたら)く」는 "일하다", 「勤(つと)める」는 "근무하다"의 의미가 강하다.

어느 부서에서
근무하기를
원하십니까?

どの部署で働きたいですか。
도노 브쇼데 하타라키타이데스까

A: どの部署で働きたいですか。
어느 부서에서 근무하기를 원하십니까?

B: 私は、マーケティング部署で働きたいと思っています。
저는 마케팅부서에서 일하고 싶습니다.

언제 일을 시작하실
수 있나요?

いつ仕事を始められますか。
이쯔 시고또오 하지메라레마스까

A: いつ仕事を始められますか。
언제 일을 시작하실 수 있나요?

B: 一カ月後には、始められます。
1개월후에는 시작할 수 있어요.

어느 정도의 급여를
원하십니까?

どのくらいの給料をお望みですか。
도노크라이노 큐-료-오 오노조미데스까

제가 회사 규칙에
관해 설명하겠습니다.

私が会社のルールについて、ご説明させて頂きます。
와타시가 카이샤노 르-르니쯔이테, 고세쯔메이사세테이타다키마스

고용계약은
2년간입니다.

雇用契約は二年です。
코요-케-야크와 니넨데스

처음 석달은
수습기간입니다.

最初の三ヶ月間は、見習いです。
사이쇼노 산카게쯔칸와, 미나라이데스

♠ 「見習(みなら)い」라고 하면 "수습, 수습생"이라는 뜻이 된다.

월급날은 매달
20일입니다.

給料日は、毎月二十日です。
큐-료-비와, 마이쯔키 하쯔카데스

♠ "20일"은 「二十日(はつか)」라고 한다. 발음에 주의하자.

일 년에 세 번
보너스가 지급됩니다.

年に三回、ボーナスが支給されます。
넨니 산카이, 보-나스가 시큐-사레마스

이력서	履歴書(り れき しょ)	리레키쇼
직원을 모집하다	社員(しゃ いん)を募集(ぼ しゅう)する	샤인오 보슈-스루
지원자, 응모자	応募者(おう ぼ しゃ)	오-보샤
능력	能力(のう りょく)	노-료크
적성	適性(てき せい)	테키세-
소질	素質(そ しつ)	소시쯔
기본급	基本給(き ほん きゅう)	키혼큐-
유급휴가	有給休暇(ゆう きゅう きゅう か)	유-큐-큐-카
잔업수당	残業手当(ざん ぎょう て あて)	잔교-테아테
구인광고	求人広告(きゅう じん こう こく)	큐-진코-코크
구직자	求職者(きゅう しょく しゃ)	큐-쇼크샤
면접	面接(めん せつ)	멘세쯔
구인	求人(きゅう じん)	큐-진
고용	雇用(こ よう)	코요-
종업원	従業員(じゅう ぎょう いん)	쥬-교-인
고용주	雇(やと)い主(ぬし)	야토이느시
채용	採用(さい よう)	사이요-

Part 5

海外旅行

해외여행

탑승하신 것을 환영합니다.

ご搭乗、歓迎致します。
고토-죠-, 칸게-이타시마스

자리를 찾고 있습니다.

席を探しています。
세키오 사가시테 이마스

A: 席を探しています。　자리를 찾고 있습니다.
B: 何番の座席ですか。　몇 번 좌석입니까?
A: 26Fです。　26F입니다.
B: 26Fなら、こちらへどうぞ。　26F라면 이쪽으로 오세요.

탑승권을 보여주시겠습니까?

搭乗券を見せて頂けますか。
토-죠-켄오 미세테 이타다케마스까

A: 搭乗券を見せて頂けますか。　탑승권을 보여주시겠습니까?
B: はい、ここにあります。　예, 여기에 있습니다.

손님 좌석은 앞쪽입니다.

お客様の座席は、前の方です。
오캬크사마노 자세키와, 마에노 호-데스

이쪽으로 오십시오.

こちらへ、どうぞ。
코찌라에, 도-조

저기 통로쪽입니다.

あちらの通路の方です。
아찌라노 쯔-로노 호-데스

손님좌석은 창가좌석입니다.

お客様の座席は、窓側です。
오캬크사마노 자세키와, 마에노 호-데스

- ♠ 窓側(まど がわ)の席(せき) : 창측 좌석
- ♠ 通路側(つう ろ がわ)の席(せき) : 통로측 좌석

지나가도 되겠습니까?

通ってもよろしいですか。
토옷테모 요로시이데스까

A: 通ってもよろしいですか。　지나가도 되겠습니까?
B: はい、どうぞ。　네, 그러세요.

여긴 제자리인 것 같은데요.

ここは、私の席のようです。
코코와, 와타시노 세키노 요-데스

좌석을 뒤로 젖혀도 될까요?

座席を後ろに倒してもいいですか。
자세키오 우시로니 타오시테모 이이데스까

A: 座席を後ろに倒してもいいですか。
좌석을 뒤로 젖혀도 될까요?

B: 今は、いけません。離陸してからにして下さい。
지금은 안됩니다. 이륙하고 나서 해 주세요.

♠ "(좌석을) 젖히다"라고 할 때는 「倒(たお)す」라는 동사를 쓴다.

여러분의 짐은 머리위 선반에 얹으십시오.

皆様の荷物は、頭の上の棚に置いて下さい。
미나사마노 니모쯔와, 아타마노 우에노 타나니 오이테 크다사이

안전벨트를 매 주십시오.

シートベルトを締めて下さい。
시-토베르토오 시메테 크다사이

♠ シートベルト : 안전벨트

이 안전벨트를 어떻게 매나요?

このシートベルトは、どのように締めますか。
코노 시-토베르토와, 도노요-니 시메마스까

좌석 등받이를 제자리로 해 주십시오.

座席の背もたれを元に戻して下さい。
자세키노 세모타레오 모토니 모도시테 크다사이

♠ 背(せ)もたれ : 등받이

좌석을 바꿀 수 있을까요?

座席を変えられますか。
자세키오 카에라레마스까

창가쪽에 앉고 싶습니다.

窓側に座りたいと思います。
마도가와니 스와리타이또 오모이마스

저기 빈자리로 옮겨도 되겠습니까?

あちらの空きの席に移ってもいいですか。
아찌라노 아키노 세키니 우쯧테모 이이데스까

음료를 드시겠습니까?

飲み物はいかがですか。
노미모노와 이카가데스까

커피, 홍차,
오렌지쥬스가 있습니다.

コーヒー、紅茶、オレンジジュースがあります。
코-히-, 코-챠, 오렌지쥬-스가 아리마스

녹차 주세요.

緑茶をお願いします。
료크챠오 오네가이시마스

와인 있습니까?

ワインはありますか。
와인와 아리마스까

A: ワインはありますか。 와인 있습니까?
B: はい、赤ワインと白ワインがあります。
　　네, 적색 와인과 흰 와인이 있습니다.

물 한 잔 주세요.

水をいっぱい下さい。
미즈오 잇빠이 크다사이

한 잔 더 주실 수
있습니까?

もういっぱい頂けますか。
모우 잇빠이 이타다게마스까

A: もういっぱい頂けますか。 한 잔 더 주실 수 있습니까?
B: はい、少々お待ち下さい。 네, 잠시 기다려 주십시오.

테이블을 내려 주십시오.
식사시간입니다.

テーブルを引き出して下さい。食事の時間です。
테-브르오 히키다시테 크다사이. 쇼크지노 지칸데스

식사는 뭘로
하시겠습니까?

食事は何にしますか。
쇼크지와 나니니 시마스까

스테이크와
생선요리 중,
어느쪽으로
하시겠습니까?

ステーキと魚料理のうち、どちらがよろしいですか。
스테-키또 사카나료-리노 우찌, 도찌라가 요로시이데스까

A: ステーキと魚料理のうち、どちらがよろしいですか。
　　스테이크와 생선요리 중, 어느쪽으로 하시겠습니까?
B: 魚料理をお願いします。 생선요리 부탁드리겠습니다.

나중에 먹어도 될까요?

後で食べてもいいですか。
아토데 타베테모 이이데스까

스푼을 떨어뜨렸어요.

スプーンを落としました。
스프ー∟오 오토시마시타

다른 걸로 갖다 주시겠어요?

別のものを持って来てくれますか。
베쯔노 모노오 못테 키테 크레마스까

담요 한 장 주시겠습니까?

毛布を一枚くれますか。
모ー후오 이찌마이 크레마스까

A: 毛布を一枚くれますか。
담요 한 장 주시겠습니까?
B: はい、少々お待ち下さい。
네, 잠시 기다려 주십시오.

베게 하나 주시겠습니까?

枕を一つくれますか。
마크라오 히토쯔 크레마스까

♠ 枕(まくら) : 베게

뭔가 읽을 게 있습니까?

何か読み物がありますか。
나니까 요미모노가 아리마스까

한국어 신문 있습니까?

韓国語の新聞はありますか。
캉코크고노 심분와 아리마스까

A: 韓国語の新聞はありますか。
한국어 신문 있습니까?
B: いいえ、日本語と英語の新聞しかありません。
아니요, 일본어와 영어 신문밖에 없습니다.

이것은 유료입니까?

これは有料ですか。
코레와 유ー료ー데스까

♠ 有料(ゆう りょう) : 유료
♠ 無料(む りょう) : 무료

이어폰이 고장났습니다.

イヤホンが故障しています。
이야혼가 코쇼-시테 이마스

멀미가 좀 나는군요.

少し吐き気がします。
스코시 하키케가 시마스

♠ 吐(は)き気(け) : 멀미

비행기 멀미약 있습니까?

飛行機の酔い止めはありますか。
히코-키노 요이도메와 아리마스까

♠ 酔(よ)い止(ど)め : 멀미약

토할 것 같습니다.

吐きそうです。
하키소-데스

몸이 좀 불편합니다.

体の調子が少し悪いです。
카라다노 쬬-시가 스코시 와르이데스

A: 体の調子が少し悪いです。 몸이 좀 불편합니다.
B: 特に、どこが悪いのですか。 특히 어디가 안좋으세요?

약을 주시겠습니까?

薬をくれますか。
크스리오 크레마스까

두통약 있습니까?

頭痛薬はありますか。
즈쯔-야크와 아리마스까

♠ 頭痛薬(ず つう やく) : 두통약

아스피린 좀 주십시오.

アスピリンを少し下さい。
아스피린오 스코시 크다사이

일회용 반창고 있습니까?

バンドエイドはありますか。
반도에이도와 아리마스까

좀 추운데요.
좀 더운데요.

少し寒いです。 少し暑いです。
스코시 사므이데스 / 스코시 아쯔이데스

담요를 하나 더 주실 수 있습니까?

毛布を、もう一枚もらえますか。
모-후오, 모우 이찌마이 모라에마스까

몸을 따뜻하게 하세요.

体を温めて下さい。
카라다오 아타타메테 크다사이

도착까지 어느정도 걸립니까?

到着まで、何時間位かかりますか。
토-챠크마데, 난지칸크라이 카카리마스까

언제쯤 도착합니까?

いつ頃、着きますか。
이쯔고로, 쯔키마스까

A: いつ頃、着きますか。 언제쯤 도착합니까?
B: 一時間後には、着きます。 한 시간 후에는 도착합니다.

정시에 도착합니까?

定時に着きますか。
테-지니 쯔키마스까

현지시간으로 지금 몇 시입니까?

現地時間で、今、何時ですか。
겐찌지칸데, 이마, 난지데스까

A: 現地時間で、今、何時ですか。 현지시간으로 지금 몇 시입니까?
B: 現地時間で、夕方六時です。 현지시간으로 저녁 6시입니다.

LA는 시간이 어떻게 되죠?

ロスは、今、何時ですか。
로스와, 이마, 난지데스까

♠ 「ロス」는 "로스엔젤레스"라는 뜻이다.

시계를 현지시간으로 맞추고 싶습니다.

時計を現地時間に合わせたいと思います。
토케이오 겐찌지칸니 아와세타이또 오모이마스

서울과 뉴욕의 시차는 얼마나 됩니까?

ソウルとニューヨークの時差は何時間ですか。
소우르또 뉴-요-크노 지사와 난지칸데스까

♠ 時差(じ さ) : 시차

기내에서 면세품을 팝니까?

機内で免税品を売っていますか。
키나이데 멘제이힌오 웃테 이마스까

A: 機内で免税品を売っていますか。　기내에서 면세품을 팝니까?

B: はい、あります。どのようなものをご希望ですか。
네, 있습니다. 어떠한 것을 원하세요?

기내 쇼핑용 카탈로그 보시겠어요?

機内のショッピング用カタログをご覧になりますか。
키나이노 숏핑그요-카타로그오 고란니 나리마스까

♠ 「ご覧(らん)になる」는 "보시다" 라고 해서 「見(み)る」의 존경어가 된다.

술은 어떤 종류가 있습니까?

お酒は、どのような種類がありますか。
오사케와, 도노요-나 슈르이가 아리마스까

위스키 두병을 사고 싶습니다.

ウィスキーを二本買いたいと思います。
위스키-오 니혼 카이타이또 오모이마스

몇 병까지 면세를 받을 수 있습니까?

何本まで免税ですか。
난본마데 멘제이데스까

A: 何本まで免税ですか。　몇 병까지 면세를 받을 수 있습니까?
B: 二本までです。　두 병까지입니다.

얼마까지 면세가 됩니까?

いくらまで免税ですか。
이크라마데 멘제이데스까

A: いくらまで免税ですか。　얼마까지 면세가 됩니까?
B: 10万円まで免税です。　10만엔까지 면세입니다.

화장품 세트는 있습니까?

化粧品セットはありますか。
케쇼-힌셋토와 아리마스까

담배도 사고 싶습니다.

タバコも買いたいと思います。
타바코모 카이타이또 오모이마스

어떤 담배가 있습니까?

どのようなタバコがありますか。
도노요-나 타바코가 아리마스까

담배 한 보루를
사고 싶습니다.

タバコワンカートンを買いたいと思います。
타바코완카-톤오 카이타이또 오모이마스

A: タバコワンカートンを買いたいと思います。
담배 한 보루를 사고 싶습니다.

B: すみませんが、タバコは既に売り切れました。
미안합니다만, 담배는 이미 다 팔렸습니다.

면세품 리스트 한 장
얻을 수 있을까요?

免税品のリストを一枚もらえますか。
멘제이힌노 리스토오 이찌마이 모라에마스까

향수 좀 보여주세요.

香水をちょっと見せて下さい。
코-스이오 쫏토 미세테 크다사이

MP3 플레이어도
있습니까?

デジタルオーディオもありますか。
데지타르 오-디오모 아리마스까

이것으로 하겠습니다.

これにします。
코레니 시마스

얼마죠?

いくらですか。
이크라데스까

한국돈은 받습니까?

韓国のお金も使えますか。
캉코크노 오카네모 쯔카에마스까

A: 韓国のお金も使えますか。 한국돈은 받습니까?
B: 申し訳ありませんが、 韓国のお金は使えません。
죄송합니다만, 한국돈은 사용할 수 없습니다.

여행자수표도 받습니까?

トラベラーズチェックも使えますか。
토라베라-즈쳇크모 쯔카에마스까

♠ "여행자 수표"는「トラベラーズチェック」라고 한다.

저는 여기서 갈아타야 합니다.	**私は、ここで乗り換えなければなりません。** 와타시와、코코데 노리카에나케레바 나리마셍 ♠「乗(の)り換(か)える」는 "환승하다"라는 뜻이다.

어느 비행기를
갈아타십니까?

どちらの飛行機に乗り換えますか。
도짜라노 히코-키니 노리카에마스까

A: どちらの飛行機に乗り換えますか。　어느 비행기를 갈아타십니까?
B: イギリス行きの飛行機に乗り換えます。　영국행 비행기로 갈아탑니다.

통과여객이십니까?

乗り換えのお客様ですか。
노리카에노 오캬크사마데스까

기편 번호를
가르쳐 주십시오.

フライトナンバーを教えてください。
후라이토난바-오 오시에테 크다사이

최종목적지는
어디입니까?

最終目的地はどこですか。
사이슈-모크테키찌와 도꼬데스까

A: 最終目的地はどこですか。　최종목적지는 어디입니까?
B: 日本の成田空港です。　일본의 나리타 공항입니다.

이 용지를 기재해
주세요.

この用紙にご記入下さい。
코노 요-시니 고키뉴-크다사이

갈아타는 곳이
어디입니까?

乗り換えはどこですか。
노리카에와 도꼬데스까

몇 번 출구로
가야하나요?

何番出口へ行かなければなりませんか。
난반데그찌에 이카나케레바 나리마셍까

A: 何番出口へ行かなければなりませんか。
몇 번 출구로 가야하나요?
B: 三番出口へ行って下さい。
3번 출구로 가세요.

환승카운터는
어디입니까?

乗り換えのカウンターはどこですか。
노리카에노 카운타-와 도꼬데스까

저는 다음 비행기로
갈아탑니다.

私は、次の飛行機に乗り換えます。
와타시와, 쯔기노 히코-키니 노리카에마스

제가 탈 비행기는
어디에서 확인 합니까?

私の乗る飛行機は、どこで確認できますか。
와타시노 노르 히코-키와, 도꼬데 카크닌데키마스까

1시간정도
환승시간이 있습니다.

一時間くらい、乗り換え時間があります。
이찌지칸크라이, 노리카에지칸가 아리마스

이 통과카드를 갖고
계십니까?

この通過カードをお持ちですか。
코노 쯔-카카토-도오 오모찌데스까

환승까지 시간은
어느정도 있습니까?

乗り換えまで、時間はどのくらいありますか。
노리카에마데, 지칸와 도노크라이 아리마스까

A: 乗り換えまで、時間はどのくらいありますか。
　　환승까지 시간은 어느정도 있습니까?

B: 4時間くらいあります。
　　4시간정도 있습니다.

탑승은
몇 시부터입니까?

搭乗は何時からですか。
토-죠와 난지까라데스까

A: 搭乗は何時からですか。
　　탑승은 몇 시부터입니까?

B: 離陸の30分前の6時からです。
　　이륙 30분전인 6시부터입니다.

♠ 離陸(り りく) : 이륙
♠ 着陸(ちゃく りく) : 착륙

입국카드를
기입해 주세요.

入国カードに記入して下さい。
뉴-코크카-도니 키뉴-시테 크다사이

이것이 입국카드입니까?

これが入国カードですか。
코레가 뉴-코크카-도데스까

입국카드를 얻을 수
있을까요?

入国カードをもらえますか。
뉴-코크카-도오 모라에마스까

펜 좀 쓸 수 있을까요?

ボールペンを貸して頂けますか。
보-르펜오 카시테 이타다케마스까

기입방법을 가르쳐
주십시오.

記入方法を教えて下さい。
키뉴-호-호-오 오시에테 크다사이

A: 記入方法を教えて下さい。
　　기입방법을 가르쳐 주십시오.
B: 記入の仕方は、ここに書いてあります。
　　기입방법은 여기에 쓰여 있습니다.

좀 봐 주시겠어요.

少し見てくれますか。
스코시 미테 크레마스까

이렇게 쓰면 되나요?

このように書けばいいでしょうか。
코노요-니 카케바 이이데쇼-까

A: このように書けばいいでしょうか。
　　이렇게 쓰면 되나요?
B: はい、最後にサインをして下さい。
　　네, 마지막으로 사인해 주세요.

카드 한 장 더
주시겠어요?

カードをもう一枚もらえますか。
카-도오 모우이찌마이 모라에마스까

제 입국신고서 좀
봐주시겠어요?

私の入国申告書をちょっと見てくれますか。
와타시노 뉴-코크신코크쇼오 쫏또 미테 크레마스까

여기에 무엇을
써야 합니까?

ここに何を書かなければなりませんか。
코코니 나니오 카카나케레바 나리마셍까

A: ここに何を書かなければなりませんか。
여기에 무엇을 써야 합니까?

B: 滞在のホテルの連絡先を書いて下さい。
체재하는 호텔의 연락처를 적어 주십시오.

입국 신고서 다
작성하셨나요?

入国申告書は、書き終えましたか。
뉴-코크신코크쇼와, 카키오에마시타까

이 부분을 잘
모르겠는데요.

この部分がよく分かりません。
코노 브븐가 요크 와카리마셍

여기에 당신의
주소를 적어주세요.

ここにあなたの住所を書いて下さい。
코코니 아나타노 쥬-쇼오 카이테 크다사이

여기에 LA라고
쓰시면 됩니다.

ここにLAと書けばいいのです。
코코니 LA또 카케바 이이노데스

이 세관신고서를
기입해 주세요.

この税関申告書に記入して下さい。
코노 제이칸신코크쇼니 키뉴-시테 크다사이

♠ 税関申告書(ぜい かん しん こく しょ) : 세관신고서

이 용지는 어떻게
기입해야 합니까?

この用紙は、どのように記入しなければなりませんか。
코노 요-시와, 도노요-니 키뉴-시나케레바 나리마셍까

제 대신에 용지에
기입해 주시겠습니까?

私の代わりに用紙に記入してくれますか。
와타시노 카와리니 요-시니 키뉴-시테 크레마스까

♠ "～대신에"라고 할 때는 「～の代(か)わりに」라고 표현한다.

여기에 성함과
주소를 기입해 주세요.

ここにお名前と住所を記入して下さい。
코코니 오나마에또 쥬-쇼오 키뉴-시테 크다사이

탑승권	搭乗券(とう じょう けん) 토-죠-켄
통로좌석	通路側座席(つう ろ がわ ざ せき) 쯔-로가와자세키
중간좌석	中間座席(ちゅう かん ざ せき) 쮸-칸자세키
창가좌석	窓側座席(まど がわ ざ せき) 마도가와자세키
탑승구	搭乗口(とう じょう ぐち) 토-죠-그찌
안전벨트	シートベルト 시-토베르토
테이블	テーブル 테-브르
선반	棚(たな) 타나
에어컨	クーラー 크-라-
조명	照明(しょう めい) 쇼-메이
이어폰	イヤホン 이야혼
헤드폰	ヘッドホン 헷도혼
신문	新聞(しん ぶん) 심분
잡지	雑誌(ざっ し) 잣시
담요	毛布(もう ふ) 모-후
베게	枕(まくら) 마크라
멀미	吐(は)き気(け) 하키케

두통	頭痛(ず つう)	즈쯔-
반창고	絆創膏(ばん そう こう)	반-소-코-
약	薬(くすり)	크스리
기장	機長(き ちょう)	키쬬-
스튜디어스	スチュワーデス	스츄와-데스
이륙	離陸(り りく)	리리크
착륙	着陸(ちゃく りく)	챠크리크
출발지	出発地(しゅっ ぱつ ち)	슛빠쯔찌
도착지	到着地(とう ちゃく ち)	토-챠크찌
현지시간	現地時間(げん ち じ かん)	겐찌지칸
시차	時差(じ さ)	지사
입국신고서	入国申告書(にゅう こく しん こく しょ)	뉴-코크신코크쇼
출국신고서	出国申告書(しゅつ ごく しん こく しょ)	슈쯔고크신코크쇼
면세	免税(めん ぜい)	멘제이
면세품	免税品(めん ぜい ひん)	멘제이힌
면세점	免税店(めん ぜい てん)	멘제이텐
쇼핑목록	ショッピングリスト	숏핑그리스토

여권을 보여 주세요.

パスポートを見せて下さい。
파스포-토오 미세테 크다사이

♠ パスポート: 여권

입국목적은 무엇입니까?

入国の目的は何ですか。
뉴-코크노 모크테키와 난데스까

A: 入国の目的は何ですか。
　　입국목적은 무엇입니까?
B: 出張です。　출장입니다.

어학연수 왔습니다.

語学研修に来ました。
고가크켄슈-니 키마시타

♠ 語学研修(ご がく けん しゅう) : 어학연수

어느정도 체류하십니까?

どのくらい滞在しますか。
도노크라이 타이자이시마스까

A: どのくらい滞在しますか。
　　어느정도 체류하십니까?
B: 三日間です。
　　3일간입니다.

2주일 동안 머물겁니다.

二週間くらい滞在する予定です。
니슈-칸크라이 타이자이스루 요테이데스

♠ 滞在(たい ざい)する = 泊(と)まる : 체재하다, 머물다

어디에서 머뭅니까?

どこで宿泊しますか。
도코데 슈크하크시마스까

A: どこで宿泊しますか。
　　어디에서 머뭅니까?
B: 東京市内のホテルに泊まります。
　　동경시내 호텔에 머뭅니다.

아직 정하지 못했습니다.

まだ、決めていません。
마다, 키메테 이마셍

제 친구 집에서
머무를 겁니다.

わたし　ともだち　いえ　　　と　　　よてい
私の友達の家に、泊まる予定です。

와타시노 토모다찌노 이에니, 토마르 요-테이데스

돌아갈 항공권은
갖고 있습니까?

かえ　　こうくうけん　　　も
帰りの航空券は、お持ちですか。

카에리노 코-쿠-켄와, 오모찌데스까

　　かえ　　こうくうけん　　　も
A: 帰りの航空券は、お持ちですか。
　　돌아갈 항공권은 갖고 있습니까?

　　　　　　　　も
B: はい、持っています。
　　네, 가지고 있습니다.

♠「帰(かえ)りの航空券(こうくうけん)」이라고 하면 "돌아갈 때의 항공권"을 말한다.

단체여행입니까?

だんたいりょこう
団体旅行ですか。

단타이료코-데스까

♠ 団体旅行(だんたいりょこう) : 단체여행

처음 왔습니까?

はじ　　　き
初めて来ましたか。

하지메테 키마시타까

　　はじ　　　き
A: 初めて来ましたか。
　　처음 왔습니까?

　　　　　　　にかいめ
B: いいえ、二回目です。
　　아니요, 두번째입니다.

현금은 얼마나
가지고 있습니까?

げんきん　　　　　　　　　も
現金は、いくらお持ちですか。

겐킨와, 이크라 오모찌데스까

　　げんきん　　　　　　　　　も
A: 現金は、いくらお持ちですか。
　　현금은 얼마나 가지고 있습니까?

　　ごひゃく
B: 5百ドルです。
　　5백달러입니다.

♠ 現金(げんきん) : 현금

외국화폐는 얼마나
가지고 있습니까?

がいこく　　　　かね　　　　　　　　　も
外国のお金は、どのくらいお持ちですか。

가이코크노 오카네와, 도노크라이 오모찌데스까

짐은 어디에서
찾습니까?

荷物は、どこで引き取れますか。
니모쯔와, 도꼬데 히키토레마스까

A: 荷物は、どこで引き取れますか。 짐은 어디에서 찾습니까?

B: 2番コンベアに行って下さい。 2번 컨베이어에 가 주십시오.

303편 수하물 찾는
곳은 어디입니까?

フライト303便の荷物は、どこで引き取れますか。
후라이토 산마르산빈노 니모쯔와, 도꼬데 히키토레마스까

303편 짐은
나왔습니까?

303便の荷物は、出ましたか。
산마르산빈노 니모쯔와, 데마시타까

A: 303便の荷物は、出ましたか。 303편 짐은 나왔습니까?

B: いいえ、まだです。 아니요, 아직입니다.

이게 303편
턴테이블입니까?

ここが、303便のターンテーブルですか。
코코가, 산마르산빈노 타ー느 테ー브르데스까

내 짐이 보이지 않습니다.

私の荷物が見つかりません。
와타시노 니모쯔가 미쯔카리마셍

A: 私の荷物が見つかりません。 내 짐이 보이지 않습니다.

B: 荷物のクレームシートをお持ちですか。 짐 수령서를 가지고 계세요?

짐을 잃어버렸습니다.

荷物が無くなりました。
니모쯔가 나쿠나리마시타

수하물 담당에게
신고하세요.

手荷物担当に申告して下さい。
테니모쯔탄토ー니 신코크시테 크다사이

여기가 분실 수하물
신고하는 곳입니까?

ここは紛失した手荷物を申告する所ですか。
코코와 훈시쯔시타 테니모쯔오 신코크스루 토코로데스까

A: ここは紛失した手荷物を申告する所ですか。
여기가 분실 수하물 신고하는 곳입니까?

B: はい、そうです。 네, 그렇습니다.

제 짐이 안 나왔습니다.

私の荷物がまだ、出て来ません。
와타시노 니모쯔가 마다, 데테 키마셍

A: 私の荷物がまだ、出て来ません。
제 짐이 안 나왔습니다.

B: もう少しお待ち頂けますか。
조금 더 기다려 주시겠어요?

그 항공편은 어디에서 출발했습니까?

その航空便は、どこから出発しましたか。
소노 코-쿠-빈와, 도꼬까라 슛빠즈시마시타까

A: その航空便は、どこから出発しましたか。
그 항공편은 어디에서 출발했습니까?

B: 韓国のプサンからです。
한국 부산에서 출발한 겁니다.

이건 제 가방이 아닙니다.

これは、私のカバンではありません。
코레와, 와타시노 카방데와 아리마셍

당신 가방은 무슨 색입니까?

あなたのカバンは、何色ですか。
아나타노 카방와, 나니이로데스까

짐에 식별표를 붙이셨나요?

荷物には引き換え証が付けられていますか。
니모쯔니와, 히키카에쇼-가 쯔케라레테 이마스까

수하물표를 보여 주시겠어요?

手荷物引き換え券を見せて頂けますか。
테니모쯔히키카에켄오 미세테 이타다케마스까

손님 짐은 3번 컨베이어에 있습니다.

あなたの荷物は、三番コンベアにあります。
아나타노 니모쯔와, 산반콘베아니 아리마스

♠ コンベア : 컨베이어

제 가방이 손상되었습니다.

私のカバンが壊れています。
와타시노 카방가 코와레테 이마스

어디에서
세관검사를 하지요?

どこで、税関検査をしますか。
도꼬데, 제-칸켄사오 시마스까

세관신고서를
보여주십시오.

税関申告書を見せて下さい。
제이칸신코크쇼오 미세테 크다사이

세관신고서는
가지고 있습니까?

税関申告書はお持ちですか。
제이칸신코크쇼와 오모찌데스까

A: 税関申告書はお持ちですか。　세관신고서는 가지고 있습니까?

B: はい、ここにあります。　예, 여기에 있습니다.

신고서는 가지고
있지 않습니다.

申告書は、持っていません。
신코크쇼와, 못테 이마셍

세관신고서를
잃어버렸습니다.

税関申告書を無くしてしまいました。
제이칸신코크쇼오 나크시테 시마이마시타

구두로 신고해도 됩니까?

口頭で申告してもいいですか。
코-토-데 신코크시테모 이이데스까

A: 口頭で申告してもいいですか。
구두로 신고해도 됩니까?

B: いいえ、それはだめです。税関申告書を書いて下さい。
아니요, 그건 안됩니다. 세관신고서를 작성해 주십시오.

짐은 이게 전부입니까?

荷物は、これで全部ですか。
니모쯔와, 코레데 젠브데스까

A: 荷物は、これで全部ですか。
짐은 이게 전부입니까?

B: はい、それが全部です。
네, 그것이 전부입니다.

다른 짐은 없습니까?

他の荷物はありませんか。
호까노 니모쯔와 아리마셍까

신고할 물건이
있습니까?

申告する物はありますか。
신코크스루 모노와 아리마스까

신고할 것이
전혀 없으신가요?

申告する物はまったくありませんか。
신코크스루 모노와 맛타끄 아리마셍까

A: 申告する物はまったくありませんか。
신고할 것이 전혀 없으신가요?

B: はい、何も買っていません。
네, 아무것도 사지 않았어요.

그것은 제
개인용품입니다.

それは、私の個人用品です。
소레와, 와타시노 코진요-힌데스

이 가방을 열어 주십시오.

このカバンを開けて下さい。
코노 카방오 아케테 크다사이

♠ カバンを開(あ)ける : 가방을 열다

이건 뭡니까?

これは、何ですか。
코레와, 난데스까

다른 것은 없습니까?

他の物はありませんか。
호까노 모노와 아리마셍까

금속 탐지기를
통과해 주십시오.

金属探知機を通過して下さい。
킨조크탄찌키오 쯔-카시테 크다사이

신고해야 될 것은
없습니까?

申告する物はありませんか。
신코크스루 모노와 아리마셍까

술이나 담배 가지고
있습니까?

お酒かタバコはお持ちですか。
오사케까 타바꼬와 오모찌데스까

A: お酒かタバコはお持ちですか。 술이나 담배 가지고 있습니까?

B: いいえ、持っていません。 아니요, 가지고 있지 않습니다.

환전하는 곳은
어디입니까?

両替はどこですか。
료-가에와 도꼬데스까

♠ "환전"은 「両替(りょう がえ)」라고 표현한다.

저 창구 제일
앞으로 가세요.

そこの窓口の一番先に行って下さい。
소코노 마도그찌노 이찌방 사키니 잇테 크다사이

여기서 환전할 수
있을까요?

ここで、両替できますか。
코코데, 료-가에 데키마스까

A: ここで、両替できますか。 여기서 환전할 수 있을까요?

B: はい、ここで、両替できます。 네, 여기에서 환전가능해요.

이것을 환전해
주시겠습니까?

これを両替してくれますか。
코레오 료-가에시테 크레마스까

수표를 현금으로
바꾸어 주세요.

小切手を現金に換えて下さい。
코깃테오 겐킨니 카에테 크다사이

이것을 달러로
바꿔 주십시오.

これをドルに換えて下さい。
코레오 도르니 카에테 크다사이

♠ 「ドル」는 "달러"라는 뜻이다.

여행자 수표를
현금으로 바꿔 주세요.

トラベラーズチェックを現金に換えて下さい。
토라베라-즈쳇크오 겐킨니 카에테 크다사이

원화를 미국달러로
바꾸고 싶습니다.

韓国ウォンをアメリカドルに換えたいと思います。
캉코크원오 아메리카도르니 카에타이또 오모이마스

얼마나 바꾸실 겁니까?

いくら換えますか。
이크라 카에마스까

A: いくら換えますか。 얼마나 바꾸실 겁니까?

B: 3万円をお願いします。 3만엔을 부탁드립니다.

여기서 여행자 수표를 살 수 있나요?

ここで、トラベラーズチェックを買えますか。
코코데, 토라베라ー즈쳇크오 카에마스까

A: ここで、トラベラーズチェックを買えますか。
여기서 여행자 수표를 살 수 있나요?

B: はい、ここで買えます。
예, 여기서 살 수 있습니다.

700달러를 여행자 수표로 주세요.

700ドルを、トラベラーズチェックにして下さい。
나나햐크도르오, 토라베라ー즈쳇크니 시테 크다사이

오늘 환율은 얼마죠?

今日の為替相場は、いくらですか。
쿄ー노 카와세소ー바와, 이크라데스까

♠ 「為替相場(かわせ そう ば)」라고 하면 "환율"이라는 뜻이다.

여기 외환환산표가 있습니다.

ここに、為替換算表があります。
코코니, 카와세칸산효ー가 아리마스

수표 뒤에 이서해 주세요.

小切手の裏にサインして下さい。
코깃테노 우라니 사인시테 크다사이

A: 小切手の裏にサインして下さい。 수표 뒤에 이서해 주세요.
B: はい、分かりました。 네, 알겠어요.

얼마까지 환전할 수 있습니까?

いくらまで両替できますか。
이크라마데 료ー가에데키마스까

A: いくらまで両替できますか。 얼마까지 환전할 수 있습니까?
B: 50万円まで両替できます。 50만엔까지 환전할 수 있습니다.

여권을 제시할 필요가 있습니까?

パスポートを提示する必要がありますか。
파스포ー토오 테ー지스루히쯔요ー가 아리마스까

A: パスポートを提示する必要がありますか。
여권을 제시할 필요가 있습니까?

B: はい、パスポートが必要となります。
네, 여권이 필요합니다.

포터를 찾고 있습니다.

ポーターを探しています。
포-타-오 사가시테 이마스

어디에 포터가 있습니까?

どこにポーターがいますか。
도꼬니 포-타-가 이마스까

수하물 수레가
어디에 있죠?

手荷物カートはどこにありますか。
테니모쯔카-토와 도꼬니 아리마스까

♠ 手荷物(て に もつ)：수하물

시내에 갑니다.

市内へ行きます。
시나이에 이키마스

A: どこへ行きますか。 어디에 갑니끼?
B: 市内へ行きます。 시내에 갑니다.

시내로 가는 가장 빠른
교통수단은 뭡니까?

市内に行く一番早い交通手段は何ですか。
시나이니 이크 이찌방 하야이 코-쯔-슈단와 난데스까

A: 市内に行く一番早い交通手段は何ですか。
시내로 가는 가장 빠른 교통수단은 뭡니까?
B: 市内行きのリムジンバスに乗った方がいいと思います。
시내행 리무진버스를 타는 게 좋을 것 같습니다.

이 짐을 택시
승강장까지
옮겨 주세요.

この荷物を、タクシー乗り場まで運んで下さい。
코노 니모쯔오, 타크시-노리바마데 하콘데 크다사이

♠ 「タクシー乗(の)り場(ば)」는 "택시 승강장"이라는 뜻이다.

조심이 다뤄주세요.

大事に扱って下さい。
다이지니 아쯔캇테 크다사이

얼마 드리면 됩니까?

いくらお支払いすればいいですか。
이크라 오시하라이스레바 이이데스까

A: いくらお支払いすればいいですか。 얼마 드리면 됩니까?
B: 五百円、お願いします。 5백엔 부탁합니다.

시내에 내려 주실 수 있습니까?

市内で降ろしてくれますか。
시나이데 오로시테 크레마스까

시내까지 몇 분 정도 걸립니까?

市内まで何分くらい掛かりますか。
시나이마데 난쁜크라이 카카리마스까

A: 市内まで何分くらい掛かりますか。　시내까지 몇 분 정도 걸립니까?
B: 30分くらい掛かります。　30분정도 걸립니다.

짐을 트렁크에 넣어 주세요.

荷物をトランクに入れて下さい。
니모쯔오 토랑크니 이레테 크다사이

시내로 가는 버스는 있습니까?

市内へ行くバスはありますか。
시나이에 이크 바스와 아리마스까

시내로 가는 버스는 어디에서 탑니까?

市内へ行くバスはどこですか。
시나이에 이크 바스와 도꼬데스까

이 짐을 버스정류소까지 옮겨 주세요.

この荷物を、バス乗り場まで、運んで下さい。
코노 니모쯔오, 바스노리바마데, 하콘데 크다사이

A: この荷物を、バス乗り場まで、運んで下さい。
이 짐을 버스정류소까지 옮겨 주세요.
B: はい、かしこまりました。
네, 알겠어요.

다음 버스는 언제 옵니까?

次のバスは、いつ来ますか。
쯔기노 바스와, 이쯔 키마스까

A: 次のバスは、いつ来ますか。　다음 버스는 언제 옵니까?
B: 十分後に来ます。　10분후에 옵니다.

리무진버스 시각표를 확인하고 싶은데요.

リムジンバスの時刻表を確認したいと思います。
리무진바스노 지코크효-오 카크닌시타이또 오모이마스

♠ リムジンバス : 리무진 버스

입국카드 (入国カード)

성	名字(みょう じ) 묘-지
이름	名前(な まえ) 나마에
국적	国籍(こく せき) 코크세키
생년월일	生年月日(せい ねん がっ び) 세-넨갓삐
성별	性別(せい べつ) 세-베쯔
현주소	現住所(げん・じゅう しょ) 겐쥬-쇼
직업	職業(しょく ぎょう) 쇼크교-
체제국의 연락처	滞在国(たい ざい こく)の連絡先(れん らく さき) 타이자이코크노 렌라크사키
여권번호	パスポートのナンバー 파스포-토노 난바-
항공기 편명	フライト名(めい) 후라이토메-
탑승지	搭乗地(とう じょう ち) 토-죠-찌
비자 발행 도시	ビザの発行地(はっ こう ち) 비자노 핫코-찌
비자 발급 년월일	ビザ発行(はっ こう)の年月日(ねん がっ び) 비자핫코-노 넨갓삐
목적지	目的地(もく てき ち) 모크테키찌
여행목적	旅行(りょ こう)の目的(もく てき) 료코노 모크데키
서명	署名(しょ めい) 쇼메-, サイン 사인

체재기간	滞在(たい ざい)の期間(き・かん) 타이자이노 키칸
객실	客室(きゃく しつ) 캬크시쯔
기내방송	機内放送(き ない ほう そう) 키나이호-소-
비상용버튼	非常用(ひ じょう よう)ボタン 히죠-요-보탄
각종 기내서비스	各種(かく しゅ)の機内(き ない)サービス 카크쥬노 키나이사-비스
환승	乗(の)り換(か)え 노리카에
환승티켓	乗(の)り換(か)えチケット 노리카에치켓토
탑승수속	搭乗(とう じょう)手続(て つづ)き 토-죠-테쯔즈키
입국수속	入国(にゅう こく)手続(て つづ)き 뉴-코크테쯔즈키
통과	通過(つう か) 쯔-카
세관	税関(ぜい かん) 제-칸
검역	検疫(けん えき) 켄에키
통관수속	通関(つう かん)手続(て つづ)き 쯔-칸테쯔즈키
출입국수속	出入国(しゅつ にゅう こく)の手続(て つづ)き 슛쯔뉴-코크노 테쯔즈키
예약취소	予約(よ やく)の取(と)り消(け)し 요야크노 토리케시

여기서 호텔예약을 할 수 있습니까?

ここで、ホテルの予約ができますか。
코코데, 호테르노 요야크가 데키마스까

A: ここで、ホテルの予約ができますか。 여기서 호텔예약을 할 수 있습니까?
B: はい、ここで予約ができます。 네, 여기에서 예약할 수 있습니다.

숙박할 만한 곳을 소개해 주시겠어요?

宿泊できる所を紹介して頂けますか。
슈크하크데키르 토코로오 쇼-카이시테 이타다케마스까

호텔 리스트가 있습니까?

ホテルのリストはありますか。
호테르노 리스토와 아리마스까

오늘밤 묵을 곳을 아직 예약하지 못했습니다

今晩泊まる所を、まだ、予約していません。
콘방 토마르 토코로오, 마다, 요야크시테 이마셍

어떤 호텔을 찾으십니까?

どのようなホテルをお探しですか。
도노요-나 호테르오 오사가시데스까

A: どのようなホテルをお探しですか。 어떤 호텔을 찾으십니까?
B: 市内の安いホテルがいいです。 시내의 싼 호텔이 좋습니다.

안전하고 깨끗한 곳에 묵고 싶습니다.

安全で、きれいな所に泊まりたいと思っています。
안젠데, 키레이나 토코로니 토마리타이또 오못테 이마스

역에서 가까운 호텔에서 묵고 싶습니다.

駅から近いホテルに泊まりたいと思います。
에키까라 찌카이 호테르니 토마리타이또 오모이마스

시내에 있는 호텔에 숙박하고 싶습니다.

市内のホテルに泊まりたいと思います。
시나이노 호테르니 토마리타이또 오모이마스

오늘밤 싱글룸을 예약하고 싶어요.

今晩、シングルの予約をしたいのですが。
콘방, 싱그르노 요야크오 시타이노데스가

♠ シングル : 싱글룸
♣ ツイン : 트윈룸

방을 예약하고
싶은데요.

部屋を予約したいと思います。
헤야오 요야크시타이또 오모이마스

언제 투숙하실
예정이십니까?

いつ宿泊するご予定ですか。
이쯔 슈크하크스루 고요테이데스까

A: いつ宿泊するご予定ですか。
　　언제 투숙하실 예정이십니까?
B: 来週の月曜日から水曜日までです。
　　다음주 월요일부터 수요일까지입니다.

다음주 토요일은
예약할 수 있어요?

来週の土曜日は予約ができますか。
라이슈-노 도요-비와 요야크가 데키마스까

어떤 방을 원하시죠?

どのタイプの部屋をお望みですか。
도노 타이프노 헤야오 오노조미데스까

며칠동안 묵으실
예정이십니까?

何日位泊まる予定ですか。
난니찌크라이 토마르 요테이데스까

A: 何日位泊まる予定ですか。
　　며칠동안 묵으실 예정이십니까?
B: 明日一日だけです。
　　내일 하루만입니다.

일행이 모두
몇 분이세요?

一行は、全員で何人ですか。
잇코-와, 젠인데 난닌데스까

♠ 全員(ぜん いん) : 전원(전인원)

1인용 객실요금이
얼마죠?

シングルで、料金はいくらですか。
싱그르데, 료-킨와 이크라데스까

도착 예정시간은
언제이십니까?

到着のご予定はいつですか。
토-챠크노 고요테이와 이쯔데스까

♠ 到着(とう ちゃく) : 도착

체크인 부탁합니다.

チェックインをお願いします。
체크인오 오네가이시마스

- ♠ チェックイン: 체크인　♠ チェックアウト: 체크아웃

예약했습니다.

予約済みです。
요야크즈미데스

- ♠ 「予約済(よやく ずみ)」는 "예약을 끝냈다"라는 뜻이다.

예약은 한국에서 했습니다.

予約は、韓国でしました。
요야크와, 캉코크데 시마시타

공항에서 예약했습니다.

空港で予約しました。
쿠-코-데 요야크시마시타

어느 분의 이름으로 되어 있습니까?

どなたのお名前になっていますか。
도나타노 오나마에니 낫테 이마스까

　A: どなたのお名前になっていますか。
　　어느 분의 이름으로 되어 있습니까?
　B: 私の名前になっているはずです。　내 이름으로 되어 있을 겁니다.

성함을 알려 주십시오.

お名前を教えて下さい。
오나마에오 오시에테 크다사이

3일간 예약을 해 두었습니다.

三日間、予約をしております。
밋카칸, 요야크오 시테 오리마스

트윈 하나 예약하셨군요.

ツインを一部屋、予約されていますね。
쯔인오 히토헤야, 요야크 사레테 이마스네

　A: ツインを一部屋、予約されていますね。　트윈 하나 예약하셨군요.
　B: はい、そうです。　예, 그래요.

이 카드에 기입을 부탁드립니다.

このカードにご記入をお願いします。
코노 카-도니 고키뉴-오 오네가이시마스

방은 몇 층에 있지요?

部屋は何階ですか。
헤야와 난카이데스까

A: 部屋は何階ですか。 방은 몇 층에 있지요?
B: 10階です。 10층이예요.

방을 보여주시겠어요?

部屋を見せてもらえますか。
헤야오 미세테 모라에마스까

체크인 하기 전에
방을 좀 봐도 될까요?

チェックインの前に、部屋を見せてもらえますか。
체크인노 마에니, 헤야오 미세테 모라에마스까

A: チェックインの前に、部屋を見せてもらえますか。
체크인 하기 전에 방을 좀 봐도 될까요?
B: はい、分かりました。 네, 알겠어요.

방은 505호실입니다.

部屋は、505号室です。
헤야와, 고마르고고-시쯔데스

벨맨이 안내할 겁니다.

ベルボーイが案内します。
베르보-이가 안나이시마스

방 열쇠 여기 있습니다.

こちらが部屋のカギでございます。
코찌라가 헤야노 카기데고자이마스

♠ カギ : 열쇠

저희 호텔에 머물게
되서 감사합니다.

当ホテルにお泊まりいただき、ありがとうございます。
토-호테르니 오토마리이타다키, 아리가토-고자이마스

(머무르는 동안)
편히 지내세요.

どうぞ、ごゆっくりお過ごしください。
도-조, 고윳크리 오스고시 크다사이

A: どうぞ、ごゆっくりお過ごしください。
(머무르는 동안) 편히 지내세요.
B: ありがとうございます。 고마워요.

더블 하나
예약했습니다.

ダブルを<ruby>一<rt>ひと</rt></ruby>つ<ruby>予約<rt>よやく</rt></ruby>しています。
다브르오 히토쯔 요야크시테 이마스

♠ ダブル : 더블배드룸

예약이 되어 있지
않습니다.

<ruby>予約<rt>よやく</rt></ruby>ができていません。
요야크가 데키테 이마셍

공항에서
전화했었는데요.

<ruby>空港<rt>くうこう</rt></ruby>から<ruby>電話<rt>でんわ</rt></ruby>しました。
크-코-까라 뎅와시마시타

분명히 예약했는데요.

<ruby>間違<rt>まちが</rt></ruby>いなく<ruby>予約<rt>よやく</rt></ruby>をしております。
마찌가이나크 요야크오 시테 오리마스

방을 취소하지
않았습니다.

<ruby>部屋<rt>へや</rt></ruby>の<ruby>予約<rt>よやく</rt></ruby>は<ruby>取<rt>と</rt></ruby>り<ruby>消<rt>け</rt></ruby>していません。
헤야노 요야크와 토리케시테 이마셍

A: <ruby>部屋<rt>へや</rt></ruby>の<ruby>予約<rt>よやく</rt></ruby>は<ruby>取<rt>と</rt></ruby>り<ruby>消<rt>け</rt></ruby>しになっています。
방 예약이 취소되어 있습니다.
B: <ruby>部屋<rt>へや</rt></ruby>の<ruby>予約<rt>よやく</rt></ruby>は<ruby>取<rt>と</rt></ruby>り<ruby>消<rt>け</rt></ruby>していません。 방을 취소하지 않았습니다.

확인서 여기 있습니다.

ここに<ruby>確認書<rt>かくにんしょ</rt></ruby>があります。
코코니 카크닌쇼가 아리마스

A: ここに<ruby>確認書<rt>かくにんしょ</rt></ruby>があります。 확인서 여기 있습니다.
B: <ruby>少々<rt>しょうしょう</rt></ruby>お<ruby>待<rt>ま</rt></ruby>ち<ruby>下<rt>くだ</rt></ruby>さい。 もう<ruby>一度<rt>いちど</rt></ruby>、<ruby>確認<rt>かくにん</rt></ruby>して<ruby>見<rt>み</rt></ruby>ます。
잠시 기다려 주십시오. 한번 더 확인해 보겠습니다.

다시 한번
확인해 주세요.

もう<ruby>一度<rt>いちど</rt></ruby>、<ruby>確認<rt>かくにん</rt></ruby>して<ruby>下<rt>くだ</rt></ruby>さい。
모우이찌도, 카크닌시테 크다사이

뭔가 실수가
생겼습니다.
죄송합니다.

<ruby>何<rt>なん</rt></ruby>らかのミスが<ruby>起<rt>お</rt></ruby>こっております。<ruby>申<rt>もう</rt></ruby>し<ruby>訳<rt>わけ</rt></ruby>ありません。
난라까노 미스가 오콧테 오리마스. 모-시와케아리마셍

좀 더 좋은 방은
없습니까?

もっといい<ruby>部屋<rt>へや</rt></ruby>はありませんか。
못또 이이 헤야와 아리마셍까

| 방을 바꾸고 싶습니다. | 部屋を替えたいと思います。
헤야오 카에타이또 오모이마스 |

| 다른 방으로 옮겨도
되나요? | 他の部屋に移ってもいいですか。
호카노 헤야니 우쯧테모 이이데스까 |

| 바다가 보이는
방이면 좋겠습니다. | 海の見える部屋がいいです。
우미노 미에르 헤야가 이이데스 |

| 희망하시는 방이
있는지 알아보겠습니다.
잠시 기다려 주십시오. | ご希望の部屋があるかどうか、お調べいたします。
少々、お待ち下さい。
고키보-노 헤야가 아르까 도-까, 오시라베이타시마스. 쇼-쇼-, 오마찌크다사이 |

| 체크인은 몇 시까지
하면 됩니까? | チェックインは何時までにすればいいですか。
체트인와 난지마데니 스레바 이이데스까 |

| 늦게 체크인 하게
될 것 같은데요. | 遅い時間にチェックインする事になると思います。
오소이 지칸니 체크인스루 코또니 나르또 오모이마스 |

| 예약은 취소하지
말아주세요. | 予約は取り消さないで下さい。
요야크와 토리케사나이데 크다사이 |

♠ 「予約(よやく)を取(と)り消(け)す」는 "예약을 취소하다"라는 표현이다.

| 도착은 몇 시쯤
됩니까? | ご到着は何時くらいになりますか。
고토-챠크와 난지크라이니 나리마스까 |

| 8시까지라면 체크인을
기다릴 수 있습니다. | 8時までなら、チェックインをお待ちできます。
하찌지마데나라, 체크인오 오마찌데키마스 |

| 도착이 조금 늦어집니
다만, 확실히 가니까
제 예약은 취소하지
말아 주십시오. | 到着が少し遅くなりますが、確実に行きますので、
私の予約は取り消さないで下さい。
토-챠크가 스코시 오소크 나리마스가, 카쿠지쯔니 이키마스노데,
와타시노 요야크와 토리케사나이데 크다사이 |

예약하지 않았습니다.

予約をしていません。
요야쿠오 시테 이마셍

A: 予約をしていません。 예약하지 않았습니다.
B: まだお部屋はございます。 아직 방은 있습니다.

방 있습니까?

部屋はありますか。
헤야와 아리마스까

오늘 묵을 수 있습니까?

今日、泊まれますか。
쿄-, 토마레마스까

며칠 묵으실 겁니까?

宿泊ご予定は、何日でしょうか。
슈크하쿠고요테이와, 난니찌데쇼-까

A: 宿泊ご予定は、何日でしょうか。 며칠 묵으실 겁니까?
B: 今日一日だけです。 오늘 하루만입니다.

3일동안 머물 겁니다.

三日間泊まります。
밋카칸 토마리마스

싱글은 하루에 얼마입니까?

シングルは一泊、おいくらですか。
싱그르와 잇빠크, 오이크라데스까

A: シングルは一泊、おいくらですか。 싱글은 하루에 얼마입니까?
B: 税込みで一万円です。 세금포함해서 1만엔입니다.

싱글룸을 부탁합니다.

シングルをお願いします。
싱그로오 오네가이시마스

트윈만 가능합니다.

ツインならお受けできます。
쯔인나라 오우케데키마스

일박에 얼마입니까?

一泊、いくらですか。
잇빠크, 이크라데스까

트윈은 하루에
얼마입니까?

ツインは、一泊でいくらですか。
쯔인와, 잇빠크데 이크라데스까

A: ツインは、一泊でいくらですか。　트윈은 하루에 얼마입니까?
B: 一日で一万五千円です。　하루에 1만5천엔입니다.

세금 포함해서
100달러입니다.

税込で100ドルです。
제-코미데 햐크도르데스

아침식사 포함입니까?

朝食込みですか。
쬬-쇼크코미데스까

A: 朝食込みですか。　아침식사 포함입니까?
B: いいえ、朝食は、別料金です。　아니요, 조식은 별도 요금입니다.

값이 싼 방으로 주세요.

安い部屋をお願いします。
야스이 헤야오 오네가이시마스

더 싼 방은 없습니까?

もっと安い部屋はありませんか。
못또 야스이 헤야와 아리마셍까

80달러이하의 욕실이
달린 싱글룸을
부탁합니다.

80ドル以下の浴室のついたシングルをお願いします。
하찌쥬-도르이카노 요크시쯔노 쯔이따 싱그로 오네가이시마스

해안이 내다보이는
방이면 좋겠습니다.

海岸の見える部屋を希望します。
카이간노 미에르 헤야오 키보-시마스

아침식사는
몇 시부터입니까?

朝食は何時からですか。
쬬-쇼크와 난지까라데스까

♠ 朝食(ちょう しょく)：아침식사
♠ 昼食(ちゅう しょく)：점심식사
♠ 夕食(ゆう しょく)：저녁식사

체크아웃은
몇 시입니까?

チェックアウトは、何時ですか。
체크아우토와, 난지데스까

룸서비스는 몇 번에 걸면 됩니까?

ルームサービスは、何番に掛ければいいですか。

루―므사―비스와, 난반니 카케레바 이이데스까

A: ルームサービスは、何番に掛ければいいですか。
룸서비스는 몇번에 걸면 됩니까?

B: 一番を押せば、ルームサービスにつながります。
1번을 누르면 룸서비스에 연결됩니다.

♠ ルームサービス : 룸서비스

룸서비스를 부탁합니다.

ルームサービスをお願いします。

루―므사―비스오 오네가이시마스

무엇을 주문하시겠습니까?

何をご注文されますか。

나니오 고쮸―몬사레마스까

A: 何をご注文されますか。 무엇을 주문하시겠습니까?

B: カレーライスをお願いします。 카레라이스를 부탁합니다.

샴페인 한 병 가져다 주시겠어요?

シャンペンを一本持って来てくれますか。

샴펜오 잇뽄 못테 키테 크레마스까

A: シャンペンを一本持って来てくれますか。
샴페인 한 병 가져다 주시겠어요?

B: はい、少々お待ち下さい。 네, 잠시 기다려 주세요.

내 방에서 아침식사를 할 수 있습니까?

私の部屋で、朝食を食べれますか。

와타시노 헤야데, 쪼―쇼크오 타베레마스까

A: 私の部屋で、朝食を食べれますか。
내 방에서 아침식사를 할 수 있습니까?

B: はい、もちろんです。 네, 물론입니다.

간단한 식사를 주문하고 싶은데요.

簡単な食事の注文をお願いします。

칸딴나 쇼크지노 쮸―몬오 오네가이시마스

토스토와 커피를 부탁합니다.

トーストとコーヒーをお願いします。

토―스토또 코―히―오 오네가이시마스

샌드위치하고 커피를
주문하고 싶습니다.

サンドイッチとコーヒーの注文をお願いします。
산도잇치또 코-히-노 쮸-몬오 오네가이시마스

서둘러 좀 부탁합니다.

急いでお願いします。
이소이데 오네가이시마스

A: 急いでお願いします。
빨리 좀 부탁합니다.

B: はい、20分以内に持って参ります。
네, 20분 이내에 가지고 가겠습니다.

주문한 식사가
아직 안 왔습니다.

注文した食事がまだ来ておりません。
쮸-몬시타 쇼크지가 마다 키테 오리마셍

접시는 어떻게 할까요?

お皿はどのようにすればいいですか。
오사라와 도노요-니 스레바 이이데스까

모닝콜을 부탁하고
싶습니다.

モーニングコールをお願いします。
모-닝그코-르오 오네가이시마스

A: モーニングコールをお願いします。
모닝콜을 부탁하고 싶습니다.

B: 何時にしますか。
몇 시로 하겠습니까?

♠ モーニングコール : 모닝콜

아침 6시에
부탁합니다.

朝六時にお願いします。
아사로크지니 오네가이시마스

아침 6시에 좀
깨워주시겠어요?

朝六時に、起こしてもらえますか。
아사로크지니, 오크시테 모라에마스까

A: 朝六時に、起こしてもらえますか。
아침 6시에 좀 깨워주시겠어요?

B: はい、かしこまりました。
네, 잘 알겠어요.

귀중품을 맡기고 싶습니다.

貴重品の預かりをお願いします。
키쬬-힌노 아즈카리오 오네가이시마스

A: 貴重品の預かりをお願いします。 귀중품을 맡기고 싶습니다.

B: はい、分かりました。中身は何でしょうか。
네, 알겠습니다. 내용물은 무엇입니까?

요금을 드려야 합니까?

料金を払わなければなりませんか。
료-킨오 하라와나케레바 나리마셍까

A: 料金を払わなければなりませんか。 요금을 드려야 합니까?

B: いいえ、サービスでやらせて頂きます。
아니요, 서비스로 해 드리고 있습니다.

안선함에 넣어두겠습니다.

セーフティー ボックスに入れておきます。
세-흐티-봇크스니 이레테 오키마스

식당은 어디에 있습니까?

レストランは、どこにありますか。
레스토랑와, 도꼬니 아리마스까

A: レストランは、どこにありますか。 식당은 어디에 있습니까?

B: 二階にあります。 1층에 있습니다.

아침식사는 몇 시부터 가능합니까?

朝食は、何時からできますか。
쬬-쇼크와, 난지까라 데키마스까

A: 朝食は、何時からできますか。 아침식사는 몇 시부터 가능합니까?

B: 朝六時からです。 아침 6시부터입니다.

뷔페식으로 준비되어 있습니다.

バイキングスタイルで準備されています。
바이킹구스타이르데 쥰비사레테 이마스

호텔안에 선물가게가 있습니까?

ホテルの中に土産店がありますか。
호테르노 나까니 미야게텡가 아리마스까

A: ホテルの中に土産店がありますか。 호텔안에 선물가게가 있습니까?

B: はい、地下一階にあります。 네, 지하 1층에 있습니다.

커피숍은 언제까지
합니까?

コーヒーショップは、何時^{なんじ}まででですか。
코-히-숏프와, 난지마데데스까

♠ コーヒーショップ：커피숍

이 호텔에 pc룸이
있습니까?

このホテルにパソコンルームはありますか。
코노 호테르니 파소콘르-므와 아리마스까

이메일을 체크하고
싶은데요.

eメールをチェックしたいのです。
이메-르오 쳇크시타이노데스

팩스는 있습니까?

ファックスはありますか。
홧크스와 아리마스까

어디서 팩스를 보낼
수 있습니까?

ファックスはどこで送^{おく}れますか。
홧크스와 도꼬데 오크레마스까

한국의 서울로 팩스를
보내고 싶습니다.

韓国^{かんこく}のソウルへファックスを送^{おく}りたいのです。
캉코크노 소우르에 홧크스오 오크리타이노데스

세탁서비스는
있습니까?

クリーニングサービスはありますか。
크리-닝그사-비스와 아리마스까

♠ "세탁서비스"는 「クリーニングサービス」라고 표현한다.

이 스커트 세탁을
부탁하고 싶습니다.

このスカートのクリーニングサービスをお願^{ねが}いします。
코노 스카-토노 크리-닝그사-비스오 오네가이시마스

언제 됩니까?

いつ出来上^{できあ}がりますか。
이쯔 데키아가리마스까

♠ 「出来上(できあ)がる」는 "완성되다"라는 뜻이다.

부탁드린 세탁물이
아직 안 왔습니다.

お願^{ねが}いしたクリーニングが、まだ届^{とど}いておりません。
오네가이시타 크리-닝그가, 마다 토도이테 오리마셍

숙
박

좀 부탁이 있습니다만.	**ちょっと、お願いがあるのですが。** （ねが） 쫏또, 오네가이가 아르노데스가

옆방이 너무 시끄럽습니다.	**隣の部屋が、かなり、うるさいのです。** （となり）（へや） 토나리노 헤야가, 카나리, 우르사이노데스

조용히 하도록 하겠습니다.

静かにさせます。
（しず）
시즈카니 사세마스

부탁드리고 싶은 일이 있습니다만, 제 방으로 사람 좀 올려 보내주시겠어요?

お願いしたい事があるのですが
（ねが）（こと）
担当者に部屋まで来てもらえますか。
（たんとうしゃ）（へや）（き）
오네가이시타이코또가 아르노데스가, 탄토-샤니 헤야마데 키테 모라에마스까

A: お願いしたい事があるのですが、
　　担当者に部屋まで来てもらえますか。
　　부탁드리고 싶은 일이 있습니다만, 제 방으로 사람 좀 올려 보내주시겠어요?

B: はい、すぐ参ります。　네, 바로 갈게요.
　　　　　　（まい）

화장실 물이 내려가지 않습니다.

トイレの水が流れません。
（みず）（なが）
토이레노 미즈가 나가레마셍

A: トイレの水が流れません。　화장실 물이 내려가지 않습니다.
B: すぐ、担当者を行かせます。　바로 담당자를 보내겠습니다.
　　（たんとうしゃ）（い）

수도꼭지가 말썽이예요.

水道の蛇口が故障しています。
（すいどう）（じゃぐち）（こしょう）
스이도-노 쟈그찌가 코쇼-시테 이마스

♠ 「蛇口(じゃ ぐち)」는 "수도꼭지"를 뜻한다.

화장실의 물이 멈추지 않습니다.

トイレの水が止まりません。
（みず）（と）
토이레노 미즈가 토마리마셍

빨리 고쳐 주세요.

早く直して下さい。
（はや）（なお）（くだ）
하야크 나오시테 크다사이

| 다른 방으로 옮길 수 없을까요? | 他の部屋に移れますか。
호카노 헤야니 우쯔레마스까 |

| 더운 물이 나오지 않습니다. | お湯が出ません。
오유가 데마셍 |

| 에어컨이 작동되지 않습니다. | クーラーが動きません。
크-라-가 으고키마셍
♠ クーラー : 에어컨 |

| 방이 좀 춥습니다. | 部屋が少し寒いのです。
헤야가 스코시 사므이노데스 |

| 다른 방을 배정해 드리겠습니다. | 他の部屋をご用意いたします。
호카노 헤야오 고요-이이타시마스 |

방청소가 아직
안 되었습니다.

部屋の掃除がまだ、出来ていません。
헤야노 소-지가 마다, 데키테 이마셍

A: 部屋の掃除がまだ、出来ていません。
　　방청소가 아직 안 되었습니다.

B: 本当に申し訳ありません。
　　すぐ、他の部屋を手配いたします。
　　정말 죄송합니다. 바로 다른 방을 준비하겠습니다.

| 문이 잠겨버렸습니다. | ドアが閉まってしまいました。
도아가 시맛테 시마이마시타
♠ 「ドアが閉(し)まる」는 "문이 잠기다"라는 뜻이다. |

| 열쇠를 방에 두고 나왔습니다. | キーを部屋に置いて出てしまいました。
키-오 헤야니 오이테 데테 시마이마시타
♠ "열쇠"는 「キー」 또는 「カギ」로 카타카나로 표현한다.
「鍵(かぎ)」라고 한자로 표현하는 것은 촌스러운 느낌을 줌. |

체크아웃시간은
몇 시까지죠?

チェックアウトの時間は何時までですか。
쳇크아우토노 지칸와 난지마데데스까

A: チェックアウトの時間は何時までですか。
체크아웃시간은 몇 시까지죠?

B: 午後一時までには、チェックアウトしなければなりません。
오후 1시에는 체크아웃을 해야 해요.

두 시간 더 있어도
되겠습니까?

さらに二時間、延長してもいいですか。
사라니 니지칸, 엔쬬-시테모 이이데스까

오늘 저녁까지
방을 쓸 수 있을까요?

今日の夕方まで、部屋を使えますか。
쿄-노 유-가따마데, 헤야오 쯔카에마스까

A: 今日の夕方まで、部屋を使えますか。
오늘 저녁까지 방을 쓸 수 있을까요?

B: はい、ただし、追加料金が掛かります。
네, 단 추가요금이 들어요.

하루 더 묵을 수
있습니까?

さらに一日、延長出来ますか。
사라니 이찌니찌, 엔쬬-데키마스까

A: さらに一日、延長出来ますか。
하루 더 묵을 수 있습니까?

B: はい、出来ます。 네, 가능합니다.

내일까지 더 있어도
되지요?

明日まで滞在を延長できますか。
아시타마데 타이자이오 엔쬬-데키마스까

하룻밤 더 묵고
싶은데요.

さらに一日、宿泊したいと思います。
사라니 이찌니찌, 슈크하크시타이또 오모이마스

A: さらに一日、宿泊したいと思います。
하룻밤 더 묵고 싶은데요.

B: お部屋が変わりますが、よろしいでしょうか。
방이 바뀝니다만, 괜찮으세요?

이틀 더 묵고 싶은데요.	さらに二日間、宿泊を延長できますか。 사라니 후쯔카칸, 슈크하쿠오 엔쬬-데키마스까
하루 일찍 떠나고 싶은데요.	一日、繰り上げて出発したいと思います。 이찌니찌, 크리아게테 슛빠쯔시타이또 오모이마스
일요일까지 숙박을 연장할 수 있나요?	日曜日まで宿泊を延長できますか。 니찌요-비마데 슈크하쿠오 엔쬬-데키마스까
같은 방을 쓰고 싶은데요.	同じ部屋を使いたいのですが。 오나지 헤야오 쯔카이타이노데스가
추가요금인가요?	追加料金ですか。 쯔이카료-킨데스까
며칠 더 머물고 싶습니다.	あと数日、宿泊を延長したいと思います。 아토 스-지쯔, 슈크하쿠오 엔쬬-시타이또 오모이마스

♠ 宿泊(しゅく はく)：숙박

당분간 이 곳에 체재하실 예정입니까?	しばらく、ここで滞在する予定ですか。 시바라크, 코코데 타이자이스루 요테이데스까
그 점에 관해서라면 안내데스크에 물어보세요.	その点については、フロントに聞いて下さい。 소노 텐니 쯔이테와, 흐론토니 키이테 크다사이

♠ フロント：안내데스크

5일 더 체류를 연장하고 싶습니다.	さらに五日間、滞在を延長したいと思います。 사라니 이쯔카칸, 타이자이오 엔쬬-시타이또 오모이마스

A: さらに五日間、滞在を延長したいと思います。
5일 더 체류를 연장하고 싶습니다.

B: 申し訳ありませんが、明日から部屋は予約でいっぱいです。
죄송합니다만, 내일부터 방은 예약으로 꽉 차 있습니다.

♠ 「延長(えん ちょう)する ＝ 延(の)ばす」는 "(기한등을)연장하다"라는 뜻이다.

내일 아침에
체크아웃 하겠습니다.

明日の朝、チェックアウトします。
아시타노 아사, 쳇크아우토시마스

곧 체크아웃하려고
하는데요.

すぐ、チェックアウトします。
스그, 쳇크아우토시마스

몇 시쯤에 체크아웃
하실 겁니까?

何時頃チェックアウトされますか。
난지고로 쳇크아우토사레마스까

A: 何時頃チェックアウトされますか。
몇 시쯤에 체크아웃 하실 겁니까?

B: 10時頃にチェックアウトの予定です。
10시 정도에 체크아웃 예정입니다.

지금 체크아웃하려고
합니다.

ただ今、チェックアウトします。
타다이마, 쳇크아우토시마스

짐을 옮길려고 하니,
사람을 방에 보내주세요.

スーツケースを運びたいので、
スタッフを部屋までお願いします。
스-츠케-스오 하코비타이노데, 스탓후오 헤야마데 오네가이시마스

A: スーツケースを運びたいので、
スタッフを部屋までお願いします。
짐을 옮길려고 하니 사람을 방에 보내주세요.

B: はい、すぐ、お伺いします。 네, 바로 보낼게요.

맡긴 귀중품을
꺼내주세요.

預けた貴重品の返却をお願いします。
아즈케따 키쬬-힌노 헨캬크오 오네가이시마스

♠ 貴重品(き ちょう ひん)：귀중품

체크아웃 하겠습니다.

チェックアウトします。
쳇크아우토시마스

계산서를 주시겠어요?

計算書を、お願いします。
케-산쇼오, 오네가이시마스

| 전체 비용이
얼마인가요? | 全部で、いくらですか。
젠브데, 이크라데스까 |

| 지불은 현금, 카드
어느쪽으로
하시겠습니까? | お支払いは現金、カード、どちらにされますか。
오시하라이와 겐킨, 카-도, 도찌라니 사레마스까

A: お支払いは現金、カード、どちらにされますか。
지불은 현금, 카드 어느쪽으로 하시겠습니까?
B: 現金でお願いします。 현금으로 지불하겠습니다. |

| 이 신용카드로
지불할 수 있을까요? | このカードでお支払い出来ますか。
코노 카-도데 오시하라이데키마스까 |

| 여행자수표로
지불해도 됩니까? | トラベラーズチェックでお支払いしても、
いいですか。
토라베라-즈쳇크데 오시하라이시테모, 이이데스까 |

| 여행자 수표로
지불하겠습니다. | トラベラーズチェックで、お支払いします。
토라베라-즈쳇크데, 오시하라이시마스 |

| 세금이 포함되어
있습니까? | 税込ですか。
제-코미데스까

A: 税込ですか。 세금이 포함되어 있습니까?
B: いいえ、税は別途です。 아니요, 세금은 별도입니다. |

| 계산이 잘못된 것
같은데요. | 計算が間違っているようです。
케-산가 마찌갓테 이르요-데스 |

| 이 요금은 무엇입니까? | この料金は何でしょうか。
코노 료-킨와 난데쇼-까 |

| 영수증을 써 주십시오. | 領収書をお願いします。
료-슈-쇼오 오네가이시마스 |

숙박

체크인	**チェックイン** 쳇크인
체크아웃	**チェックアウト** 쳇크아우토
예약	**予約**(よやく) 요야크
짐	**荷物**(にもつ) 니모쯔
귀중품	**貴重品**(きちょうひん) 키쬬-힌
안전함	**セーブティ ボックス** 세-브티 봇크스
선물가게	**土産店**(みやげてん) 미야게텡
팩스	**ファックス** 홧크스
세탁서비스	**クリーニングサ?ビス** 크리-닝그사-비스
세탁물	**クリーニング** 크리-닝그
옆방	**隣**(となり)**の部屋**(へや) 토나리노 헤야
다른 방	**他**(ほか)**の部屋**(へや) 호까노 헤야
에어컨	**クーラー** 쿠-라-
수도꼭지	**蛇口**(じゃぐち) 쟈그찌
물로 씻어내리다	**水**(みず)**で洗**(あら)**い流**(なが)**す** 미즈데 아라이나가스
잠기다	**閉**(し)**まる** 시마르
열쇠	**カギ** 카기, **キー** 키-
싱글룸	**シングル** 싱그르
트윈룸	**ツイン** 쯔인
이용가능한	**利用可能**(りょうかのう)**な** 리요-카노-나

안내	案内(あん·ない) 안나이
입구	入(い)り口(ぐち) 이리그찌
비상구	非常口(ひ·じょう·ぐち) 히죠-그찌
보관소	保管場所(ほ·かん·ば·しょ) 호칸바쇼
로비	ロビー 로비-
별관	別館(べっ·かん) 벳칸
식당	食堂(しょく·どう) 쇼크도-
커피숍	コーヒーショップ 코-히-숏프
지배인	支配人(し·はい·にん) 시하이닌
회계	会計(かい·けい) 카이케-
접수처	フロント 흐론토
도어맨	ドアマン 도아만
벨보이	ベルボーイ 베르보-이
경비	警備(けい·び) 케-히
모닝콜	モーニングコール 모-닝그코-르
룸서비스	ルームサービス 르-므사-비스
세탁서비스	クリーニング サービス 크리-닝그 사-비스

관계자외 출입금지

関係者以外(かん けい しゃ い がい)、立(た)ち入(い)り禁止(きん し)

칸케-샤이가이, 타찌이리킨시

죄송합니다. 길 좀 가르쳐 주실래요?

すみません。ちょっと道を教えてくれますか。
스미마셍. 쫏토 미찌오 오시에테 크레마스까

길을 잃었나요?

道に迷っていらっしゃるのですか。
미찌니 마욧테 이랏샤르노데스까

A: 道に迷っていらっしゃるのですか。
길을 잃어나요?

B: はい、そうなのです。ここは、どの辺りですか。
네, 그렇습니다. 여기는 어디 근처인가요?

여기가 어디입니까?

ここは、どこですか。
코코와, 도꼬데스까

역으로 가는 길 좀 가르쳐 주시겠어요?

駅へ行く道を教えて下さいますか。
에키에 이크 미찌오 오시에테 크다사이마스까

지도를 그려줄 수 있습니까?

地図を描いてくれますか。
치즈오 카이테 크레마스까

A: 地図を描いてくれますか。
지도를 그려줄 수 있습니까?

B: はい、いいですよ。
네, 좋습니다.

♠ 「地図(ち ず)を描(か)く」라고 하면 "지도를 그리다"라는 뜻이다.

지금 있는 장소는 이 지도의 어디입니까?

この場所は、この地図のどこですか。
코노 바쇼와, 코노 지쯔노 도꼬데스까

우에노 박물관은 어떻게 갑니까?

上野博物館は、どのように行けばいいでしょうか。
우에노하크브쯔칸와, 도노요-니 이케바 이이데쇼-까

저기서 왼쪽으로 도세요.

そこで、左に曲がって下さい。
소코데, 히다리니 마갓테 크다사이

A: そこで、左に曲がって下さい。 저기서 왼쪽으로 도세요.

B: はい、分かりました。 네, 알겠어요.

여기에서 두 구역 더
내려가서 우회전하세요.

ここから、さらに、二ブロック行って降り、
右に曲がってください。

코코까라, 사라니, 후타브롯크 잇테 오리, 미기니 마갓테 크다사이

찾기 쉬운가요?

見つけ易いですか。

미쯔케야스이데스까

A: 見つけ易いですか。
찾기 쉬운가요?

B: はい、とても見つかり易いです。
네, 매우 찾기 쉬워요.

여기서 가깝습니까?

ここから近いですか。

코코까라 찌카이데스까

A: ここから近いですか。
여기서 가깝습니까?

B: いいえ、あまり近くありません。
タクシーで、30分くらい掛かります。
아니요, 그렇게 가깝지 않습니다. 택시로 30분정도 걸립니다.

걸어서 몇 분 걸립니까?

歩いて何分くらい掛かりますか。

아르이테 난쁜크라이 카카리마스까

여기서 아주 먼가요?

ここから、かなり遠いですか。

코코까라, 카나리 토오이데스까

걸어서 갈 수 있는
거리입니까?

歩いて行ける距離ですか。

아르이테 이케르 쿄리데스까

택시로 얼마나
걸릴까요?

タクシーでどのくらい掛かりますか。

타크시-데 도노크라이 카카리마스까

저도 이 주변은
잘 모릅니다.

私も、この辺りはよく分かりません。

와타시모, 코노아타리와 요크 와카리마셍

오오사카 가는 표를 주십시오.	大阪行きの切符を下さい。 오오사카유키노 킷쁘오 크다사이

급행으로 부탁합니다.	急行をお願いします。 큐-코-오 오네가이시마스

동경 왕복 2장을 주십시오.

東京までの往復を二枚下さい。
토-쿄-마데노 오-흐크오 니마이 크다사이

A: 東京までの往復を二枚下さい。 동경 왕복 2장을 주십시오.

B: すみませんが、ただ今、特急指定券は一枚しか残っていません。
죄송합니다만, 지금 특급지정권은 한 장밖에 남아있지 않습니다.

급행열차가 오오사카역에서 섭니까?

急行列車は、大阪駅で止まりますか。
큐-코-렛샤와, 오오사카에키데 토마리마스까

더 빠른 열차는 없습니까?

もっと速い列車はありませんか。
못토 하야이 렛샤와 아리마셍까

A: もっと速い列車はありませんか。 더 빠른 열차는 없습니까?

B: はい、それが一番速い列車です。 네, 그것이 가장 빠른 열차입니다.

몇 시에 나고야행 열차가 있습니까?

名古屋行きの列車は、何時にありますか。
나고야유키노 렛샤와, 난지니 아리마스까

A: 名古屋行きの列車は、何時にありますか。
몇 시에 나고야행 열차가 있습니까?

B: 朝七時から一時間毎にあります。 아침 7시부터 1시간마다 있습니다.

첫차로 한 장 주세요.

始発を一枚、下さい。
시하쯔오 이찌마이, 크다사이

♠ 始発(し はつ): 첫 열차   ♠ 最終(さい しゅう) : 마지막 열차

마지막 열차 시간이 어떻게 됩니까?

最終列車の時間は、何時ですか。
사이슈-렛샤노 지칸와, 난지데스까

| 이 표의 열차는 몇 번 홈에서 출발합니까? | この切符の列車は、何番ホームから出発しますか。
코노 킷쁘노 렛샤와, 난반호-므까라 숫빠즈시마스까 |

| 이곳이 오오사카행 승강구가 맞나요? | ここは大阪行きのホームですか。
코코와 오오사카유키노 호-므데스까 |

| 출입구를 잘못 찾으셨습니다. | 出入り口を間違えました。
데이리그찌오 마찌가에마시타 |

| 이 열차 맞습니까? | この列車で合っていますか。
코노 렛샤데 앗테 이마스까 |

| 오오사카까지 몇 시간 걸립니까? | 大阪まで、何時間掛かりますか。
오오사카마데, 난지칸 카카리마스까 |

A: 大阪まで、何時間掛かりますか。　오오사카까지 몇 시간 걸립니까?
B: 二時間くらい掛かります。　2시간정도 걸립니다.

| 쿄토가는 열차는 몇 번 선에서 출발합니까? | 京都行き列車は、何番線から出発しますか。
쿄-또유키렛샤와, 난반센까라 숫빠즈시마스까 |

| 여기에서부터 몇 번째 역입니까? | ここから何番目の駅ですか。
코코까라 난반메노 에키데스까 |

| 시즈오카는 몇 번째 정거장입니까? | 静岡は、何番目の駅ですか。
지즈오카와, 난반메노 에키데스까 |

| 어느 열차로 갈아타야 합니까? | どの列車に乗り換えなければなりませんか。
도노 렛샤니 노리카에나케레바 나리마셍까 |

| 그곳에 가려면, 전철을 몇 번이나 갈아타야 합니까? | そこに行くには、何回、電車を乗り換えなければなりませんか。
소코니 이크니와, 난카이, 덴샤오 노리카에나케레바 나리마셍까 |

| 지하철역은 어디에 있습니까? | ち か てつ えき
地下鉄の駅は、どこにありますか。
찌카테쯔노 에키와, 도꼬니 아리마스까 |

| 지하철 노선도를 주세요. | ち か てつ　　ろ せん ず　　く だ
地下鉄の路線図を下さい。
찌카테쯔노 로센즈오 크다사이 |

A: 地下鉄の路線図を下さい。
지하철 노선도를 주세요.

B: はい、ここにあります。
네, 여기에 있어요.

♠ 路線図(ろ せん ず) : 노선도

| 지하철로 그 곳에 갈 수 있습니까? | ち か てつ　　　　　　い
地下鉄で、そこに行けますか。
찌카테즈데, 소코니 이케마스까 |

A: 地下鉄で、そこに行けますか。
지하철로 그 곳에 갈 수 있습니까?

B: はい、地下鉄で行けます。20分くらい掛かります。
네, 지하철로 갈 수 있습니다. 20분정도 걸립니다.

| 표는 어디에서 살 수 있습니까? | きっ ぷ　　　　　　　　か
切符は、どこで買えますか。
킷쁘와, 도꼬데 카에마스까 |

♠ "표"는 「切符(きっ ぷ)」라고 표현한다.

| 자동매표기는 어디에 있습니까? | じ どうきっ ぷ はんばい き
自動切符販売機は、どこにありますか。
지도-킷쁘한바이키와, 도꼬니 아리마스까 |

| 이 자동매표기 사용법을 가르쳐 주시겠습니까? | じ どうきっ ぷ はんばい き　　つか　かた　おし
この自動切符販売機の使い方を教えてくれますか。
코노 지도-킷쁘한바이키노 쯔카이카따오 오시에테 크레마스까 |

| 신촌에 가려면 몇호선을 타야 합니까? | ゆ　　　　　　なんごうせん
シンチョン行きは、何号線ですか。
신촌유키와, 난고-센데스까 |

| 2호선을 타세요. 초록색 전철이예요. | に ごうせん　　の　　　く だ　　　　　　　　でんしゃ
二号線に乗って下さい。グリーンの電車です。
니고-센니 놋테 크다사이. 구-린노 덴샤데스 |

지하철이 얼마나 자주
다니는지 아십니까?

地下鉄は、どのくらいの間隔で走っているか、
ご存じですか。
찌카테쯔와, 도노크라이노 칸카쿠데 하싯테 이르까, 고존지데스까

어디서 갈아타면
좋겠습니까?

どこで、乗り換えればいいですか。
도꼬데, 노리카에레바 이이데스까

시청역에서
2호선으로 갈아타세요.

市役所駅で二号線に乗り換えて下さい。
시야크쇼에키데 니고-센니 노리카에테 크다사이

♠ 「乗(の)り換(か)える」는 "갈아타다"라는 뜻이다.

다음은 어디입니까?

次はどこですか。
쯔기와 도꼬데스까

어느 쪽으로 내려야
합니까?

どちら側から降りますか。
도찌라가와까라 오리마스까

　A: どちら側から降りますか。
　　　어느 쪽으로 내려야 합니까?
　B: 右側のドアから降りて下さい。
　　　오른쪽 문으로 내려 주십시오.

이 지하철은
시청역에 갑니까?

この地下鉄は、市役所駅に行きますか。
코노 찌카테쯔와, 시야크쇼에키니 이키마스까

시브야역은
몇 번째입니까?

渋谷駅は、何番目ですか。
시브야에키와, 난반메데스까

다음은
시브야역입니까?

次は渋谷駅ですか。
쯔기와 시브야에키데스까

역 서쪽으로 나가는
출구는 몇 번입니까?

駅の西側に出る出口は何番ですか。
에키노 니시가와니 데르 데그찌와 난반데스까

버스정류장은 어디입니까?	バス停は、どこですか。 바스테-와, 도꼬데스까
여기서 가까운 버스정류장은 어디에 있습니까?	ここから近いバス停は、どこですか。 코코까라 찌카이 바스테-와, 도꼬데스까
신쥬크행 버스는 어디에서 탑니까?	新宿行きのバスは、どこで乗れますか。 신쥬크유키노 바스와, 도꼬데 노레마스까
여기는 신쥬크행 버스를 기다리는 줄인가요?	ここは新宿行きのバスを待つ列でしょうか。 코코와 신쥬크유키노 바스오 마쯔레쯔데쇼-까
동경역행 버스는 몇 번입니까?	東京駅行きのバスは、何番ですか。 토-쿄-에키유키노 바스와, 난반데스까
몇 번 버스를 타면 됩니까?	何番のバスに乗ればいいでしょうか。 난반노 바스니 노레바 이이데쇼-까
버스는 몇 분마다 있습니까?	バスは、何分毎にありますか。 바스와, 난쁜고또니 아리마스까
표는 어디에서 살 수 있습니까?	切符は、どこで買えますか。 킷쁘와, 도꼬데 카에마스까
요금은 얼마입니까?	料金は、いくらですか。 료-킨와, 이크라데스까
이 버스는 동경역에 갑니까?	このバスは、東京駅に行きますか。 코노 바스와, 토-쿄-에키니 이키마스까
이 버스는 롯데백화점 앞에 서나요?	このバスは、ロッテデパートの前に停まりますか。 코노 바스와, 롯테데파-토노 마에니 토마리마스까

이 버스는 명동에
섭니까?

このバスは、ミョンドンに停まりますか。
코노 바스와, 묭동니 토마리마스까

A: このバスは、ミョンドンに停まりますか。
이 버스는 명동에 섭니까?

B: いいえ、ミョンドンには停まりません。
아니요, 명동에는 서지 않습니다.

길 건너편에서
40번 버스를 타세요.

向かい側で、40番のバスに乗って下さい。
므카이가와데, 욘쥬-반노 바스니 놋테 크다사이

시간은 얼마나
걸립니까?

時間は、どのくらい掛かりますか。
지칸와 도노크라이 카카리마스까

A: 時間は、どのくらい掛かりますか。
시간은 얼마나 걸립니까?

B: 一時間くらい掛かります。
1시간정도 걸립니다.

♠「時間(じかん)が掛(か)かる」라고 하면 "시간이 걸리다"라는 표현이다.

여기서
몇 정거장이예요?

ここから何番目の停留所ですか。
코코까라 난반메노 테-류-죠데스까

A: ここから何番目の停留所ですか。
여기서 몇 정거장이예요?

B: 2番目の停留所です。
2번째 정거장이예요.

다음에서 내리세요.

次で、降りて下さい。
쯔기데, 오리테 크다사이

여기에서 내립시다.

ここで降りましょう。
코코데 오리마쇼-

택시 승강장은 어디입니까?

タクシー乗り場は、どこですか。
타크시-노리바와, 도꼬데스까

A: タクシー乗り場は、どこですか。 택시 승강장은 어디입니까?
B: 道を渡って向かい側にあります。 길 건너서 건너편에 있습니다.

택시를 불러 주시겠습니까?

タクシーを呼んでくれますか。
타크시-오 욘데 크레마스까

짐을 실어 드릴까요?

荷物を載せましょうか。
니모쯔오 노세마쇼-까

어디까지 가십니까?

どこまで行きますか。
도꼬마데 이키마스까

A: どこまで行きますか。 어디까지 가십니까?
B: 成田空港まで、お願いします。 나리타공항까지 부탁합니다.

시청으로 가 주세요.

市役所まで行って下さい。
시야크쇼마데 잇테 크다사이

호텔앞에 내려 주시겠습니까?

ホテルの前で降ろしてくれますか。
호테르노 마에데 오로시테 크레마스까

A: ホテルの前で降ろしてくれますか。
호텔앞에 내려 주시겠습니까?

B: はい、かしこまりました。
예, 잘 알겠습니다.

♠ 「降(お)ろす」라고 하면 "(자동차등으로부터)내려주다"라는 뜻으로,
혼동되기 쉬운 단어이니 주의하자.

이 주소로 가 주십시오.

この住所の所に行って下さい。
코노 쥬-쇼노 토꼬로니 잇테 크다사이

5시까지 갈 수 있을까요?

五時までに行けますか。
고지마데니 이케마스까

서둘러 주시겠어요?

急いでくれますか。
이소이데 크레마스까

가장 가까운 길로
가 주세요.

一番近い道を選んで下さい。
이찌방 찌카이 미찌오 에란데 크다사이

조금 더 빨리 갈 수
없을까요?

もう少し速く行ってもらえませんか。
모우 스코시 햐야크 잇테 모라에마셍까

이제 다 왔습니다.

もうすぐ、着きます。
모우스그, 쯔키마스

이제 다 왔습니까?

もうすぐ、着きますか。
모우스그, 쯔키마스까

저기 건물 앞에
세워주세요.

そこの建物の前で止めて下さい。
소코노 타테모노노 마에데 토메테 크다사이

♠ 「止(と)める」는 "(차등을) 세우다"라는 표현으로 사용된다.

여기에서 오른쪽으로
돌아가 주세요.

ここから右側に曲がって下さい。
코코까라 미기가와니 마갓테 크다사이

여기에서 세워주세요.

ここで、止めて下さい。
코코데, 토메테 크다사이

얼마입니까?

いくらですか。
이크라데스까

영수증 필요하십니까?

レシートは要りますか。
레시-토와 이리마스까

A: レシートは要りますか。 영수증 필요하십니까?

B: いいえ、要りません。 아니요, 필요없습니다.

♠ "영수증"은 「レシート」라고 표현한다.

어디서 차를 빌릴 수 있습니까?

どこで、車を借りられますか。

도꼬데, 크르마오 카리라레마스까

렌터카 가게가 이 근처에 있습니까?

この辺りに、レンタカーの店はありますか。

코노 아타리니, 렌타카-노 미세와 아리마스까

A: この辺りに、レンタカーの店はありますか。
렌터카 가게가 이 근처에 있습니까?

B: いいえ、この辺りにはありません。
아니요, 이 근처에는 없습니다.

차를 1대 빌리고 싶습니다만.

車を一台、借りたいのですが。

크르마오 이찌다이, 카리타이노데스가

차를 보여 주십시오.

車を見せて下さい。

크르마오 미세테 크다사이

어떤 차가 있습니까?

どのような車がありますか。

도노요-나 크르마가 아리마스까

A: どのような車がありますか。
어떤 차가 있습니까?

B: 我々は、色々な種類の車があります。
저희들은 여러 종류의 차가 있습니다.

어떤 차를 원하십니까?

どのような車をお望みですか。

도노요-나 크르마오 오노조미데스까

스포츠카를 찾고 있습니다.

スポーツカーを探しています。

스포-츠카-오 사가시테 이마스

대형차 있습니까?

大型車はありますか。

오오가따샤와 아리마스까

중형차는 어떻습니까?

中型車はいかがですか。

쮸-가따샤와 이카가데스까

요금은 하루
얼마입니까?

料金は、一日で、いくらですか。
료-킨와, 이찌니찌데, 이크라데스까

A: 料金は、一日で、いくらですか。
요금은 하루에 얼마입니까?

B: 2万円です。
2만엔입니다.

보험은 포함되어
있습니까?

保険込みですか。
호켄코미데스까

A: 保険込みですか。
보험은 포함되어 있습니까?

B: はい、保険込みの価格です。
네, 보험포함 가격입니다.

좀 싸게 안 될까요?

もう少し安くなりませんか。
모우스코시 야스크 나리마셍까

A: もう少し安くなりませんか。
좀 싸게 안 될까요?

B: 実は、これが最低価格なのです。
실은 이것이 최저가격이예요.

몇 시간정도
빌릴 겁니까?

何時間くらい、借りますか。
난지칸크라이, 카리마스까

운전면허가 있습니까?

運転免許証はありますか。
운텐멘쿄쇼-와 아리마스까

선불이 필요합니까?

前払いですか。
마에바라이데스까

♠ 前払(まえ ばら)い : 선불
♠ 後払(あと ばら)い : 후불

무슨 보험에
가입하시겠습니까?

どのような保険に加入しますか。
도노요-나 호켄니 카뉴-시마스까

도로지도는 있습니까?

道路地図はありますか。
도-로치즈와 아리마스까

A: 道路地図はありますか。 도로지도는 있습니까?
B: 道路地図なら、そこのコンビニで買えます。
도로 지도라면 저기 편의점에서 살 수 있습니다.

실례합니다만,
좀 여쭙겠습니다.

失礼ですが、ちょっとお聞きしたい事があります。
시쯔레이데스가, 쫏토 오키키시타이코또가 아리마스

이 거리 이름은
무엇입니까?

この通りの名前は何ですか。
코노 토오리노 나마에와 난데스까

시청은 어느
방향입니까?

市役所は、どちらの方向ですか。
시야크쇼와, 도찌라노 호-코-데스까

♠ 市役所(しゃくしょ) = 市庁(しちょう) : 시청

곧장 가십시오.

すぐ、行って下さい。
스그, 잇테 크다사이

어느 정도 걸립니까?

どのくらい掛かりますか。
도노크라이 카카리마스까

A: どのくらい掛かりますか。 어느 정도 걸립니까?
B: 五分くらい掛かります。 5분정도 걸립니다.

오오사카까지
몇 km입니까?

大阪まで何キロですか。
오오사카마데 난키로데스까

시브야는 어느 길로
가면 됩니까?

渋谷は、どの道を行けばいいですか。
시브야와, 도노미찌오 이케바 이이데스까

A: 渋谷は、どの道を行けばいいですか。
시브야는 어느 길로 가면 됩니까?
B: この道をまっすぐ行って下さい。 이 길을 곧장 가 주십시오.

이 길을 따라 30분정도 운전해 가세요.	この道に沿って、30分くらい走って下さい。 코노 미찌니 솟테, 산쥿쁜크라이 하싯테 크다사이 ♠ 「道(みち)に沿(そ)う」는 "길을 따라가다"라는 뜻이다.
여기서 두 구획을 가시면 있습니다.	ここから、二区域行けばあります。 코코까라, 후타크이키 이케바 아리마스
교차로에서 좌회전 하세요.	交差点で、左側に曲がって下さい。 코-사텐데, 히다리가와니 마갓테 크다사이
첫번재 모퉁이에서 좌회전 하세요.	初めての角で、左に曲がって下さい。 하지메테노 카도데, 히다리니 마갓테 크다사이 ♠ 「角(かど)」는 "모퉁이"라는 뜻으로 「隅(すみ)」와 비슷한 말이다.
두번째 모퉁이를 지나 곧장 가십시오.	二番目の角を通り過ぎ、まっすぐ行って下さい。 니반메노 카도오 토오리스기, 맛스그 잇테 크다사이
세번째 신호등에서 오른쪽으로 도십시오.	三番目の信号で、右に曲がって下さい。 산반메노 신고-데, 미기니 마갓테 크다사이
여기저기에 도로표지판이 있을 거예요.	あちこちに、道路標識があるはずです。 아찌코찌니, 도-로효-시키가 아르하즈데스
다른 분께 물어보시죠.	他の人に聞いて下さい。 호카노 히또니 키이테 크다사이
이 길을 따라가면 나옵니다.	この道に沿って、ずっと行けばあります。 코노 미찌니 솟테, 즛또 이케바 아리마스 A: この道に沿って、ずっと行けばあります。 　　이 길을 따라가면 나옵니다. B: ありがとうございます。 　　고맙습니다.

이 부근에 주유소가 있습니까?	**この付近にガソリンスタンドがありますか。** 코노 후킨니 가소린스탄도가 아리마스까 ♠ 「ガソリンスタンド」는 "주유소"라는 뜻이다.
주유소는 어디입니까?	**ガソリンスタンドは、どこですか。** 가소린스탄도와, 도꼬데스까
20리터만 넣어 주세요.	**20リットルだけ入れて下さい。** 니쥬-릿토르다께 이레테 크다사이 ♠ 「リットル」는 "리터"라고 해서 용액의 단위이다.
보통입니까? 그렇지 않으면 고급입니까?	**レギュラーですか、それともハイオクですか。** 레규라-데스까, 소레토모 하이오크데스까 A: レギュラーですか、それともハイオクですか。 보통입니까? 그렇지 않으면 고급입니까? B: レギュラーをお願いします。 레귤러 부탁드립니다.
가득하게 넣어 주세요.	**満タンにして下さい。** 만탄니 시테 크다사이
어떤 걸로 넣어 드릴까요?	**どちらを入れましょうか。** 도찌라오 이레마쇼-까
주유구를 열어 주시겠어요?	**タンクを開けていただけますか。** 탕크오 아케테 이타다케마스까
여기에 주차할 수 있습니까?	**ここに、駐車できますか。** 코코니, 쮸-샤데키마스까 A: ここに、駐車できますか。 여기에 주차할 수 있습니까? B: いいえ、ここは、駐車禁止です。 아니요, 여기는 주차금지입니다.
차가 움직이지 못하게 되었습니다.	**車が動かなくなりました。** 크르마가 우고카나크나리마시타

시동이 걸리지
않습니다.

エンジンが掛かりません。
엔진가 카카리마셍

♠ "시동이 걸리다"는 「エンジンが掛(か)かる」라고 표현한다.

베터리가 떨어졌습니다.

バッテリーが切れました。
밧테리-가 키레마시타

♠ 「バッテリーが切(き)れる」라고 하면 "베터리가 떨어지다"라는 뜻이다.

근처에 수리 공장이
있습니까?

この辺りに修理工場がありますか。
코노 아타리니 슈-리코-죠-가 아리마스까

A: この辺りに修理工場がありますか。
근처에 수리 공장이 있습니까?

B: はい、すぐそこに修理工場があります。
네, 바로 저기에 수리공장이 있습니다.

브레이크가
잘 안 듣습니다.

ブレーキがよく利きません。
브레-키가 요크 키키마셍

여기서 세차할 수
있습니까?

ここで、洗車できますか。
코코데, 센샤데키마스까

A: ここで、洗車できますか。
여기서 세차할 수 있습니까?

B: いいえ、ここでは、洗車はしていません。
아니요, 여기에서는 세차 하지 않습니다.

오일을 점검해
주시겠습니까?

オイルを点検してくれますか。
오이루오 텐켄시테 크레마스까

타이어의 공기압력이
낮은 것 같습니다.

タイヤの空気圧が低いようです。
타이야노 쿠-키아쯔가 히크이요-데스

주의	注意(ちゅう い) 쮸-이
취급주의	取(と)り扱(あつか)い注意(ちゅう い) 토리아쯔카이쮸-이
금연	禁煙(きん えん) 킨엔
고장	故障(こ しょう) 코쇼-
사용중지	使用中止(し よう ちゅう し) 시요-쮸-시
정차금지	停車禁止(てい しゃ きん し) 테-샤킨시
수차금지	駐車禁止(ちゅう しゃ きん し) 쮸-샤킨시
주차금지구역	駐車禁止(ちゅう しゃ きん し) 쮸-샤킨시
주차장	駐車場(ちゅう しゃ じょう) 쮸-샤죠-
주의하십시오	ご注意(ちゅう い)下(くだ)さい。고쮸-이크다사이
발밑 조심	足元注意(あし もと ちゅう い) 아시모또쮸-이
건너시오.	渡(わた)って下(くだ)さい。와탓테 크다사이
건너지 마시오	渡(わた)らないで下(くだ)さい。와타라나이데 크다사이
무단침입금지	無断侵入禁止(む だん しん にゅう きん し) 므단신뉴-킨시
급경사 주의	急傾斜注意(きゅう けい しゃ ちゅう い) 큐-케-샤쮸-이
공사중	工事中(こう じ・ちゅう) 코-지쮸-
위험	危険(き けん) 키켄

출구	出口(で ぐち) 데그찌
갈아타는 곳	乗(の)り換(か)え 노리카에
매표소	チケット売(う)り場(ば) 치켓토우리바
통행금지	通行禁止(つう こう きん し) 쯔–코–킨시
외인 출입금지	部外者出入禁止(ぶ がい しゃ で いり きん・し) 브가이샤데이리킨시
일방통행	一方通行(いっ ぼう つう こう) 잇뽀–쯔–코–
노크해 주시오.	ノックして下(くだ)さい。 놋크시테 크다사이
조용히 하시오.	静(しず)かにして下(くだ)さい。 시즈카니시테 크다사이
화장실	トイレ 토이레
여자용 화장실	女性用(じょ せい よう)トイレ 죠세–요–토이레
남자용 화장실	男性用(だん せい よう)トイレ 단세–요–토이레
어른들만	成人(せい じん)のみ 세–진노미
맹견주의	猛犬注意(もう けん ちゅう い) 모우켄쮸–이
무단반출금지	無断(む だん)持(も)ち出(だ)し禁止(きん し) 므단모찌다시킨시
공짜로 가져가세요.	ご自由(じ ゆう)にお持(も)ち帰(かえ)り下(くだ)さい 고지유–니 오모찌카에리 크다사이

관광안내소는
어디에 있습니까?

観光案内所は、どこにありますか。
칸코-안나이죠와, 도꼬니 아리마스까

관광객을 위한
안내서가 있습니까?

観光客のための案内書はありますか。
칸코-캬크노 타메노 안나이쇼와 아리마스까

A: 観光客のための案内書はありますか。
관광객을 위한 안내서가 있습니까?

B: はい、ここにあります。 네, 여기에 있습니다.

한국어 팸플릿 있습니까?

韓国語のパンフレットはありますか。
캉코크고노 판흐렛토와 아리마스까

A: 韓国語のパンフレットはありますか。 한국어 팸플릿 있습니까?

B: いいえ、ありません。 すみませんが、
英語と日本語のパンフレットしかありません。
아니요, 없습니다. 죄송합니다만, 영어와 일본어 팸플릿밖에 없습니다.

이 지역의 관광지도를
구할 수 있을까요?

この地域の観光地図は、手に入りますか。
코노 찌이키노 칸코-치즈와, 테니 하이리마스까

A: この地域の観光地図は、手に入りますか。
이 지역의 관광지도를 구할 수 있을까요?

B: はい、この辺のコンビニで売っています。
네, 이 근처의 편의점에서 팔아요.

번화한 곳에 가보고
싶습니다.

繁華街に行きたいと思います。
한카가이니 이키타이또 오모이마스

♠ 繁華街(はん か がい) : 번화가

적당한 관광코스를
추천해 주시겠습니까?

手ごろな観光コースを勧めてくれますか。
테고로나 칸코-코스오 스스메테 크레마스까

가장 좋은 관광
스포트는 어디입니까?

一番いい観光スポットは、どこですか。
이찌방 이이 칸코-스폿토와, 도꼬데스까

여행기간은 얼마나 됩니까	りょこう き かん **旅行期間は、どのくらいですか。** 료코-키칸와, 도노크라이데스까

A: 旅行期間は、どのくらいですか。　여행기간은 얼마나 됩니까
B: 一週間です。　일주일입니다.

사적지가 있습니까?

歴史的な所はありますか。
레키시테키나 토코로와 아리마스까

무엇부터 보시겠습니까?

どこからご覧になりますか。
도꼬까라 고란니 나리마스까

A: どこからご覧になりますか。　무엇부터 보시겠습니까?
B: 先ず、博物館に行きたいと思います。　먼저 박물관에 갔으면 합니다.

경치가 좋은 곳을 아십니까?

景色のいい所を知っていますか。
케시키노 이이토코로오 싯테 이마스까

♠ 景色(け しき) : 경치

이곳은 경치가 아름답기로 유명합니다.

ここは、きれいな景色で有名です。
코코와, 키레이나 케시키데 유-메이데스

구경할 곳이 아주 많습니다.

見物できる所がたくさんあります。
켄브쯔데키르 토코로가 타크상 아리마스

그 관광지의 어느 점이 좋습니까?

その観光地の、どの点がお好きですか。
소노 칸코-찌노, 도노 텐가 오스키데스까

그곳은 이 지도의 어디지요?

そこは、この地図上の、どこですか。
소코와, 코노 치즈죠-노, 도꼬데스까

가이드를 고용할 수 있습니까?

ガイドをお願いできますか。
가이도오 오네가이데키마스까

시내관광이 있습니까?

市内観光コースは、ありますか。
시나이칸코-스는, 아리마스까

투어는 매일 있습니까?

ツアーは、毎日ありますか。
쯔아-와, 마이니찌 아리마스까

A: ツアーは、毎日ありますか。　투어는 매일 있습니까?
B: はい、毎日あります。　네, 매일 있습니다.

♠ 「ツアー」는 "투어(tour)"라는 뜻이다.

어떤 관광코스가 있습니까?

どのような観光コースがありますか。
도노요-나 칸코-코-스가 아리마스까

야간관광은 있습니까?

ナイトツアーはありますか。
나이토쯔아-와 아리마스까

A: ナイトツアーはありますか。　야간관광은 있습니까?
B: はい、3時間コースのナイトツアーがあります。
네, 3시간 코스의 야간관광이 있습니다.

시내관광에 참여하고 싶습니다.

市内観光に参加したいと思います。
시나이칸코-니 산카시타이또 오모이마스

출발은 어디에서 합니까?

出発はどこからですか。
슛빠쯔와 도꼬까라데스까

몇 시에 출발하나요?

何時に出発しますか。
난지니 슛빠쯔시마스까

A: 何時に出発しますか。
몇 시에 출발하나요?
B: 朝7時に出発します。
아침 7시에 출발합니다.

몇 시에 돌아옵니까?

何時に帰りますか。
난지니 카에리마스까

이 관광은 몇 시간 걸립니까?

この観光は、何時間掛かりますか。
코노 칸코-와, 난지칸 카카리마스까

A: この観光は、何時間掛かりますか。
이 관광은 몇 시간 걸립니까?
B: 5時間くらい掛かります。
5시간정도 걸립니다.

호텔까지 데려다 줍니까?

ホテルまで送ってくれますか。
호테르마데 오쿳테 크레마스까

A: ホテルまで送ってくれますか。 호텔까지 데려다 줍니까?
B: はい。 네.

점심식사는 포함되어 있습니까?

昼食込みですか。
쮸-쇼크코미데스까

한국어 가능한 가이드가 있습니까?

韓国語のできるガイドはいますか。
캉코크고노 데키르 가이도와 이마스까

♠ 「ガイド」는 "가이드(guide)"라는 뜻이다.

이 코스는, 어떤 내용입니까?

このコースは、どのような内容でしょうか。
코노 코-스와, 도노요-나 나이요-데쇼-까

이 관광코스에서는 어떤 명소를 구경할 수 있습니까?

この観光コースでは、どんな名所を見物できますか。
코노 칸코-코-스데와, 돈나 메-쇼오 켄브쯔데키마스까

♠ 「見物(けんぶつ)する」는 "구경하다"라는 뜻이다.

여기서 표를 살 수 있습니까?

ここで、チケットを買えますか。
코코데, 치켓토오 카에마스까

할인 티켓 있나요?

格安チケットはありますか。
카크야스치켓토와 아리마스까

♠ 「格安(かく やす)チケット」라고 하면 "할인 티켓"이라는 뜻이다.
　유용한 표현이니 꼭 외워두도록 하자.

관광

매표소는 어디입니다.

チケット売り場は、どこですか。
치켓토우리바와, 도꼬데스까

♠ 「チケット売(う)り場(ば)」는 "매표소"라는 뜻이다.

티켓은 어디에서 삽니까?

チケットは、どこで買いますか。
치켓토와, 도꼬데 카이마스까

입장은 유료입니까?

入場は、有料ですか。
뉴-죠-와, 유-료-데스까

A: 入場は、有料ですか。　입장은 유료입니까?

B: いいえ、入場は、無料です。　아니요, 입장은 무료입니다.

입상료는 얼마입니까?

入場料は、いくらですか。
뉴-죠-료-와, 이크라데스까

A: 入場料は、いくらですか。　입장료는 얼마입니까?

B: 大人一人、500円です。　어른 한 사람당 500엔입니다.

박물관 입장료는 얼마이지요?

博物館の入場料は、いくらですか。
하크브쯔칸노 뉴-죠-료-와, 이크라데스까

어른 한 사람에 얼마죠?

大人一人、いくらですか。
오토나 히토리, 이크라데스까

아이들은 얼마죠?

子供は、いくらですか。
코도모와, 이크라데스까

A: 子供は、いくらですか。　아이들은 얼마죠?

B: 大人の半分で、200円です。　어른 반값으로 200엔입니다.

노인 할인가격이 있나요?

お年寄り用の割引はありますか。
오토시요리요-노 와리비키와 아리마스까

어른 두장 주세요.

おとな にまいくだ
大人2枚下さい。
오토나 니마이 크다사이

학생은 할인이
있습니까?

がくせい　　　　わりびき
学生は、割引がありますか。
각세-와, 와리비키가 아리마스까

돌려보는데 얼마나
걸립니까?

けんがく じ かん
見学時間は、どのくらいかかりますか。
켄가크지칸와, 도노크라이 카카리마스까

기념품은 어디에서
팝니까?

き ねん ひん
記念品は、どこで売っていますか。
키넨힌와, 도꼬데 옷테 이마스까

　　き ねん ひん
A: 記念品は、どこで売っていますか。
　　기념품은 어디에서 팝니까?
で ぐち　まえ　う
B: 出口の前で売っています。
　　출구 앞에서 팝니다.

♠ 記念品(き ねん ひん) : 기념품

출구은 어디입니까?

で ぐち
出口は、どこですか。
데그찌와, 도꼬데스까

재입관할 수 있습니까?

さいにゅうじょう　で き
再入場は出来ますか。
사이뉴-죠-와 데키마스까

가방을 들고 들어갈
수 있습니까?

も　　　　はい
カバンを持って入れますか。
카방오 못테 하이레마스까

어디에 제 짐을 맡길
수 있습니까?

て　にもつ　　　　　　あず
手荷物は、どこに預けられますか。
데니모쯔와, 도꼬니 아즈케라레마스까

귀중품은 라커에
두지 마십시오.

き ちょうひん　　　　　　　　い　　　　くだ
貴重品は、ロッカーに入れないで下さい。
키쬬-힌와, 롯카-니 이레나이데 크다사이

♠ ロッカー : 라커

단체할인은 있습니까?

団体割引はありますか。
단타이와리비키와 이라마스까

A: 団体割引はありますか。　단체할인은 있습니까?

B: はい、団体の場合、5%の割引です。
네, 단체의 경우 5% 할인입니다.

표를 30장 주십시오.

チケットを30枚下さい。
치켓토오 산쥬-마이 크다사이

어른 20명과 아이 10명 주세요.

大人20名、子供10名分を下さい。
오토나 니쥬-메이, 코도모 쥬-메이분오 크다사이

경로우대 티켓으로 10장 주세요.

お年寄り優遇チケットを10枚下さい。
오토시요리유-유-치켓토오 쥬-마이 크다사이

모두 오셨습니까?

全員、そろいましたか。
젠인, 소로이마시타까

A: 全員、そろいましたか。　모두 오셨습니까?

B: まだ、一人が来てないようです。　아직 한 사람이 안 온 것 같습니다.

인원수를 세어봅시다.

人数を数えて見ましょう。
닌즈-오 카조에테 미마쇼-

그룹인원이 부족합니다.

グループの人数が足りません。
그르-프노 닌즈-가 타리마셍

누가 없지요?

だれがいないのですか。
다레가 이나이노데스까

A: だれがいないのですか。　누가 없지요?

B: 田中さんがいません。　타나까씨가 없습니다.

잠시만 기다려 주시겠습니까?

少々お待ち頂けますか。
쇼-쇼- 오마찌이타다케마스까

출발합시다.

出発しましょう。
슛빠즈시마쇼-

여기에서 얼마나 머뭅니까?

ここで、どのくらい滞在しますか。
코코데, 도노크라이 타이자이시마스까

A: **ここで、どのくらい滞在しますか。**
여기에서 얼마나 머뭅니까?

B: **六時間滞在します。**
6시간 체재합니다.

여기서 한 시간동안 있을 겁니다.

ここで、一時間くらい滞在します。
코코데, 이찌지칸크라이 타이자이시마스

몇 시에 버스로 돌아와야 하나요?

何時までにバスに戻らなければなりませんか。
난지마데니 바스니 모도라나케레바 나리마셍까

이 투어에서 우리는 주로 어떤 관광스포트에 갑니까?

**このツアーでは、主にどのような観光スポットへ
行きますか。**
코노 쯔아-데와, 오모니 도노요-나 칸코-스폿토에 이키마스까

관광중에는 이 리본을 옷에 꽂아 주십시오.

観光中は、このリボンを服に付けて下さい。
칸코-쮸-와, 코노리본오 흐크니 쯔케테 크다사이

스케쥴을 자세히 말씀해 주시겠어요?

スケジュール内容を詳しく話していただけますか。
스케쥬-르나이요-오 크와시크 하나시테 이타다케마스까

투어중에 자유시간이 있습니까?

ツアーの中で、自由時間はありますか。
쯔아-노 나까데, 지유-지칸와 아리마스까

A: **ツアーの中で、自由時間はありますか。**
투어중에 자유시간이 있습니까?

B: **はい、最終日は、自由時間になります。**
네, 최종일은 자유시간이 됩니다.

저것은 무엇입니까?

あれは、何_{なん}ですか。
아레와, 난데스까

저 산 이름은 무엇입니까?

あの山_{やま}の名前_{なまえ}は何_{なん}ですか。
아노 야마노 나마에와 난데스까

A: あの山_{やま}の名前_{なまえ}は何_{なん}ですか。 저 산 이름은 무엇입니까?
B: それは、日本_{にほん}で有名_{ゆうめい}な富士山_{ふじさん}です。
그것은 일본에서 유명한 후지산입니다.

이 건물은 왜 유명합니까?

この建物_{たてもの}は、なぜ、有名_{ゆうめい}なのですか。
코노 타테모노와, 나제, 유-메이나노데스까

A: この建物_{たてもの}は、なぜ、有名_{ゆうめい}なのですか。 이 건물은 왜 유명합니까?
B: 五百年前_{ごひゃく（ねん）まえ}の古_{ふる}い木造建築_{もくぞうけんちく}だからです。
5백년전의 오래된 목조건물이기 때문입니다.

언제 세워졌습니까?

いつ建_たてられましたか。
이쯔 타테라레마시타까

이 조각품은 언제 만들어진 겁니까?

この彫刻品_{ちょうこくひん}は、いつ、作_{つく}られたものですか。
코노 쬬-코크힌와, 이쯔, 쯔크라레타모노데스까

박물관은 몇 시에 닫습니까?

博物館_{はくぶつかん}は、何時_{なんじ}に閉_しまりますか。
하크브쯔칸와, 난지니 시마리마스까

말하기 어려우면, 내부를 볼 수 있습니까?

言_いいにくければ、内部_{ないぶ}を見_みる事_{こと}ができますか。
이이니크케레바, 나이브오 미르 코또가 데키마스까

A: 言_いいにくければ、内部_{ないぶ}を見_みる事_{こと}ができますか。
말하기 어려우면 내부를 볼 수 있습니까?
B: すみませんが、内部_{ないぶ}は見_みられません。
죄송합니다만, 내부는 볼 수 없습니다.

방문객을 위한 입구는 어디에 있습니까?

来館者_{らいかんしゃ}の為_{ため}の入_いり口_{ぐち}は、どこにありますか。
라이칸샤노 타메노 이리그찌와, 도꼬니 아리마스까

매표소에서 표를 구입하셔야 합니다.	チケット売り場で、チケットを購入しなければなりません。 치켓토우리바데, 치켓토오 코-뉴-시나케레바 나리마셍
전망대까지 올라가는데 비용이 듭니다.	展望台に登るためには、費用が掛かります。 텐보-다이니 노보르타메니와, 히요-가 카카리마스

이 티켓으로 모든 전시를 볼 수 있습니까?

このチケットで、全ての展示を見れますか。
코노 치켓토데, 스베테노 텐지오 미레마스까

A: このチケットで、全ての展示を見れますか。
이 티켓으로 모든 전시를 볼 수 있습니까?

B: はい、そのチケットだけで、全ての展示を見れます。
네, 그 티켓 하나로 모든 전시를 볼 수 있습니다.

무료 팸플릿은 있습니까?

無料のパンフレットはありますか。
므료-노 판흐렛토와 아리마스까

♠ パンフレット：팸플릿

특별한 회화전이 있습니까?

特別な絵画展はありますか。
토크베쯔나 카이가텐와 아리마스까

샤갈의 전시품은 어디에 있습니까?

シャガールの展示品は、どこにありますか。
샤가-르노 텐지힌와, 도꼬니 아리마스까

이 그림은 누구의 작품입니까?

この絵は、誰の作品ですか。
코노 에와, 다레노 사크힌데스까

견학시간이 더 있었으면 좋겠어.

見学時間が、もっと、ほしい。
켄가크지칸가, 못또, 호시이

박물관 주변을 산책하고 싶습니다.

博物館の周辺を散歩したいと思います。
하크브쯔칸노 슈-헨오 산뽀시타이또 오모이마스

티켓이 매진되었습니다.

チケットは売り切れました。
치켓토와 으리키레마시타

♠ 「売(う)り切(き)れる」는 "매진되다, 다 팔리다"라는 뜻이다.

9시표는 있습니까?

九時のチケットはありますか。
크지노 치켓토와 아리마스까

A: 九時のチケットはありますか。 9시표는 있습니까?
B: はい、2席残っています。 네, 2석이 남아 있습니다.

어떤 좌석으로
드릴까요?

どの座席にしますか。
도노 자세키니 시마스까

지정석이 아닙니다.

指定席ではありません。
시테-세키데와 아리마셍

♠ "지정석"은 「指定席(し てい せき)」, "자유석"은 「自由席(じ ゆう せき)」라고 한다.

이 좌석은
비어 있습니까?

この座席は、空いていますか。
코노 자세키와, 아이테 이마스까

여기는 댁의
좌석인가요?

ここは、あなたの座席でしょうか。
코코와, 아나타노 자세키데쇼-까

A: ここは、あなたの座席でしょうか。 여기는 댁의 좌석인가요?
B: はい、そうです。 네, 그렇습니다.

제 자리에 앉아
있으신 것 같습니다.

私の座席にお座りのようです。
와타시노 자세키니 오스와리노요-데스

오늘밤 콘서트홀에서
무엇을 하나요?

今晩、コンサートホールで何が公演されますか。
콘방, 콘사-토호-르데 나니가 코-엔사레마스까

♠ コンサートホール : 콘서트 홀

몇 시에 시작합니까?

何時に始まりますか。
난지니 하지마리마스까

어디에서 티켓을
살 수 있습니까?

どこで、チケットを買えますか。

도꼬데, 치켓토오 카에마스까

A: どこで、チケットを買えますか。
어디에서 티켓을 살 수 있습니까?
B: 入り口で買えます。
입구에서 살 수 있습니다.

지금 표를 살 수
있을까요?

今、チケットを買えますか。

이마, 치켓토오 카에마스까

L석으로 두 장 주세요.

L座席を二つ下さい。

에르 자세키오 후타쯔 크다사이

A: L座席を二つ下さい。
L석으로 두 장 주세요.
B: L座席は、既に売り切れました。
L좌석은 이미 다 팔렸습니다.

티켓은 얼마입니까?

チケットはいくらですか。

치켓토와 이크라데스까

A: チケットはいくらですか。
티켓은 얼마입니까?
B: 五千円です。
5천엔입니다.

♠ チケット : 티켓

중간에 휴식시간이
있습니까?

途中で、休みの時間はありますか。

토쮸-데, 야스미노 지칸와 아리마스까

A: 途中で、休みの時間はありますか。
중간에 휴식시간이 있습니까?
B: はい、20分あります。
네, 20분 있습니다.

♠ 途中(と ちゅう) : 도중
♠ 休(やす)みの時間(じ かん) : 휴식시간

야구경기를
보러가고 싶습니다.

野球の試合を見に行きたいと思います。
야큐-노 시아이오 미니 이키타이또 오모이마스

♠ 「試合(し あい)」라고 하면 "경기, 시합"이라는 뜻이다.

오늘 야구경기가
있습니까?

今日、野球の試合はありますか。
쿄-, 야큐-노 시아이와 아리마스까

어떤 팀이 경기를
하나요?

どのチームが試合をしますか。
도노 치-므가 시아이오 시마스까

보트를 빌리고
싶습니다.

ボートをお願いします。
보-토오 오네가이시마스

♠ ボート : 보트

골프를 한 번 치고
싶습니다.

一度、ゴルフをしたいと思っています。
이찌도, 고르흐오 시타이또 오못테 이마스

♠ ゴルフ : 골프

자전거를 1대 빌려
주십시오.

自転車を一台貸して下さい。
지텐샤오 이찌다이 카시테 크다사이

요금은 한 시간에
얼마입니까?

料金は、一時間、いくらですか。
료-킨와, 이찌지칸, 이크라데스까

A: 料金は、一時間、いくらですか。
요금은 한시간에 얼마입니까?

B: 一時間、千円です。
한시간에 천엔입니다.

이 호텔에 카지노가
있습니까?

このホテルにカジノはありますか。
코노 호테르니 카지노와 아리마스까

A: このホテルにカジノはありますか。
이 호텔에 카지노가 있습니까?

B: はい、地下一階にカジノがあります。
네, 지하1층에 카지노가 있습니다.

초보자에게 가장 쉬운
것은 어느 것입니까?

しょしんしゃ　いちばん
初心者に一番やさしいものは、どれですか。
쇼신샤니 이찌방 야사시이모노와, 도레데스까

A: しょしんしゃ　いちばん
初心者に一番やさしいものは、どれですか。
초보자에게 가장 쉬운 것은 어느 것입니까?

B: ルーレットが一番易しいと思います。
룰렛이 가장 쉽다고 생각합니다.

어디서 룰렛을 할 수
있습니까?

どこで、ルーレットができますか。
도꼬데, 르-렛토가 데키마스까

칩은 어디서 살 수
있습니까?

チップは、どこで買えますか。
칫프와, 도꼬데 카에마스까

A: チップは、どこで買えますか。
칩은 어디서 살 수 있습니까?

B: ここで、買えます。
여기서 살 수 있습니다.

룰렛은 어떻게 하는
건가요?

ルーレットは、どのようにしますか。
르-렛토와, 도노요-니 시마스까

미성년자는
입장금지입니다.

みせいねんしゃ　　にゅうじょうきんし
未成年者は、入場禁止です。
미세-넨샤와, 뉴-죠-킨시데스

♠ 入場禁止(にゅう じょう きん し) : 입장금지

좋은 나이트클럽이
있습니까?

いいナイトクラブは、ありますか。
이이 나이토크라브와, 아리마스까

젊은 사람이 많습니까?

わかもの　　おお
若者が多いですか。
와카모노가 오오이데스까

A: 若者が多いですか。
젊은 사람이 많습니까?

B: いいえ、若者は多くありません。
아니요, 젊은 사람은 많지 않습니다.

♠ 若者(わか もの) : 젊은 사람

이곳에서 사진을 찍어도 됩니까?	**ここで、写真を撮ってもいいですか。** 코코데, 샤신오 톳테모 이이데스까

ビデオ撮影をしてもいいですか。
비데오사쯔에-오 시테모 이이데스까

비디오 촬영을 해도 됩니까?

A: ビデオ撮影をしてもいいですか。 비디오 촬영을 해도 됩니까?

B: すみませんが、ビデオ撮影は、禁止されています。
죄송합니다만, 비디오 촬영은, 금지되어 있습니다.

♠「ビデオ撮影(さつえい)」는 "비디오 촬영"이라는 뜻이다.

館内で、写真を撮ってもいいですか。
칸나이데, 샤신오 톳테모 이이데스까

관내에서 사진을 찍어도 됩니까?

A: 館内で、写真を撮ってもいいですか。
관내에서 사진을 찍어도 됩니까?

B: いいえ、申し訳ありませんが、館内の写真撮影は、禁止されています。
아니요, 죄송합니다만 관내의 사진촬영은 금지되어 있습니다.

私と共に写真を撮らせてもらって、いいですか。
와타시또 토모니 샤신오 토라세테 모랏테, 이이데스까

저랑 같이 사진 찍을래요?

写真を撮ってくれますか。
샤신오 톳테 크레마스까

사진을 찍어 주시겠습니까?

A: 写真を撮ってくれますか。 사진을 찍어 주시겠습니까?

B: はい、分かりました。どのように撮ればいいですか。
네, 알겠습니다. 어떻게 찍으면 됩니까?

私は、カメラを扱えません。
와타시와, 카메라오 아쯔카에마셍

전 카메라를 다룰줄 모르는데요.

A: 私は、カメラを扱えません。 전 카메라를 다룰줄 모르는데요.

B: このカメラは簡単です。 이 카메라는 간단해요.

당신을 찍어도 될까요?

あなたを撮ってもいいですか。
아나타오 톳테모 이이데스까

셔터만 누르시면
됩니다.

シャッターを押すだけです。
샷타-오 오스다께데스

♠ シャッター : 셔터

이 카메라는 자동초점
기능이 있습니다.

このカメラはオートフォーカスです。
코노 카메라와 오-토호-카스데스

이것은 완전
자동카메라입니다.

これは、全自動カメラです。
코레와, 젠지도-카메라데스

찍습니다.
"치즈"하세요.

撮ります。「チーズ」と言って下さい。
토리마스.「치-즈」또 잇테 크다사이

한 장 더 부탁합니다.

もう一枚お願いします。
모우 이찌마이 오네가이시마스

비디오 좀 찍어
주시겠습니까?

ちょっと、ビデオを撮ってくれますか。
쫏또, 비데오오 톳떼 크레마스까

A: ちょっと、ビデオを撮ってくれますか。
비디오 좀 찍어 주시겠습니까?

B: はい、分かりました。
네, 알겠습니다.

♠ 「ビデオを撮(と)る」는 "비디오를 찍다"라는 뜻이다.

카메라를 들이대고
이 버튼만 눌러
주시면 됩니다.

カメラを向け、このボタンを押すだけです。
카메라오 므케, 코노 보탄오 오스다께데스

♠ 「ボタンを押(お)す」는 "버튼을 누르다"는 표현이다.

| 도와주세요. | 助けて下さい。
타스케테 크다사이 |

緊急事態です。
킨큐-지타이데스

위급합니다.

경찰을 불러 주세요.

警察を呼んで下さい。
케-사쯔오 욘데 크다사이

♠ 「警察(けい さつ)を呼(よ)ぶ」는 "경찰을 부르다"라는 뜻이다.

구급차를 불러 주세요.

救急車を呼んで下さい。
큐-큐-샤오 욘데 크다사이

A: 救急車を呼んで下さい。
구급차를 불러 주세요.

B: はい、すぐ、呼びます。
네, 바로 부르겠습니다.

교통사고가 났어요.

交通事故に遭いました。
코-쯔-지코니 아이마시타

♠ "교통사고를 당하다"는 「交通事故(こう つう じ こ)に遭(あ)う」라고 표현한다.

자동차에 치였습니다.

車にひかれました。
크라마니 히카레마시타

♠ 「車(くるま)にひかれる」라고 하면 "차에 치이다"라는 뜻이다.

괜찮습니까?

大丈夫ですか。
다이죠-브데스까

다친 사람 있습니까?

ケガをした人はいませんか。
케가오 시타 히또와 이마셍까

♠ "상처를 입다"라고 하면 「ケガをする」라고 표현한다.

**제 친구가
피를 흘립니다.**

私の友達が血を流しています。
와타시노 토모다찌가 찌오 나가시테 이마스

피를 많이 흘렸어요.

かなり出血しました。
카나리 슛케쯔시마시타

여기 다친 사람이 있습니다.

ここにケガをした人がいます。
코코니 케가오 시타 히또가 이마스

구급차를 부를게요.

救急車を呼びます。
큐-큐-샤오 요비마스

병원에 데려 가 주세요.

病院に連れて行って下さい。
뵤-인니 쯔레테 잇테 크다사이

의사를 불러 주세요.

医師を呼んで下さい。
이시오 욘데 크다사이

다리가 너무 아파요

足が、かなり痛いです。
아시가, 카나리 이타이데스

팔이 부러진 것 같아요.

腕が折れたようです。
우데가 오레타요-데스

♠ 「腕(うで)が折(お)れる」는 "팔이 부러지다"라는 뜻이다.

다행히 아무도 안 다쳤습니다.

幸いにだれもケガをしていません。
사이와이니 다레모 케가오 시테 이마셍

♠ 「幸(さいわ)いに」는 "다행히"라는 뜻이다.

지금 곧 가겠습니다.

今すぐ、行きます。
이마스그, 이키마스

보험에 드셨나요?

保険に入っていますか。
호켄니 하잇테 이마스까

A: 保険に入っていますか。 보험에 드셨나요?
B: はい、保険には入っています。 네, 보험에는 들어 있습니다.

분실물 취급소는
어디에 있습니까?

ふんしつぶつ　とりあつかいじょ
紛失物の取扱所は、どこですか。
흔시쯔브쯔노 토리아쯔카이죠와, 도꼬데스까

♠ 紛失物(ふん しつ ぶつ) : 분실물

여권을 잃어버렸습니다.

な
パスポートを無くしました。
파스포-토오 나크시마시타

지하철에 놓고
내렸습니다.

ち　かてつ　わす　　　　　　　お
地下鉄に忘れて、降りてしまいました。
찌카테쯔니 와스레테, 오리테 시마이마시타

　　ち かてつ　わす　　　　　　お
A: 地下鉄に忘れて、降りてしまいました。
　　　　지하철에 놓고 내렸습니다.
　　ち かてつ　　　ふんしつぶつ　　　　　　と　あ　　くだ
B: 地下鉄の紛失物センターにお問い合わせ下さい。
　　　　지하철의 분실물 센터에 문의해 주십시오.

가방을 택시에 놓고
내렸습니다.

わす　　　　お
カバンをタクシーに忘れて、降りました。
카방오 타크시-니 와스레테, 오리마시타

　　　　　　　　　　わす　　　　　お
A: カバンをタクシーに忘れて、降りました。
　　　　가방을 택시에 놓고 내렸습니다.
　　ま　　　　　　　　　かいしゃ　でん わ　　　ほう　　　　　おも
B: 先ず、タクシー会社に電話した方がいいと思います。
　　　　우선, 택시 회사에 전화하는 것이 좋을 것 같습니다.

재발행 수속을 하세요.

さいはっこう　　て つづ　　　　　　くだ
再発行の手続きをして下さい。
사이핫코-노 테쯔즈키오 시테 크다사이

바로 재발행됩니까?

さいはっこう
すぐ、再発行してもらえますか。
스그, 사이핫코-시테 모라에마스까

　　　　　　　さいはっこう
A: すぐ、再発行してもらえますか。　바로 재발행됩니까?
　　　　　　　　　　　　　いちにち か
B: すみませんが、一日掛かります。　죄송합니다만, 하루 걸립니다.

지갑을 도둑맞았습니다.

さい ふ　　ぬす
財布を盗まれました。
사이흐오 느스마레마시타

♠ 「財布(さい ふ)を盗(ぬす)まれる」라고 하면 "지갑을 도둑맞다"라는 뜻이다.

소매치기 당했습니다.

スリに遭いました。
스리니 아이마시타

분실물은 어떻게
생겼습니까?

紛失物は、どのようなものですか。
흔시쯔브쯔와, 도노요-나모노데스까

지하철에서 지갑을
도난당했습니다.

地下鉄で、財布を盗まれました。
찌카테쯔데, 사이흐오 느스마레마시타

어젯밤 제 방에
도둑이 들었습니다.

昨夜、私の部屋に泥棒が入りました。
사쿠야, 와타시노 헤야니 도로보-가 하이리마시타

♠ 泥棒(どろ ぼう) : 도둑

뭘 도둑 맞았습니까?

何を盗まれましたか。
나니오 느스마레마시타까

도난 신고서를
작성해 주십시오.

盗難届にご記入下さい。
토-난토도케니 고키뉴-크다사이

경찰에 신고는
하셨습니까?

警察に届けましたか。
케이사쯔니 토도케마시타까

A:警察に届けましたか。　경찰에 신고는 하셨습니까?

B:いいえ、まだです。　아니요, 아직입니다.

한국어 할 수 있는
분이 있습니까?

韓国語のできる方はいらっしゃいますか。
캉코크고노 데키르 카따와 이랏샤이마스까

한국대사관은
어떻게 갑니까?

韓国大使館へは、どのように行きますか。
캉코크타이시칸에와, 도노요-니 이키마스까

분실된 카드를
신고하려고 합니다.

クレジットカードの紛失届を出したいと思います。
크레짓토카-도노 흔시쯔토도케오 다시타이또 오모이마스

나라 (国)

미국	**アメリカ** 아메리카
캐나다	**カナダ** 카나다
러시아	**ロシア** 로시아
호주	**オーストラリア** 오-스토라리아
일본	**日本**(にっぽん) 닛뽄, **日本**(にほん) 니혼
베트남	**ベトナム** 베토나므
라오스	**ラオス** 라오스
태국	**タイ** 타이
몽골	**モンゴル** 몽고르
티벳	**チベット** 치벳토
네팔	**ネパール** 네파-르
핀란드	**フィンランド** 핀란도
스웨덴	**スウェーデン** 스웨-덴
노르웨이	**ノルウェー** 노르웨-
덴마크	**デンマーク** 덴마-크
영국	**イギリス** 이기리스
독일	**ドイツ** 도이쯔
벨기에	**ベルギー** 베르기-
네덜란드	**オランダ** 오란다

헝가리	**ハンガリー** 항가리-
프랑스	**フランス** 흐란스
이탈리아	**イタリア** 이타리아
멕시코	**メキシコ** 메키시코
브라질	**ブラジル** 브라지르
스페인	**スペイン** 스페인
사우디아라비아	**サウジアラビア** 사우지아라비아
오스트리아	**オーストリア** 오-스토리아
모로코	**モロッコ** 모롯코
이집트	**エジプト** 에지프토
수단	**スーダン** 스-단
이라크	**イラク** 이라크
이란	**イラン** 이란
중국	**中国**(ちゅう ごく) 쮸-고크
파키스탄	**パキスタン** 파키스탄
인도	**インド** 인도
필리핀	**フィリピン** 피리핀
싱가포르	**シンガポール** 싱가포-르
말레이시아	**マレーシア** 마레-시아
인도네시아	**インドネシア** 인도네시아

서울로 가는
비행기편이 있습니까?

ソウル行きの飛行機はありますか。
소으르유키노 히코-키와 이리마스까

A: ソウル行きの飛行機はありますか。
서울로 가는 비행기편이 있습니까?

B: はい、一日に3便あります。
네, 하루에 3편 있습니다.

매일 두편씩 있습니다.

毎日、2便あります。
마이니찌, 니빈 아리마스

예약을 하고 싶습니다.

予約をしたいと思います。
요야크오 시타이또 오모이마스

빠르면 빠를수록
좋습니다.

早ければ早いほどいいです。
하야케레바 하야이호도 이이데스

다음주 토요일에
떠나고 싶습니다.

来週の土曜日に出発したいと思います。
라이슈-노 도요-비니 슛빠쯔시타이또 오모이마스

A: 来週の土曜日に出発したいと思います。
다음주 토요일에 떠나고 싶습니다.

B: 来週の土曜日は、予約でいっぱいです。
다음주 토요일은 예약으로 꽉 차 있습니다.

♠ 「出発(しゅっ ぱつ)する」는 "출발하다, 떠나다"라는 뜻이다.

대기자 명단에
올려주세요.

キャンセル待ちにして下さい。
캰세르마찌니 시테 크다사이

♠ 「キャンセル待(ま)ち」는 비행기등의 예약이 꽉 찼을 때 cancel 표를 기다리는
경우에 사용되는 표현이다.

다음주 월요일은
어떻습니까?

来週の月曜日は、いかがですか。
라이슈-노 게쯔요-비와, 이카가데스까

LA에 가려면
어디에서 비행기를
갈아타야 합니까?

ロスに行く為には、どこで、飛行機を乗り換えなければなりませんか。

로스니 이크타메니와, 도꼬데, 히코-키오 노리카에나케레바 나리마셍까

A: ロスに行く為には、どこで、飛行機を乗り換えなければなりませんか。
LA에 가려면 어디에서 비행기를 갈아타야 합니까?

B: 成田空港で乗り換えになります。
나리타공항에서 갈아타게 됩니다.

LA행 직항편은
있습니까?

ロス行き、直行便はありますか。

로스유키, 춋코-빈와 아리마스까

A: ロス行き、直行便はありますか。
LA행 직항편은 있습니까?

B: いいえ、直行便は、ありません。
아니요, 직항편은 없습니다.

♠ 直行便(ちょっ こう びん) : 직항편

거기서 LA행 연결
항공편이 있습니까?

そこで、ロス行きの航空便に乗り換えられますか。

소코데, 로스유키노 코-쿠-빈니 노리카에라레마스까

A: そこで、ロス行きの航空便に乗り換えられますか。
거기서 LA행 연결 항공편이 있습니까?

B: はい、可能です。
네, 가능합니다.

전화로 예약상황을
확인할 수 있습니다.

電話で、予約状況をご確認できます。

뎅와데, 요야쿠죠-쿄-오 고카쿠닌데키마스

예약확인번호는
AB12390입니다.

予約確認番号は、AB12390です。

요야쿠카쿠닌방고-와, 에-비-이찌니산큐-제로데스

A: 予約確認番号は、AB12390です。
예약확인번호는 AB12390입니다.

B: 少々お待ち下さい。確認して見ます。
잠시 기다려 주십시오. 확인해 보겠습니다.

예약확인을 해 주세요.

予約をご確認下さい。
요야쿠오 고카크닌크다사이

성함과 편명을
말씀해 주십시오.

お名前と便名を教えて下さい。
오나마에또 빈메이오 오시에테 크다사이

♠ 便名(びんめい) : 편명

내일 아침 9시에 서울로
떠나는 비행기예요.

明日の朝9時に、ソウルへ出発する飛行機です。
아시타노 아사크지니, 소우르에 슛빠쯔스르히코-키데스

예약이 확인되었습니다.

予約が確認できました。
요야크가 카크닌데키마시타

분명히 예약했는데요.

間違いなく予約をしています。
마찌가이나크 요야크오 시테 이마스

A: 間違いなく予約をしています。
　　분명히 예약했는데요.
B: 予約番号は、お持ちですか。
　　예약번호는 가지고 계세요?

즉시 확인해 주세요.

すぐ、ご確認下さい。
스그, 고카크닌크다사이

뭔가 착오가 생겼군요.

何かミスが起こったようです。
니니까 미스가 오콧따요-데스

♠ 「ミスが起(お)こる」는 "실수(착오)가 생기다"라는 뜻이다.

어떻게 해야 하나요?

どのようにすればいいですか。
도노요-니 스레바 이이데스까

A: どのようにすればいいですか。
　　어떻게 해야 하나요?
B: パスポートナンバーを、もう一度、教えて頂けますか。
　　再度、確認して見ます。
　　여권번호를 한번 더 가르쳐 주시겠어요? 한번 더 확인해 볼게요.

예약번호를
알려주시겠습니까?

予約番号を教えて頂けますか。
요야쿠방고-오 오시에테 이타다케마스까

비행기편을 변경할
수 있습니까?

飛行機便を変更できますか。
히코-키빈오 헨코-데키마스까

A: 飛行機便を変更できますか。
비행기편을 변경할 수 있습니까?
B: はい、変更できます。いつに変更されますか。
네, 변경할 수 있습니다. 언제로 변경하고 싶습니까?

예약을 변경하고
싶습니다만.

予約を変更したいのですが。
요야쿠오 헨코-시타이노데스가

어떻게 변경하고
싶습니까?

どのように予約を変更されますか。
도노요-니 요야쿠오 헨코-사레마스까

A: どのように予約を変更されますか。
어떻게 변경하고 싶습니까?
B: できましたら、土曜日の同じ時間に変更したいと思います。
가능하면 토요일의 같은 시간으로 변경하고 싶습니다.

출발일을 변경하고
싶습니다.

出発日を変更したいと思います。
슛빠쯔비오 헨코-시타이또 오모이마스

5일자 같은 시간편으로
해 주세요.

5日の、同じ時間の便にして下さい。
이쯔카노, 오니지 지칸노 빈니 시테 크다사이

예약을 했습니다만,
취소해 주십시오.

予約をしていますが、取り消して下さい。
요야쿠오 시테 이마스가, 토리케시테 크다사이

예약을 취소해 주십시오.

予約を取り消して下さい。
요야쿠오 토리케시테 크다사이

체크인 카운터가 어디입니까?	**チェックインカウンターはどこですか。** 쳇크인카운타-와 도꼬데스까

ノースウェスト航空のカウンターはどこですか。
노-스웨스토코-키-노 카운타와 도꼬데스까

노스웨스트 항공사가 카운터가 어디입니까?

航空券とパスポートをお願いします。
코-쿠-켄또 파스포-토오 오네가이시마스

항공권과 여권을 주십시오.

A: 航空券とパスポートをお願いします。 항공권과 여권을 주십시오.

B: はい、これです。 네, 이것입니다.

窓側と通路側のどちらにしますか。
마두가와또 쯔-로기와노 도찌라리 시마스까

창가와 통로쪽 어느 것으로 하시겠습니까?

A: 窓側と通路側のどちらにしますか。
창가와 통로쪽 어느 것으로 하시겠습니까?

B: 窓側をお願いします。
창가로 부탁합니다.

通路側の座席をお願いします。
쯔-로가와노 자세키오 오네가이시마스

통로쪽 좌석으로 부탁합니다.

搭乗券は、これです。
토-죠-켄와, 코레데스

여기 탑승권이 있습니다.

この荷物を飛行機に預けたいと思います。
코노 니모쯔오 히코-키니 아즈케타이또 오모이마스

이 짐을 비행기에 부치려고 합니다.

これは機内に持ち込めますか。
코레와 키나이니 모찌코메마스까

이것은 기내에 가지고 들어갈 수 있습니까?

A: これは機内に持ち込めますか。
이것은 기내에 가지고 들어갈 수 있습니까?

B: はい、機内に持ち込めます。
네, 기내에 가지고 들어 갈 수 있습니다.

이 짐을 부치고
싶습니다.

この荷物を預けたいと思います。
코노 니모쯔오 아즈케타이또 오모이마스

이 짐은 규정
중량을 넘었습니다.

この荷物は、規定の重量を超えております。
코노 니모쯔와, 키테-노 쥬-료-오 코에테 오리마스

가방을 몇 개나
부치실 겁니까?

カバンは、いくつ預けますか。
카방와, 이크쯔 아즈케마스까

A: カバンは、いくつ預けますか。
가방을 몇 개나 부치실 겁니까?
B: 一つだけです。
한 개 뿐입니다.

탑승시간은
언제입니까?

搭乗時間は、何時ですか。
토-죠-지칸와, 난지데스까

♠ 搭乗時間(とう じょう じ かん) : 탑승시간

출발 30분전까지
탑승해 주십시오.

出発の30分前までに搭乗して下さい。
슛빠쯔노 산쥿쁜마에마데니 토-죠-시테 크다사이

A: 出発の30分前までに搭乗して下さい。
출발 30분전까지 탑승해 주십시오.
B: 分かりました。遅れないようにします。
알겠습니다. 늦지 않도록 하겠습니다.

탑승게이트는
몇 번입니까?

搭乗ゲートは、何番ですか。
토-죠-게-토와, 난반데스까

A: 搭乗ゲートは、何番ですか。
탑승게이트는 몇 번입니까?
B: 24番ゲートです。
24번 게이트입니다.

♠ 비행기등을 이용할 때의 "탑승게이트"는 「搭乗(とう じょう)ゲート」라고 표현한다

출발게이트	出発(しゅっ ばつ)ゲート	슛빠쯔게ー토
도착게이트	到着(とう ちゃく)ゲート	토ー챠크게ー토
탑승게이트	搭乗(とう じょう)ゲート	토ー죠ー게ー토
탑승수속	搭乗(とう じょう)手続(て つづ)き	토ー죠ー테쯔즈키
정각	定刻(てい こく)	테이코크
지연	遅延(ち えん)	찌엔
환승비행기	乗(の)り換(か)えの飛行機(ひ こう き)	노리카에노 히코ー키
공석대기	キャンセル待(ま)ち	캰세르마찌
환전소	両替所(りょう がえ じょ)	료ー가에죠
국내선	国内線(こく ない せん)	코크나이센
국제선	国際線(こく さい せん)	코크사이센
화물	貨物(か もつ)	카모쯔
입국심사	入国審査(にゅう こく しん さ)	뉴ー코크신사
면세점	免税店(めん ぜい てん)	메제ー텐
세관검사	税関検査(ぜい かん けん さ)	제ー칸켄사

일본어회화사전

일본어회화사전